商业伦理与企业社会责任
——数智时代的商业变革与管理创新

李桂荣　主　编
王书玲　刘东华　副主编

清华大学出版社
北京

内 容 简 介

本书分为伦理篇、责任篇、数智篇，共三篇十章。本书首先阐述商业伦理的基本概念和判断标准、企业经营中的主要伦理问题，以及解决此类问题的一般原则；然后根据商业伦理的判断标准提出企业经营中商业伦理问题的解决之道——企业社会责任的履行，并在此基础上介绍数智时代的商业变革趋势及伦理困境；最后专门阐述数智时代的数据伦理和人工智能伦理的基本原则与治理实践。本书采用"为什么—是什么—如何做"的思路构建章节结构和内容，既避免了抽象地就伦理(道德)谈伦理(道德)，又避免了无理论根基地空谈社会责任，从而实现了道德决策与责任履行的辩证统一。

本书适合工商管理类本科生、MBA学员、企业管理者，以及其他感兴趣的读者阅读。

本书封面贴有清华大学出版社防伪标签，无标签者不得销售。

版权所有，侵权必究。举报：010-62782989，beiqinquan@tup.tsinghua.edu.cn。

图书在版编目(CIP)数据

商业伦理与企业社会责任：数智时代的商业变革与管理创新 / 李桂荣主编. —北京：清华大学出版社，2024.4(2025.2 重印)
ISBN 978-7-302-65871-9

Ⅰ.①商… Ⅱ.①李… Ⅲ.①商业道德②企业责任－社会责任　Ⅳ.① F718 ② F270

中国国家版本馆 CIP 数据核字 (2024) 第 063830 号

责任编辑：陈　莉
封面设计：周晓亮
版式设计：方加青
责任校对：马遥遥
责任印制：刘海龙

出版发行：清华大学出版社
　　　　　网　　址：https://www.tup.com.cn，https://www.wqxuetang.com
　　　　　地　　址：北京清华大学学研大厦 A 座　　邮　编：100084
　　　　　社 总 机：010-83470000　　　　　　　　　邮　购：010-62786544
　　　　　投稿与读者服务：010-62776969，c-service@tup.tsinghua.edu.cn
　　　　　质 量 反 馈：010-62772015，zhiliang@tup.tsinghua.edu.cn
印 装 者：艺通印刷（天津）有限公司
经　　销：全国新华书店
开　　本：185mm×260mm　　　印　张：14　　　字　数：323 千字
版　　次：2024 年 4 月第 1 版　　印　次：2025 年 2 月第 2 次印刷
定　　价：58.00 元

产品编号：105569-01

前言 PREFACE

人类已进入数智时代,信息技术快速迭代,社会运行和社会变化加速,社会的复杂性和不确定性加剧,所有这些都给人类的生活和商业模式带来极大的挑战。一方面,具有悠久历史的传统商业伦理仍然是人类生活的一部分;另一方面,大数据伦理、数字伦理、人工智能伦理迅速成为每个人必须面对的新议题,需要人们更加严肃地审视、思考未来商业乃至人类发展的方向。在这样一个充满不确定性的时代,我们需要更深入地讨论:企业存在的意义是什么?西方主流经济学界在考察企业行为时仍假定,企业存在的意义就是提高资源的利用效率,企业对社会的贡献就是创造更大的经济价值。但是,现实实践中企业与社会环境、自然环境等早已融为一体,企业的生产活动对社会环境、自然环境产生的影响不仅仅是创造经济价值。可以看到,当企业利益与社会环境、自然环境的要求发生冲突时,企业为追求经济利益最大化而采取的生产行为会直接损害社会福利、破坏自然环境;反过来,社会福利的损害、自然环境的破坏又会产生各种社会危机(如社会矛盾、环境污染等),而利益相关者对企业行为的不满和抵制也会使企业声誉与正常经营受到影响。这就需要企业妥善处理与社会环境、自然环境之间的关系,本着互惠共赢的原则回应利益相关者的诉求,采取有利于提升利益相关者福利的行为(即企业社会责任行为)进行生产经营活动,实现与利益相关者共益共生。

伦理的审视及企业意义的追问,使得国际社会和国内各级政府越来越重视商业伦理及企业社会责任,进而迫切要求商学院培养拥有伦理底线的、负责任的管理者。为此,越来越多的商学院开设了企业伦理和社会责任的相关课程,例如"企业伦理"是工商管理硕士(MBA)核心课程之一,工商管理、市场营销、人力资源管理等越来越多的本科专业也相继开设了"商业伦理与企业社会责任"课程。与此同时,很多企业基于可持续发展的需要,越来越重视商业伦理和企业社会责任实务,学术界围绕商业伦理、企业社会责任、企业可持续发展、企业ESG(environmental、social、governance)等领域的研究也方兴未艾。可以说,无论是在国家层面、企业层面还是在教育层面,均已意识到商业伦理与企业社会责任的竞争优势源头特征。与之相对应的是,市场对相关教材的需求逐年增加,但目前市场供给远远不能满足需求,亟须适合的教材。

教材是课程和专业建设的基础,其质量决定了课程和专业建设的高度,其内容更是塑造学生价值观的源头。本书系河北经贸大学首批"新财经教育系列教材"之一。自教育部大力推进"四新"建设以来,河北经贸大学积极推进"新财经"人才培养改革,探索多元联动协同育人模式。学校于2019年创新性地提出"新财经"教育改革模式,并与教育部教育发展研究中心合作建设"新财经"本科教育实验基地,成为财经类高校在财经教育领域的一次崭新探索和有益尝试。作为河北经贸大学骨干学院之一的工商管理学院也积极行动,深入推进新财经教育改革,创新性地开设了"智慧工商管理"新财经实验班,并以此带动国家一流专业建设点——工商管理专业转型升级。"商业伦理与企业社会责任"课程是工商管理专业的学科基础课,但之前一直苦于无合适的教材,市场上已有教材要么单纯研究商业伦理,要么单纯探讨社会责任,将两者融为一体且适合本科生使用的教材较少。课程组经过多次研讨,博采众家之长,就该门课程的教学内容和逻辑结构达成了共识,编写了讲义,并经过两轮教学实践检验后编写了本书。本书特色如下。

1. 商业伦理与企业社会责任有机融合

本书首先阐述商业伦理的基本概念和判断标准,列出企业经营中的主要伦理问题,然后提出企业经营中商业伦理问题的解决之道——企业社会责任的履行,引导读者理解应该"如何做"以及"为何这样做",从而实现了道德决策与责任履行的辩证统一。

2. 洞察数智时代商业伦理与企业社会责任的重大变革

除在第二篇相应章节中对数智时代市场营销、人力资源管理等领域的商业伦理和社会责任问题做专题讨论,本书还专设第三篇重点探讨数智时代的商业变革及其引发的商业伦理困境与治理原则、企业社会责任面临的新问题及其对策,从而帮助读者理解数智时代商业模式变革的趋势,增强在新时代背景下识别和应对商业伦理与道德困境的能力,明白数智时代企业应当坚守哪些伦理规范和社会责任,从而不为乱象所迷惑,培养具有系统观、大局观和关注企业长远发展的思维,增强社会责任感。

3. 体例创新与情境化案例导向

在编写体例上,讲解理论、概念的同时嵌入典型情景化案例,不仅增强可读性和体验性,更重要的是实现从概念框架到具体实践的有机统一,使课程教学从简单的伦理说教转变为伦理与道德的体验,从以往单纯的"意会"转变成可以"言传"与"实操"。在案例选取上,尽可能选取"Z世代"熟知的企业和案例,使本书与主要读者——本科生产生共鸣;同时注意案例数量适度、编排适当,避免案例喧宾夺主、影响正文阅读的连贯性。

4. 课程思政有机融入

本书也是一本"大"课程思政教材,融入了诸多弘扬社会主义核心价值观的语录和鲜活案例。例如在介绍伦理、道德的概念时融入习近平总书记对道德的阐释,在阐述国际经营中的伦理规范时融入习近平总书记关于人类命运共同体的论述,并将中华优秀传统文化、优秀企业奉行商业伦理和履行社会责任的真实案例呈现给读者,助力实现"商业伦理与企业社会责任课程是天然的思政课程"的教学目标和人才培养目标。

5. 辅助教学资源丰富

本书配有教学课件、分章练习题,以及课程标准等立体化教学资源,扫码即得,以辅助教师教学和学生同步练习,提高学习效果。

本书是团队合作的成果。李桂荣和王书玲提供写作提纲与讲义，编写组成员集体讨论之后分工写作，王书玲编写第一章、第二章第一至三节和第五节、第三章，李桂荣编写第二章第四节、第九章，刘益星编写第四章，刘东华编写第五至七章，封雪韵编写第八章，第十章由李桂荣和姚双双合作完成，最后由李桂荣、王书玲对全书进行统稿和定稿。编写组成员都是该门课程的主讲教师。本书是课程组近几年从事该门课程教学的思考与总结，难免有诸多不成熟之处，恳请读者批评指正。

作者在编写本书的过程中参考了大量国内外学者的研究成果，并尽可能在文中一一标注，但时间和精力有限，定有遗漏，在此一并致谢。

编　者

2024年3月

目录 CONTENTS

第一篇 伦理篇

第一章 商业伦理导论 / 2
第一节 商业伦理概述 / 2
一、伦理与道德的相关概念 / 2
二、商业伦理的概念与思想起源 / 5
三、商业伦理的功能 / 6

第二节 商业伦理与企业发展 / 7
一、企业的目标 / 7
二、商业伦理对企业发展的影响 / 9

第三节 商业伦理判断 / 11
一、商业伦理判断的理论依据 / 11
二、商业伦理判断的影响因素 / 17

第四节 商业伦理决策 / 19
一、商业伦理决策的主要模型 / 19
二、商业伦理决策的主要步骤 / 22

复习思考题 / 23

第二章 企业经营中的伦理问题 / 24
第一节 人力资源管理中的伦理问题 / 24
一、人本管理的概念、判断标准与层次 / 24
二、招聘中的伦理问题 / 25
三、薪酬设计中的伦理问题 / 27
四、职场管理中的伦理问题 / 29
五、员工离职中的伦理问题 / 30
六、数智时代人力资源管理面临的伦理挑战 / 31

第二节 产品策略中的伦理问题 / 34
一、产品定位中的伦理问题 / 34

二、产品设计中的伦理问题 / 34

　　三、产品生产中的伦理问题 / 35

　　四、产品包装中的伦理问题 / 35

　　五、实行产品召回制度 / 36

第三节　市场营销中的伦理问题 / 37

　　一、营销伦理概述 / 37

　　二、营销伦理的评判标准 / 37

　　三、定价中的伦理问题 / 39

　　四、分销渠道中的伦理问题 / 40

　　五、促销中的伦理问题 / 43

　　六、服务中的伦理问题 / 44

　　七、大数据营销中的伦理问题 / 45

第四节　财务活动中的伦理问题 / 45

　　一、会计信息生成与财务报告编制中的伦理问题 / 45

　　二、会计信息鉴证(审计)中的伦理问题 / 50

　　三、融资活动中的伦理问题 / 52

　　四、投资活动中的伦理问题 / 54

　　五、利润分配活动中的伦理问题 / 56

第五节　国际经营中的伦理问题 / 58

　　一、经济全球化对跨国经营带来的影响 / 58

　　二、国际经营对共同伦理规范的需要 / 58

　　三、国际经营中的共同伦理规范要求 / 60

　　四、国际经营中常见的伦理问题 / 60

复习思考题 / 62

第二篇　责任篇

第三章　企业社会责任及利益相关者 / 64

第一节　企业社会责任概述 / 64

　　一、企业社会责任 / 64

　　二、企业社会责任的对象分类 / 68

第二节　企业的股东责任与伙伴责任 / 71

　　一、企业的股东责任 / 71

　　二、企业的伙伴责任 / 73

第三节　企业的消费者责任 / 73

　　一、消费者的概念 / 73

　　二、企业消费者责任的内容 / 74

第四节　企业的员工责任 / 75
　　一、企业与员工的关系 / 75
　　二、企业员工责任的内容 / 76
第五节　企业的社区责任、政府责任与环境责任 / 77
　　一、企业的社区责任 / 77
　　二、企业的政府责任 / 78
　　三、企业的环境责任 / 79
复习思考题 / 82

第四章　企业社会责任的发展 / 84
第一节　企业社会责任在美国、欧洲和日本的发展 / 84
　　一、企业社会责任在美国的发展 / 84
　　二、企业社会责任在欧洲的发展 / 86
　　三、企业社会责任在日本的发展 / 88
第二节　企业社会责任在中国的发展 / 90
　　一、企业社会责任在中国的发展历程 / 90
　　二、中国企业社会责任的推动力量 / 93
第三节　企业承担社会责任的驱动因素及意义 / 95
　　一、企业承担社会责任的驱动因素 / 95
　　二、新时代企业履行社会责任的重要意义 / 97
复习思考题 / 99

第五章　企业经营中的社会责任 / 101
第一节　企业文化建设中的社会责任 / 101
　　一、以人为本 / 101
　　二、担当责任 / 102
　　三、诚实守信 / 102
　　四、和合双赢 / 102
　　五、变革创新 / 102
第二节　企业战略管理中的社会责任 / 105
　　一、企业战略分析中的社会责任 / 105
　　二、企业战略决策中的社会责任 / 106
　　三、企业战略实施中的社会责任 / 106
第三节　供应链管理中的社会责任 / 108
　　一、环境保护 / 109
　　二、劳工权益保障 / 109
　　三、可持续采购 / 109
　　四、道德经营 / 109

五、透明度与可追溯性 / 109
　　六、供应商合作与发展 / 110

第四节　生产管理和物流管理中的社会责任 / 111
　　一、生产管理中的社会责任 / 111
　　二、物流管理中的社会责任 / 112

第五节　市场营销中的社会责任 / 113
　　一、道德营销 / 114
　　二、保护消费者权益 / 114
　　三、教育公众 / 114
　　四、道德广告 / 114
　　五、负责任的数智营销 / 114

第六节　研发管理中的社会责任 / 116
　　一、遵守道德规范 / 116
　　二、重视用户安全 / 117
　　三、秉承可持续发展理念 / 117
　　四、关注公益事业 / 117

第七节　人力资源管理中的社会责任 / 118
　　一、保障员工合法权益 / 119
　　二、鼓励员工参与公益活动 / 119
　　三、推动绿色办公 / 119
　　四、开展职业培训 / 119
　　五、提高员工薪酬福利 / 120
　　六、营造良好的工作环境 / 120
　　七、重视员工健康 / 120
　　八、加强员工劳动关系管理 / 120

复习思考题 / 122

第六章　企业社会责任标准与沟通 / 127

第一节　国际企业社会责任标准 / 127
　　一、联合国全球契约和《2030年可持续发展议程》 / 128
　　二、社会道德责任标准 / 129
　　三、《社会责任指南》 / 130
　　四、《可持续发展报告指南》 / 132

第二节　中国企业社会责任标准 / 133
　　一、国标36000 / 134
　　二、《关于中央企业履行社会责任的指导意见》 / 135
　　三、行业性倡议与标准 / 136

四、《上市公司社会责任指引》/ 136
　　五、地方政府关于企业社会责任的要求 / 137

第三节　企业社会责任沟通 / 138
　　一、企业社会责任沟通的意义 / 138
　　二、企业社会责任沟通的内容 / 139
　　三、企业社会责任沟通的要点 / 140
　　四、企业社会责任沟通的方式 / 141

复习思考题 / 142

第七章　企业社会责任报告编制 / 143

第一节　企业社会责任报告的作用和编制原则 / 143
　　一、企业社会责任报告的作用 / 143
　　二、企业社会责任报告的编制原则 / 144

第二节　企业社会责任报告的主要内容和编制流程 / 145
　　一、企业社会责任报告的主要内容 / 145
　　二、企业社会责任报告的编制流程 / 146

第三节　中国企业社会责任报告现状及存在的主要问题 / 147
　　一、中国企业社会责任报告现状 / 147
　　二、中国企业社会责任报告存在的主要问题 / 151

复习思考题 / 151

第八章　企业社会责任管理及实践 / 152

第一节　企业社会责任管理概述 / 152
　　一、企业社会责任管理的概念 / 152
　　二、企业社会责任管理的内容 / 153
　　三、企业社会责任管理的属性 / 154
　　四、企业社会责任管理的特征 / 156
　　五、企业社会责任管理体系示例 / 159

第二节　企业社会责任管理实践 / 162
　　一、有关责任调研的企业实践 / 162
　　二、有关责任规划的企业实践 / 163
　　三、有关责任战略的企业实践 / 163
　　四、有关责任治理的企业实践 / 164
　　五、有关责任融合的企业实践 / 164
　　六、有关责任绩效的企业实践 / 166
　　七、有关责任沟通的企业实践 / 166

复习思考题 / 167

第三篇 数智篇

第九章 数智时代的商业变革 / 170
第一节 数智时代已到来 / 170
一、人类科技变革的历程及其影响 / 170
二、数智时代的特征 / 172

第二节 数智时代的商业变革趋势 / 174
一、大数据驱动的商业变革 / 174
二、人工智能驱动的商业变革 / 176

复习思考题 / 180

第十章 数智时代的商业伦理与社会责任 / 181
第一节 数智时代的商业伦理与社会责任困境 / 181
一、数据伦理困境 / 181
二、人工智能产品的伦理问题 / 185
三、人工智能的伦理道德风险 / 188
四、数智时代的企业社会责任缺失问题 / 189

第二节 数智时代的商业伦理原则与实践探索 / 190
一、数据伦理的基本原则与实践探索 / 190
二、人工智能伦理的基本原则与实践探索 / 196

第三节 数智时代企业的数字责任与规则 / 200
一、企业数字责任概述 / 200
二、企业数字责任的治理 / 202

复习思考题 / 207

参考文献 / 208

第一篇 伦理篇

第一章 商业伦理导论

导言

随着我国经济的蓬勃发展，市场经济领域的商业伦理问题成为社会关注的焦点。商业伦理研究的是商业活动中人与人的伦理关系及其规律，以及使商业和商业主体既充满生机又有利于人类全面和谐发展的商业伦理秩序。企业应遵守商业伦理规范，培养优良的商业精神。

学习目标

理解：企业风险与商业伦理的关系、伦理与道德的关系、企业的目标。

掌握：商业伦理的概念与功能、商业伦理评价的理论依据、商业伦理决策的主要模型和步骤。

应用：在深刻理解商业伦理内涵的基础上，遵循商业活动的道德准则和行为规范，规避企业面临的内外部风险。

第一节 商业伦理概述

一、伦理与道德的相关概念

商业伦理以企业道德为研究对象，要认识企业道德，必须先了解伦理与道德这两个基本概念。

(一) 伦理与道德

"伦，从人从仑"，仑者，辈也。故"伦"指人与人之间的关系，即人伦之理。引申开来，"伦"指人、组织、社会、自然之间的关系，包括人与他人的关系、人与组织的关系、人与社会的关系、人与自然的关系、组织与组织的关系、组织与社会的关系、组织与自然的关系、社会与社会的关系、社会与自然的关系等。"理"即处理与协调上述各种关系的道理、规则和原则。"伦"与"理"合起来就是处理人、组织、社会、自然之间利益关系之理,也就是处理上述关系的基本道理和行为规范。

"道德"由"道"和"德"两个字组成。"道"有不同的用法:①道路。东汉学者许慎《说文解字》:"道,所行道也。"②法则、规则。韩非《解老》:"道者,万物之所然也,万理之所稽也。"③世界的本源。《老子》:"有物混成,先天地生,……可以为天地母。吾不知其名,字之曰道。"虽然"道"有不同的用法,但主要意思是一致的,即规律、道理。"德"指人们内心的情感和信念,以及人们坚持行为准则的道所形成的品质或境界。"道者,人之所共由也;德者,人之所自得也。"[1]朱熹说:"德者,得也,得其道于心而不失之谓也。"[2]可见,"道"指规范,"德"则指对该种规范的认识、情感、意志、信仰,以及在此基础上形成的稳定和一贯的行为。"道"是"德"的前提,没有"人所共由"的规范,就不可能有对规范的内心感悟;"德"则是"道"的归宿,规范只有通过"内得于心"才能接受并发挥作用,即只有认识了道,内得于心,又外施于人,才能称为"有德之人"。而要把外部的规范转化成自觉要求的、体现在行动中的规范,需要包括社会舆论、内心信念、道德教育和自身修养等活动在内的长期努力。所以,道德包含三方面的内容:道,(道德)规范;德,对规范有所得,表现为(道德)认识、情感、意志、信仰和习惯等;由"道"转化为"德"的途径与方法,即(道德)评价、教育、修养等。

课程思政

总书记论道德

道德之于个人、之于社会,都具有基础性意义,做人做事第一位的是崇德修身。……一个人只有明大德、守公德、严私德,其才方能用得其所。修德,既要立意高远,又要立足平实。

——2014年5月4日,习近平在北京大学师生座谈会上的讲话

"道德"与"伦理"基本同义,人们常常把两者等同使用或联用("伦理道德")。但是,"道德"与"伦理"还是有一些细微差别的。道德多指人们之间的实际道德关系,也可以指人的品质,而伦理则多指与这种关系有关的道理。在日常生活中,我们会说某个人"有道德",或者说某个人是"有道德的人",但一般不会说这个人"有伦理",也不会说这个人是"有伦理的人"。"道德"更多或更有可能用于人,更具主观、主体、个人、个体意味,而"伦理"更具客观、客体、社会、团体的意味。

(二) 底线伦理与理想伦理

对于伦理要求的看法,存在两种偏见:一是把伦理要求与先公后私、先人后己、无私奉献等同起来,二是否认高尚道德的存在。这两种偏见都是有害的。如果只把先公后私、

---

[1] 出自《礼记·中庸》。
[2] 出自朱熹《论语集注》。

先人后己、无私奉献看作合乎伦理的话，那么我们不是在密切而是在疏远伦理与普通人的关系，不是在强化而是在削弱伦理的作用；相反，如果否认高尚道德的存在，那么就看不到人性的光辉，就会迷失努力的方向。

伦理既包括底线伦理，又包括理想伦理。底线伦理是指基本的道德义务，或者说基本的道德行为规范，意味着某些基本的不应逾越的行为界限或约束。底线伦理准则是不造成直接的、故意的伤害，适用于个人、公司、国家的所有行为；一旦造成伤害，除了应及时采取措施纠正(停止伤害、减小伤害、通报、补偿、避免再犯)，还应在可能的条件下制止他人伤害及实施必要的救助，这也被认为是底线伦理。因此，底线伦理也被称为具有广泛性的道德要求，是大部分人都能够企及的，要求利己不损人、利己利人、为己利人，这样的行为都可以是道德的，满足了基本道德需求。理想伦理是指人们为之奋斗的、超越基本道德义务的伦理要求，是更高层次的道德要求，可称之为具有先进性的道德要求，比如先公后私、先人后己、无私奉献等。

美国伦理学家理查德·T. 德·乔治(Richard T. De George)指出，"如果我们不能履行基本的道德义务，则应该受到道德谴责；如果我们仅仅履行最基本的道德义务，则既不应受到谴责，也不应获得额外的赞扬；如果我们能够超越基本的道德义务，以理想伦理作为更高的标准来要求自己，则应得到道德赞扬"[①]。

(三) 伦理相关行为和伦理无关行为

从伦理角度出发，可以把人类行为分为两大类：伦理相关行为与伦理无关行为。

伦理相关行为是指受一定意识支配且涉及有害于或有益于他人或社会的行为，是有道德意义且可以进行道德评价的行为。道德评价的结果可能是合乎道德的行为，即道德的行为；也可能是不合乎道德的行为，即不道德的行为。道德的行为，或者说合乎伦理的行为，是指伦理上可以接受或值得赞赏的行为，一般来说，是有益于或无害于他人、社会的行为；不道德的行为，或者说不合乎伦理的行为，是指伦理上不可以接受的行为，一般来说，是有害于他人、社会的行为。

伦理无关行为是指不受一定的意识支配或不涉及有害于或有益于他人或社会的行为，是无道德意义且不能进行道德评价的行为。例如，精神病患者或者无辨别是非能力的儿童，即使偶尔在个别场合和在某种程度上做出有益于或有害于他人或社会的行为，也不能看作伦理相关行为，而是伦理无关行为。

企业的几乎所有行为，都是受一定意识支配且涉及有害于或有益于他人或社会的行为，因此，都是具有道德意义且能够进行善恶评价的行为，即都是伦理相关行为。这也就解释了为什么企业行为一直处于社会大众的关注和评议之中。

---

① 理查德·德·乔治 T. 企业伦理学 [M]. 7版. 北京：机械工业出版社，2012.

二、商业伦理的概念与思想起源

(一) 商业伦理的概念

对于商业伦理的概念,目前学术界众说纷纭,但大致可归纳为以下三个层面:其一,在个体层面,商业伦理指对行为主体(如企业)的决策产生影响的伦理准则;其二,在组织层面,商业伦理是指伦理规范、道德观念、价值导向和商业行为的总和,被组织用来协调日常生产经营中人与人、人与社会、社会团体与社会团体之间的利益关系;其三,在制度层面,商业伦理是结合政治、经济和法律,使得企业更好地遵守伦理道德的标准与规则。

总之,商业伦理主要是指人们在经济活动中应当遵守的道德、规范或准则。它主要研究与组织的决策、行为及政策相关的"对错"问题,并利用相关原理进行指导,以帮助人们在决策中更好地兼顾经济利益和社会责任的均衡发展(王延平,2015)。对企业而言,商业伦理要求企业在开展日常经营活动的过程中,既要严格遵守法律的要求,又要固守道德伦理的底线。市场经济必须以先进的商业伦理为支撑,才能有序、和谐地发展。

(二) 商业伦理思想的起源

随着商品交易的出现,人类社会出现了形形色色的造假、贿赂等违背伦理的商业行为,这为商业伦理学说的产生和发展提供了社会背景。受到特定文化和社会背景的影响,商业伦理的发展演变出了中西方两个不同文化背景的分支。人们在商业活动中所遵循的道德规范和行为准则,也受到不同的中西方文化与宗教的影响。

1. 西方商业伦理思想的起源

在西方,商业伦理起源经历了前哲学阶段、哲学阶段和从哲学到商业伦理的嬗变阶段(Laasch & Conaway,2017)。在前哲学阶段,道德秩序和对错是由社会习俗、价值与规范决定的;在哲学阶段,出现了一整套不同的推理机制和决策原则,涉及责任、人权、正义、为他人谋取幸福等论点;从哲学到商业伦理的嬗变阶段,则融入了社会科学,包括行为心理学、组织管理学、商业及经济学等,其中柏拉图和亚里士多德的美德伦理学和美好生活的思想、伊曼努尔·康德(Immanuel Kant)的义务论(Ethics of Duty)、杰里米·边沁(Jeremy Bentham)的幸福最大化原则(Greatest Happiness Principle)、约翰·斯图亚特·穆勒(John Stuart Mill)的功利主义(Utilitarianism)、劳伦斯·科尔伯格(Lawrence Kohlberg)的道德发展阶段论、约翰·B. 罗尔斯(John B. Rawls)的正义论(Theory of Justice)、约根·哈贝马斯(Jürgen Habermas)的语域伦理学(Discourse Ethics)、琳达·K. 屈维诺(Linda K.Trevino)的行为伦理学(Behavioral Ethics)等对推动商业伦理的发展做出了重要的贡献。

英国古典政治经济学家亚当·斯密(Adam Smith)在他所撰写的《道德情操论》(*The Theory of Moral Sentiments*)一书中,阐述了具有利己主义本性的个人(主要是追逐利润的资本家)如何在资本主义生产关系和社会关系中控制自己的感情与行为(尤其是自私的感情行为),从而建立一个确立行为准则的社会。斯密在此书中主要阐述的是伦理道德问题,他竭力证明，建立一个确立行为准则的社会来有规律地活动很有必要，反对市场经济的非道德化(苏勇，2017)。斯密在之后出版的《国富论》(*An Inquiry into the Nature and Causes of the Wealth of Nations*)中也提到了关于商业伦理的看法。他认为，企业为追求利润而进行生产经营的活动是正当行为，也会产生服务人群、贡献社会的效果，进而促进社会进步。

2. 中国商业伦理思想的起源

中国的商业伦理源于儒、道、佛三家的哲学思想，其中，儒家思想对中国商业伦理的影响最为深远。儒家的经济伦理主要是围绕统治者如何实现"仁政"展开的，主张与民同乐和施政于民，强调"仁、义、礼、智、信"，将商业活动和"治国之道"联系起来。道家的老子注重"无为""知足""勿矜""勿伐""勿骄"。佛家代表人物释迦牟尼的"行善去恶""善恶轮回报应"思想对中国产生了较大的影响。虽然这三家的重点不尽相同，但是在商业伦理方面却有相同之处。

中西方商业伦理产生的背景和思想起源差异较大，但对于在商业贸易中强调诚实守信、公平交易的原则，中西方是一致的。

三、商业伦理的功能

随着经济的发展，企业与社会的关系更加密切，社会也对企业提出更高的要求，企业的竞争越来越依赖于企业所固有的伦理价值理念和思维方式，商业伦理在现代企业管理中发挥着越来越重要的作用。商业伦理揭示了商业活动中的伦理关系及其规律，是个体或组织在商业活动中的行为规范和准则，具有导向功能、凝聚功能、规范功能和激励功能。

(一) 导向功能

商业伦理是正确处理企业与社会及生态环境之间关系的指导原则，因此商业伦理具有指导、引导企业行为的功能。一个企业成功的关键在于具有良好的商业伦理，商业伦理具有将自己获取利益的行为与人的协调发展、社会整体利益的进步，以及稳定的可持续发展等价值导向协调的功效。企业的决策包括为企业未来的发展指明方向、确定目标，以及企业为实现自身发展所必须采用的方法、选择的手段等。如果不遵守商业伦理，企业就会只追求经济利益，忽视社会利益和环境保护，就会产生严重的外部不经济和严重的生态环境问题。随着社会矛盾的不断增加，以及生态环境问题的日益增多，企业在从事经济活动时不能单纯追求经济利益，还必须重视社会效益和生态环境保护，这就亟须通过强化商业伦理的建设来不断规范企业行为。自觉遵守商业伦理的企业会不断地以社会标准来规范自己的行为，依据社会道德标准对经营决策进行衡量和取舍，以实现企业活动的经济效益、社会效益和生态环境保护的有机统一。各种伦理分析工具有助于企业管理者做出正确判断和更好的决策。

(二) 凝聚功能

商业伦理所具有的凝聚功能可以将企业员工的需求和期望进行整合,让员工从内心感受到企业的温暖,进而将自身利益与企业的发展紧密联系在一起,并为了共同的目标而不懈奋斗,使企业成为一个亲密无间的命运共同体。

商业伦理还有助于企业内部管理者与员工之间的沟通,使企业决策能够得到贯彻执行。例如,儒家传统上侧重于从管理者的心性上下功夫,重点在于通过规范管理者自身的行为来进一步督促下属的行为,拥有公正、廉洁、进取等良好道德品格的管理者,将有助于其管理权威的提升。如果管理者能够较好地遵守商业伦理,将更具人格魅力,这种人格魅力会对他人产生长期的、内在的和不容易替代的影响力,有助于企业内部管理者和员工形成合力。如果企业管理者具有超凡的人格魅力,则更容易让员工心服口服,并且可以有效降低监督与管理成本。另外,遵守商业伦理还有助于企业树立良好的社会形象,扩大企业的社会影响力,从而与其所赖以存在的社会环境和谐相处。

(三) 规范功能

企业管理者如果想高效实现企业目标,就必须对个别员工的逾矩行为进行规范。与硬性的规章制度相比,软性的商业伦理具有多方面的优越性。商业伦理可以将规范转变为员工的自我信仰,能够让员工按照伦理要求自我约束、自我规范和自我评价。通过商业伦理将行为规范内化,还有助于员工在遵守伦理规范的过程中产生自豪感和满足感。

(四) 激励功能

管理心理学认为,人们对自己行为的社会意义认识得越清楚,工作就越有勇气和信心。商业伦理为企业员工提供了新的精神追求,使员工素质不断提升,激发员工的强大精神力量和工作热情,进而取得良好管理绩效。这种内在的激励作用强大而持久,可以提高人的意志力,激励员工不断克服工作中的困难,不断超越过去的工作成绩,高效实现组织目标。

商业伦理本身就是企业战略思维的结晶。随着以道德、文明为第一竞争力要素时代的来临,缺乏伦理价值理念的企业难以形成真正的竞争力,也就难以生存与发展。

第二节 商业伦理与企业发展

一、企业的目标

成立于1972年的美国商业组织"商业圆桌会议"(Business Roundtable),对美国甚至世界的商业发展有着前瞻性引领作用。它曾聚集了美国最具影响力的企业领袖,自1978

年以来定期发布有关公司治理原则的声明。在1997—2019年，该组织发布的每份声明文件都赞同股东利益至上的原则，认为公司的首要任务就是让股东受益，并实现利润最大化。然而，随着社会对企业和商业的社会责任担当与可持续发展的诉求不断广泛、深入及强大，商界领袖们对企业的初心，企业相对于社会、利益相关者的存在意义和相关度，以及企业在推动社会进步、促进环境和谐进程中的角色、作用等问题有了新的思考。2019年8月19日，181家美国顶级公司首席执行官在于华盛顿召开的商业圆桌会议上联合签署了《公司宗旨宣言书》(以下简称《宣言》)，重新定义了公司运营的宗旨，宣称"股东利益不再是一个公司最重要的目标，公司的首要任务是创造一个更美好的社会"。

《宣言》中，商界领袖们强调，作为一个具有社会责任意识的企业，领导团队应该致力于达成以下几个目标：向客户传递企业价值；通过雇用不同群体并提供公平的待遇来投资员工；与供应商交易时遵守商业道德；积极投身社会事业；注重可持续发展，为股东创造长期价值。《宣言》历史性地终结了以股东利益最大化为信条的经营理念时代，力图在创造经济价值的同时，为创造社会和环境多重共享价值打开通路。

(一) 向客户传递企业价值

企业向目标客户提供了怎样的产品或服务？这些产品或服务给客户带来了哪些价值？这是企业领导团队要回答的首要问题。

(二) 通过雇用不同群体并提供公平的待遇来投资员工

每个企业都需要通过雇用员工来创造价值。在这个过程中，企业需要公平对待每一位应聘者和员工，即雇用不同群体的员工并为员工提供公平的待遇，同时，企业要为员工提供平台和机会，促进他们实现自我价值。

(三) 与供应商交易时遵守商业道德

企业在与上下游供应商或经销商进行商业活动或开展商业合作时，要考虑自身给对方带来了怎样的合作价值、怎样的商业机会。

(四) 积极投身社会事业

企业的主要目标是创造一个更美好的社会，那么，每个企业都应当在创造美好社会的过程中贡献自身的力量和价值。

(五) 注重可持续发展，为股东创造长期价值

虽然股东是企业的重要利益相关者，但《宣言》并不意味着股东利益不再重要，只是股东利益不再是以往所认知的"最重要"或片面理解的"唯一重要"。企业的发展应当是可持续的和负责任的经营与成长，从而在满足不断变化的市场环境和需求，以及应对多重利益相关者的诉求过程中，创造商业价值。

基于以上五个目标可以发现，随着社会的发展，企业目标的内涵越来越丰富和多元，顾客价值、员工价值、伙伴价值、社会价值、股东价值，都成为现代企业重要的关注和考量的方面。企业与顾客、员工、合作伙伴、社区、股东等的关系都涉及商业伦理问题，毫无疑问，企业的核心目标应该是通过服务、发明、创造和遵守伦理原则来增进人类的总体福祉，积极塑造人类社会的未来格局。

二、商业伦理对企业发展的影响

"富贵险中求"一度成为商业圈的流行语。企业在改变世界的同时，也需要时刻警惕商业发展和环境变化带来的难以预测的风险。企业面临的风险既可能来自企业内部，如企业领导层决策、人才、资金、设备等，也有可能来自企业外部，如市场竞争、政治不稳定性、技术革新、资源短缺、环境污染等。商业伦理则有助于企业降低其面临的各种风险，企业决策如果存在商业伦理的欠缺，则将在很大程度上损害企业的长远利益。

(一) 商业伦理与企业内部风险

1. 商业伦理与战略风险

战略是企业管理的核心，是集前瞻性、全面性及长远性为一体，并指明企业未来发展方向的整体策略。迈克尔·波特(Michael Porter)认为，企业社会责任对企业而言并非是成本和约束，而是孕育创新机会及竞争优势的源泉(Porter & Kramer，2006)。商业伦理可以让企业看到企业利益之外的社会利益；遵循商业伦理的企业领导者，能够为社会创造价值，针对社会的变化做出相应的调整，并不断突破原有的产品和服务，提升企业的创新水平。

2. 商业伦理与经营风险

经营风险是指企业在经营过程中面临的各种不确定性和潜在的损失。这些风险可能来自市场竞争、技术变革、政策变化、自然灾害等方面。企业需要通过风险管理来识别、评估和应对这些风险，以保护企业的利益和促进企业的可持续发展。遵循良好的商业伦理可以帮助企业降低经营风险，更好地提高经营的可持续性。

3. 商业伦理与财务风险

财务风险的概念有广义和狭义之分。广义的财务风险是指企业在各项财务活动过程中，由于各种难以预料或控制的因素影响，财务状况具有不确定性，或存在使企业资产损失的可能性，具体包括流动性风险、信用风险、筹资风险、投资风险等。狭义的财务风险是指企业财务结构不合理、融资不当使企业可能丧失偿债能力，从而导致投资者预期收益下降的风险。如果无法清偿到期债务，企业就可能陷入破产清算，从而走向灭亡。因此，财务风险是企业面临的重要风险之一。财务风险的产生，与管理层扭曲的价值观及人性中的"恶"有关，如贪婪、狡诈、自私、急功近利等，商业伦理可以通过提高管理层的道德素养达到抑恶扬善的目的，进而促进企业降低财务风险。

4. 商业伦理与忠诚风险

员工对企业的忠诚度是企业得以长远发展的基石。先进的商业伦理观念使得管理者能正确对待公司员工，尊重员工感受并关爱员工，让员工获得归属感和认同感，而非仅将员工作为公司"机器"上的零部件；可以引导公司员工和管理层团结一心，为公司的业绩而努力，提升企业员工的忠诚度。

(二) 商业伦理与企业外部风险

1. 商业伦理与政治风险

政治风险可以分为宏观方面的政治风险(如战争、恐怖袭击、军事政变等)和微观方面的政治风险(如政府对特定产业的监管，以及政府的寻租行为等)。商业伦理要求企业遵循善治的原则，通过可持续性发展和对社会的慈善关怀，促进经济和社会发展，有助于被当地政府和居民接纳，降低企业受到政治冲击的风险。商业伦理有助于企业杜绝与政府之间产生贿赂关系，从而主动规避微观方面的政治风险，避免给企业带来巨大的负面影响。

2. 商业伦理与法律风险

商业伦理要求企业以高于法律的要求来约束自己的行为，从而降低企业面临的法律风险。从时间维度看，不少国家的法律呈现从不太完善到越来越完善的发展轨迹，对企业的要求也呈现越来越高的趋势。如果企业可以从商业伦理的角度以高于既定法律的要求和标准来规范自身行为，则可大大增强企业适应法律制度的能力。例如，政府的环境保护标准逐年提高，不少中小企业因为达不到环保标准而受到惩罚直至倒闭。如果这些企业能够及早从商业伦理角度出发，减少污染物排放，改造企业环保设备，提升企业环保技术水平，那么也许就不会因为不符合环保法律法规要求而受到惩罚或者面临倒闭的窘境。

3. 商业伦理与环境风险

环境风险涉及跨国家、跨区域的全球性公共产品问题。一方面，大家对环境保护的认识越来越深入；另一方面，全球环境问题越来越严峻，企业面临的环境风险也日益提升。商业伦理强调企业应该关注自身经营活动对自然环境产生的影响，例如人类终将面临化石能源枯竭的一天，如果企业不考虑新能源的开发与利用，那么企业长远的发展将终结于资源瓶颈。在企业排放污染物方面，如果企业不考虑自身排放的污染物对周边环境和人类的影响，不能正确处理污染排放物，就会给环境造成严重污染，损害居民身心健康，引起当地居民的控诉，最终削弱企业在当地发展的合法性，企业的发展也难以持久。

4. 商业伦理与社会风险

如果社会不稳定，那么依存于社会的企业的寿命必将受到影响。商业伦理强调企业与当地社区的良好互动，将企业看成促进当地社会进步和发展的重要力量，是"援助之手"而不是"攫取之手"。例如，跨国公司去发展中国家开展业务，如果只关注企业利润，而不关注企业能否改善当地居民的生活状况，就可能给企业带来社会风险。企业通过促进社会公平和公正，能有效降低其面临的社会风险。

5. 商业伦理与企业信誉

在信息技术高度发达的今天，企业信誉已经成为影响企业发展的重要因素。随着企业的社会影响日益增强，正如对公众领袖的道德要求一样，公众对企业领导者的道德要求也越来越高。如果企业领导者不遵从社会公认的道德伦理，那么企业被社会公众抛弃的可能性会大大增加。这些企业领导者的所作所为可能达不到受法律制裁的程度，或者还没有受到法律制裁，但是社会公众对其的道德审判往往已经先于法律，导致企业信誉严重受损。一旦失信于公众，企业也就离消亡不远了。

第三节 商业伦理判断

一、商业伦理判断的理论依据

商业伦理无处不在，它是一种客观现象而非潮流，企业商业活动中随时可能遇到商业伦理问题。在商业活动中，如何看待这些伦理问题，如何分析这些伦理困境？一直以来，哲学家们都在努力解决伦理困境问题，并形成了诸多具有指导意义的伦理观点和分析工具，提供了选择的视角、分析的要点、替代的方案。

(一) 功利主义

1. 功利主义的基本观点

在哲学中，关注行为结果的理论统一归结为结果主义，也称目的论。当我们判断某个行为或决策是对还是错的时候，所关注的就是结果。在结果主义中，最著名、最常用、最简单的形式是功利主义(utilitarianism，也译为效用主义)。

功利主义的观点可简单概括如下：伦理行为和决策应该符合益处最大化、伤害最小化的标准，即给整体带来的正面效应多于负面效应。

(1) 一个行为和决策所带来的益处大于伤害时就是道德的。

(2) 如果特定情形中可供选择的行为和决策有多种，其中产生效用最大的行为和决策就是道德的。

(3) 益处最大化和伤害最小化的对象，可以是对个人，也可以是对企业、组织和整个社会。

(4) 益处是指正面效应，可以是快乐、幸福、经济收入、名誉、地位等，既包括有形的好处，也包括无形的好处；既包括直接的、短期的好处，也包括间接的、长期的好处。相对应地，伤害指负面效应，可以是痛苦、经济损失、名誉受损、地位降低等。

2. 运用功利主义进行伦理分析的步骤

运用功利主义进行伦理分析的主要步骤如下。

(1) 清晰地描述所要评价的行为和决策。

(2) 系统审视利益相关者，既包括自己和受直接影响的人或组织，也包括可能受到间接影响的人或组织。

(3) 预测行为和决策给每位利益相关者带来的结果(益处或伤害)，如果有相当严重的后果，这时就可以直接做出评判，不用对所有后果进行分析了。

(4) 评估每种选择对每位利益相关者带来的益处和伤害。评估时为各种可能出现的益处和伤害分配权重，用数量、确定性(出现结果的概率，即行为产生益处或伤害的可能性)、临近性(产生益处或伤害的持续时间和程度)、衍生性(一种益处或伤害出现后是否会带来另一种益处或伤害)、纯粹性(带来益处的同时是否会带来伤害)、幅度(行为结果会影响多少人)等指标进行评估。

(5) 计算每种行为和决策对每位利益相关者的益处和伤害，加权计总，进行排序。

(6) 确定最终行动方案。"最好的"行为和决策会产生最大的益处，"最差的"行为和决策会带来最大的伤害。如果有多种方案，能实现收益最大化或伤害最小化的方案将成为最终方案，即"两利相衡取其大，两害相权取其轻"。

3. 功利主义伦理分析方法存在的难题

功利主义有其合理和积极的一面，各个利益主体在追求自身利益时，如果能够考虑到大多数主体的最大利益，是有利于社会的发展和进步的。因此功利主义大多数时候是社会或组织中各个利益主体普遍认同的原则，从个人的角度看，也能推动个人的行为有利于团体和组织。但功利主义伦理分析方法也存在不少难题。

第一，是否允许社会上多数人或者以多数人的利益为名侵害少数人的利益？功利主义主张，为了多数人的利益牺牲少数人的利益是合理的。如果从旁观者角度或者从多数人的角度，基于成本收益计算结果，功利主义的主张是合理的，但是如果从少数人的角度看，就会质疑功利主义的不公平，使少数人的利益遭到了侵害。

案例1-1

电车难题

英国哲学家菲利帕·福特(Philippa Foot)在1967年发表的论文中提出著名的电车难题：甲站在天桥上，看到一辆刹车损坏的电车正在驶来，轨道前方有5个正在工作的人，他们不晓得电车正向他们驶来。一个体重很重的路人乙正站在甲身边，甲发现乙的巨大体形与重量正好可以挡住电车，让电车出轨，不至于撞上那5个工人。那么甲是应该动手，把这个很胖的路人乙从天桥上推落，从而拯救那5个工人，还是应该坐视电车撞上那5个工人呢？

第二，如何理性地量化收益成本？人的需求存在多样性，根据马斯洛需求层次理论，人群的需求包括生理需求、安全需求、社交需求、尊重需求和自我实现需求五个层次，功利主义要求计算行为或决策对收益成本的影响，而现实中难以逐一计算上述五个层次的需求及成本并加以比较。

第三,并非所有人都认同功利主义的基本理念。功利主义主张,为了有利于最大多数人的幸福,必要的时候,需要个人做出自我牺牲,对个人有较高的道德要求。亚当·斯密就认为功利主义的整体利益最大化可能会牺牲个人的快乐,可能成为部分人群牟取私利时自我辩护的工具。

最后,当人们的自我幸福与他人幸福发生冲突的时候,功利主义要求保持中立态度,分析谁的幸福更大,并在此基础上进行取舍。而事实上,当存在利益冲突时,个体很难不偏不倚地做出选择。

(二) 权利论

根据权利的保障依据,权利分为法律权利(legal rights)和道德权利(moral rights)两类。

法律权利是指法律关系主体依法享有的某种权能或利益,表现为权利享有者可以自己做出一定的行为,也可以要求他人做出或不做出一定的行为。《中华人民共和国宪法》规定,公民有人身自由不受侵犯、人格尊严不受侵犯、住宅不受侵犯的权利等。

道德权利通常被认为是作为人,不管是哪个国家、哪个民族的人,都应该享有的权利。道德权利体现在两方面:一是消极的权利或自由的权利(negative or liberty rights),如隐私权、生命不被剥夺权、处置私有财产权等。它们之所以被称为消极的权利,是因为每一项权利都要求人们履行不干涉他人的义务。二是积极的或福利的权利(positive or welfare rights),包括受教育的权利、取得食物的权利、医疗服务的权利、住房和工作的权利等。积极的权利要求人们履行积极的义务,即主动地帮助人拥有某种东西或帮助做某些事。

1. 道德权利的特点

道德权利具有以下三个特点。

第一,道德权利与义务紧密联系。一个人的道德权利至少部分地可以定义为他人对这个人承担的义务,如小孩有受教育的权利,家长有义务让小孩接受教育。如果我有道德权利做某件事,那么其他人有道德义务不干涉我做这件事。一个人的道德权利意味着其他人或者整个社会的道德义务。例如,个人有工作的权利,不是说个人所在的单位有道德义务给个人提供工作岗位,而是说社会中的所有成员有义务通过公共机构给个人提供工作岗位。

第二,道德权利赋予个人自主、平等地追求自身利益的权利。承认个人的道德权利,就是承认在权利允许范围内,人们之间是自主平等的关系。

第三,道德权利是证明一个人行为正当性及保护或帮助他人的基础。如果个人有道德权利做某件事,那么个人做这件事在道德上是正当的,他人干涉则是不正当的。

权利论的道德原则:当行为人有道德权利从事某一行为,或从事某一行为没有侵害他人的道德权利,或从事某一行为增进了他人的道德权利,则该行为是道德的。

2. 道德权利的基础:康德的绝对命令理论

人们所拥有的法律权利是国家法律赋予的,但人们有哪些道德权利,这些道德权利是由什么来决定的呢?伊曼努尔·康德的绝对命令理论对此问题的分析和解释最有影响力。

康德认为，行为是否合乎道德不在于其结果是否利大于弊，而在于该行为是否合乎道德法则。道德法则具有无条件的约束力，康德称其为绝对命令(categorical imperative)，即无条件命令，它的形式是"你应做某事"，不附加任何假设条件。

康德提出了绝对命令理论的三条具体原则，阐明了符合道德的行为必须满足的三个条件：一是普遍性。道德准则应该是面向所有人的，而且应当是平等地面向所有人，因此，行为所遵循的准则在普遍推广后必须具有一致性(不会出现自相矛盾)，不具有这一特点的行为是不符合道德的。也就是说，个人的行为理由能够被所有人接受，这就是判断道德对错的普遍性标准。二是可逆性，即个人必须愿意让所有人都接受自己的行为理由，即使行为对象是自己。比如"如果他对你那样做，你会怎么样"，这就是在运用可逆性标准。如果某个行为无法通过可逆性测试，这个行为就是不道德的。三是对人的尊重。要把每个人包括自己当作行为的目的，而不能仅仅当作手段来对待。也就是说，当且只有当一个人从事某一行为，不把他人仅仅作为实现自身利益的工具，而是尊重并发展他人自由选择的功能时，该行为才是道德的。

3. 运用权利论解决伦理困境的步骤

运用权利论解决伦理困境的步骤如下。

首先，考虑有没有这样做的道德权利。根据康德绝对命令理论提到的道德行为判断三条件(普遍性、可逆性、对人的尊重)来分析。

其次，分析利益相关者有哪些道德权利。

再次，判断主体拥有的道德权利和利益相关者的道德权利之间是否存在冲突，如果有冲突，则需要明确何者更为重要，产生冲突的权利各自保护了什么利益，哪一种利益更重要。应优先考虑保护利益更重要主体的权利。

最后，找出处于主导地位的权利，考虑该权利是否受到其他因素的制约和支配，如果是，则对这些因素进行分析；如果不是，则用该权利解决问题。

4. 面临的问题

康德的绝对命令理论仍然存在一些问题：首先，原则不够精确，缺乏实用价值，当个体或组织面临道德困境并需要做出决策时，很难考虑到全人类；其次，如果采用的规定必须对所有人都平等，则很难解决利益冲突，毕竟利益相关者的利益和相对权力存在不同程度的差异。

(三) 公正论

当分配利益和负担时，当制定和执行政策时，当群体成员间相互合作或竞争时，当人们因为做错了事情而受到惩罚时，当人们因为他人的原因遭受损失得到补偿时，往往涉及公正、公平问题。所谓公正，就是指给予每个人应得的权益，对可以等同的人或事物平等对待，对不可等同的人或事物区别对待。有关公正的问题包括分配公正(distributive justice)、交易公正(exchange justice)、程序公正(procedure justice)、惩罚公正(retributive justice)和补偿公正(compensatory justice)。

1. 分配公正

在资源有限的前提下，当人们对社会的收益和负担提出各种不同的要求，且这些要求不能全部得到满足时，就会产生分配公正的问题。分配公正的基本原则是相同的人应该得到相同的对待，不同的人应该得到不同的对待。到底哪些差异与分配利益及负担有关，存在如下观点。

一是平均分配。把人与人之间看成没有什么差异进行分配，可以使得平等对待合理化，社会或群体的收益和负担应该在每个人之间平均分配。

二是按贡献分配。获得的收益应该按每个人对社会、群体、任务的贡献大小进行分配。这一分配原则被广泛采用，但存在以下不足：①忽视了人的特殊性，比如残疾人、病人、未成年人难以获得基本的生存需要；②成员之间的合作程度可能会下降，甚至形成竞争，人们不愿分享资源与信息；③贡献大小有时难以衡量。

三是按需要和能力分配。根据人的能力分配工作负担，根据人的需要分配收益，即"各尽所能，按需分配"，该分配原则也受到质疑。首先，根据这一原则，工作努力程度与报酬之间没有任何联系，员工会失去努力工作的动力；其次，如果根据个人能力来分配工作，个人自由会受到限制。

四是约翰·罗尔斯的分配观。罗尔斯提出的分配观是一种基于平等的公正原则，在理论上综合了平均分配、按贡献分配、按需要和能力分配的观点。罗尔斯认为，只有当收益和负担的分配遵循以下原则时，才能被视为公正：①权利平等原则。强调每个人都应享有与其他人类似的权利，即最广泛的基本自由，以便他们能够共存。这意味着每个人的基本权利都应得到保障，无论他们的社会地位或其他条件如何。②差异原则。罗尔斯允许分配中存在差异，但这种差异必须建立在两个前提之上。一是最终要有利于在分配中处于最不利地位的群体(如病人和残疾人)，即差别原则；二是给所有人提供均等的机会，即机会均等原则，譬如，招聘条件只与工作要求有关，与种族、性别等无关，每个人都有获得理想工作所需的训练和教育的机会。③机会均等原则。与差别原则相辅相成，机会均等原则要求为所有人提供平等的机会，以充分挖掘他们的潜力并实现他们的目标。

2. 交易公正

个人与个人之间、组织与组织之间、个人与组织之间不断发生交易，交易必然产生权利与义务，这就产生了交易公正的问题。双方权利和义务的保障取决于契约规范。契约规范是保证个体信守诺言的一种途径，使企业活动得以顺利开展。规范契约的伦理规则可概括为以下四条：一是双方必须对契约的性质有充分的了解；二是任何一方都不能向对方提供有意歪曲的事实；三是任何一方都不能被强迫签订契约；四是契约不能约束双方从事不道德行为。满足上面四条规则的交易，被视为公正的交易。

3. 程序公正

程序公正指"一个机构、一个人或一种制度向若干其他人分配利益(或负担)的规则或途径"，"与之相对，结果指的是在任何时候，不同的个体由此享有各种资源、商品、机会或者权利的事态"①。程序公正具有如下基本特征：一是普惠性。每一个社会群体、每一个社会成员的尊严和利益都应当得到有效维护，任何一个社会群体的尊严和利益的满足都不得以牺牲其他社会群体、社会成员的尊严和利益为前提。二是公平对待。公平对待有两层含义，首先是处理同样事情要按照同一尺度，如果要有所差别，应是因事而异，而不能因人而异；其次是"无偏袒的中立"，即"与自身有关的人不应该是法官"，解决纠纷者要保持中立，结果中不包含纠纷解决者的个人利益。三是多方参与。在制定法律和重要的公共政策时，必须让多方人员参与，尤其要允许相关社会群体有充分的参与和表达意见的机会，维护他们的利益。四是公开性。公开性主要体现在利益相关者对信息知晓权利的平等性，在政策制定和实施过程中，如果信息拥有方利用信息不对称对其他群体进行欺骗和误导，而信息缺乏方难以做到有效参与，就无法得到公平对待，程序公正也就无从谈起。五是科学性。程序公正还包含一些技术方面的要求，其一是相关信息要充分、准确，其二是要有必要的评估机制和修正机制。

4. 惩罚公正

惩罚公正关心的是对一个做错事情的人怎样惩罚才算公正。判断惩罚是否公正，主要有三个问题需要考虑：一是什么行为该受到惩罚，如果人们不知道或者不能自由选择自己的行为，则因这些行为受到惩罚或责骂是不公正的；二是谁该受到惩罚，受惩罚者应该是确实做错事情的人，如果仅凭不可靠、不完整的依据处罚一个人，是不公正的；三是惩罚的力度，惩罚必须是一贯的且与所做错的事情相称。所谓一贯，是指凡是做错相同事情的人均受到相同的惩罚。所谓相称，是指惩罚力度要与做错事情造成的损害一致。

5. 补偿公正

补偿公正是指为个人因他人过失而遭受的损失提供补偿的公正。当一个人错误地给另一个人造成损失时，过失者有道德义务或法律义务补偿受害者所遭受的损失。补偿额应该等于过失者对受害者造成的损失额。如果个人行为是造成伤害的真正原因，个人故意造成了伤害，那么个人有义务补偿受到自己伤害的人。

(四) 关怀论

1. 关怀伦理

所谓关怀伦理，是认为道德的任务不是遵循普遍和公正的道德原则，而是照顾和回应与个人有宝贵及亲密关系的特定人群。关怀伦理强调两个道德要求：一是每个人都生活在特定的关系网络中，应该维持和培养与特定个人及群体的具体且宝贵的关系。譬如，出生时养育、关怀我们的人，如父母；成长时教育、关心我们的人，如老师；成熟时作为爱人和朋友关怀我们的人，如妻子、丈夫和同学；还有生活在具有相同语言、传统、文化和类似利益的团体中，如老乡、战友等。这些特殊关系定义了一个人的自我认知。二是每个人应该对那些与自己有特殊关系的人给予特殊关怀，照顾和积极回应他们的需求、价值观、

---

① 戴维·米勒.社会正义原则[M].南京：江苏人民出版社，2001：102.

欲望和具体幸福，尤其当他们处于弱势时更应如此。同情、关心、爱、友谊和仁慈属于关怀伦理强调的情感或美德。

2. 关怀伦理分析面临的问题

关怀伦理与中国传统文化非常吻合，但是关怀伦理还是受到不少批评。一是认为关怀伦理容易导致偏袒和不公正。关怀伦理可能会与其他道德要求(如公正)发生冲突。例如，一位经理管理着几位员工，其中一位是他的好朋友，现在有一个职位必须由他推荐人选，这位经理应当推荐谁？是在朋友能力达不到职位要求的前提下，只因为私人关系推荐自己的朋友，还是应该以公司利益为重，推荐最胜任的下属？显然，公正标准要求经理不偏袒自己的朋友，但关怀伦理要求经理为了友谊偏袒自己的朋友，关怀需要与公正要求之间产生冲突，这就需要我们在处理这一矛盾时视具体情况而定。一般认为，在商业场景中，如果公正对应的是制度性义务的合理要求，则制度性义务优先于关怀要求；而在关怀需要重于制度性义务的情况下，则需要先解除制度性义务，然后实施关怀。

二是关怀伦理要求人们对与其有特殊关系的人给予特殊关怀，似乎是要求人们为了他人的福利而牺牲自己的需要与欲望。对此，关怀论的支持者回应，完整意义上的关怀应该包括对自身的关怀和对他人的关怀。

(五) 美德论

除了从效用、权利、公正和关怀的视角，还可以从美德伦理学的视角对行为决策进行道德评价。美德论通常又称德性论，美德论更关注道德实践者本人的诚实正直，即美德论把关于人的品质判断作为最基本的道德判断，只要具备良好的品性、善良的动机和意图，那么其行为自然就是道德的，即便行为造成了不好的结果，在道德上也是可以谅解的。

美德论认为道德主体的品性是伦理行为的推动力，应关注行为者的品质、动机意图。要判断一个人是否正直，需要从他坚守的道德原则(如是否公平、是否诚实、是否信守诺言等)、对规则的遵守程度(其行为是否符合职业伦理规范)，以及行为后果(如是否做到伤害最小化)等方面进行判定。至于动机和意图，是判定行为是否道德的重要依据，也是判定道德责任的重要考量因素。一般来说，如果造成伤害的行为不是故意为之，则在道德上不会受到过多指责。总之，美德论不会依据单一标准去判断行为是否符合道德，而是从行为者的品质，并结合行为表现进行综合判断。

二、商业伦理判断的影响因素

由前述商业伦理理论可以得出，没有一种单一的理论能够在任何情境下提供完美指导。如果每一种理论都得到同一种解决方案，那么做决定就会相对容易。如果不同的理论得出的结论相冲突，这时就需要在尽可能了解原委的基础上，综合社会效益、个人价值观等信息，想象正直的人会怎样做，依靠自己做出最优或者令人满意的决策。所以，要做出一个合乎伦理的判断，除了了解前述商业伦理的相关理论，还需要结合实际情况，厘清现实中影响伦理判断的因素。

(一) 个人因素

商业伦理问题本质上是若干个体行为不断叠加的结果，个人是做出伦理判断和决策的主体。同样的情境，不同的人会做出不同的判断和决策，显示出独特的个体差异。在影响伦理的个人因素中，一般包括性别、教育和工作经历、成长环境、年龄等。研究表明，男性和女性在很多方面没有明显的区别，但在一般情况下，相对来说，女性对伦理情境更为敏感，更加不能容忍不道德行为。一般来说，个人受教育程度越高或工作经验越多，就越有能力进行伦理分析和判断；同样，成长环境也会影响其伦理判断。

(二) 组织因素

组织的伦理政策是客观存在的，因为组织必然要面对如何看待经营与伦理关系的问题，在道德上追求到何种程度的问题，以及如何处理与利益相关者的关系的问题。组织对这些问题的看法和规定，不论是否以正式的形式出现，也不论是否以单独的政策出现还是渗透在其他政策中出现，都会影响组织成员的道德评价。组织通过向组织成员提供明确的或隐形的可接受的行为指南而影响他们的行为。根据差别关系理论，人们倾向采纳与其交往更频繁的人的行为和观念，因此，组织成员会受到关系密切的同事与上司的行为和观念的影响。根据相对权威理论，某人拥有的职位权力越大，对决策的影响就越大。因此，管理者特别是在组织中拥有最高权力的管理者对员工的道德观念影响最大。

(三) 行业、职业因素

行业政策、职业准则(或职业道德)会影响行业内成员或职业从业人员的道德评价。例如，美国投资管理与研究协会(Association for Investment Management and Research，AIMR)对会员及注册金融分析师的职业行为准则做了详细规定，要求在处理与公众、委托人、潜在的客户、雇主、雇员和同事的关系时，应以能给会员及职业带来良好声誉的、专业的和合乎道德的方式开展工作，并鼓励他人也这样做。

(四) 社会因素

从众是指人们采纳其他群体成员的行为和意见的倾向。由于从众心理广泛存在，社会舆论对某种行为是否合乎道德的看法越一致，对个人道德判断的影响就越大。

课程思政

"清朗·网络平台算法典型问题治理"专项行动

2024年11月12日，中央网络安全和信息化委员会办公室、工业和信息化部、公安部、国家市场监督管理总局等四部门联合发布《关于开展"清朗·网络平台算法典型问题治理"专项行动的通知》(以下简称《通知》)，决定自即日起至2025年2月14日开展"清朗·网络平台算法典型问题治理"专项行动。

《通知》指出，要深入整治"信息茧房"、诱导沉迷问题，提升榜单透明度打击操纵榜单行为，防范盲目追求利益侵害新就业形态劳动者权益，严禁利用算法实施大数据"杀熟"，增强算法向上向善服务保护网民合法权益，落实算法安全主体责任，从而实现算法导向正确、算法公平公正、算法公开透明、算法自主可控、算法责任落实的工作目标。

根据中央网信办等四部门联合部署，上海市委网络安全和信息化委员会办公室会同市通管局、市公安局、市市场监管局推进开展"清朗浦江·网络平台算法典型问题治理"专项行动。在上海市委网信办指导下，小红书、得物、喜马拉雅、哔哩哔哩、拼多多、饿了么、大众点评、携程等网站平台陆续发布了"清朗浦江·网络平台算法典型问题治理"专项行动治理公告，并公布网民投诉与举报反馈渠道，表态主动接受社会监督，将根据网民反映的问题调整并优化算法应用，促进算法应用向上向善。

第四节　商业伦理决策

伦理决策是人们应用自身所具备和社会通行的道德观念分析具有道德意义的现实问题，并做出合乎道德的选择、判断等导向行为的过程。这是一个理论联系实际的复杂过程，依据相关步骤，运用相关决策模型，有助于更好地进行伦理决策。

一、商业伦理决策的主要模型

(一) 伦理检查模型

伦理检查模型由肯尼斯·布兰查德和诺曼·皮尔于1988年提出，主要包括三个伦理检查项目(见图1-1)，被认为是一种三方模式的伦理检查模型。该模型主要依据合理利己论和显要义务论，优点是简单、实用，无须掌握比较抽象的伦理原则，便可大致做出符合伦理的决策，因此被很多企业采用。

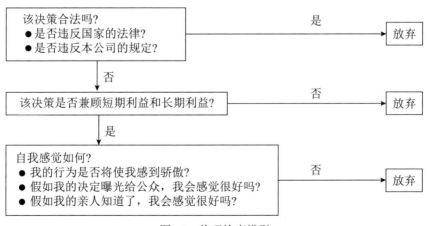

图1-1　伦理检查模型

企业在运用这一模型时,首先进行合法性检查,依据合理利己论,个人或企业利益的实现应当在合乎良心与法律规范的前提条件下进行;然后检查决策是否兼顾了长期利益和短期利益,其前提假设是具有长期利益的行为不大可能是不道德的行为;最后由企业决策者对一项决策进行自我感知检验和曝光检验。在这一阶段,此模型以决策者知道对他人、对社会应有的义务为前提,决策者一旦违反了诚实、感恩、公正、行善、自我完善等原则,就会感到内心不安,以及无法面对其他人。

(二) 道德决策树模型

道德决策树模型是1981年由杰拉尔德·卡瓦纳(Gerald Cavanagh)等人设计的(见图1-2)。该模型整合了功利主义和道义论的观点,要求决策方案只有依次通过"三关"检验才被视为是道德的,除非存在正当且关键的理由才能跳过某一关。所谓正当且关键的理由,是指标准之间存在冲突、标准内部发生了冲突或者完全缺乏能力来执行这些标准。

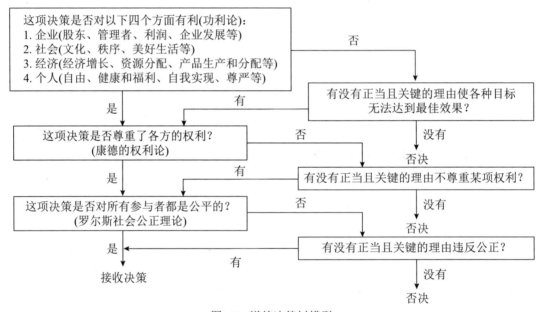

图1-2 道德决策树模型

该模型有两个特点:一是决策的伦理可接受性从决策的后果和决策对义务与权利的尊重两方面来综合评价。首先,模型要求决策者考虑决策对相当广泛的利益相关者的影响,如对企业自身、对整个社会目标的实现、对整个经济体系的运转、对决策涉及的个人权利的影响等,是在较高的层次运用功利论;其次,衡量后果之后,模型要求继续从道义方面评价决策,必须考虑对受影响者权利的尊重和对各方的公正性。二是合理使用加勒特的相称理论[①]考虑例外情况的解决方式。该模型在具体应用上操作性不强,但提供了一种伦理决策思路,其全面性是显而易见的。

---

① 相称理论由托马斯·加勒特(Thomas Garrett)于1966年提出,该理论认为,判断一项行为或一项决策是否合乎道德,应从其目的、手段和后果三个方面加以综合考察。

(三)"九问式"模型

1983年，美国马奎特大学营销学教授基恩·R. 拉克兹尼亚克(Gene R. Laczniak)在卡瓦纳的道德决策树模型的基础上提出了"九问式"模型。该模型综合运用了功利主义与道义论相结合的对称论，以及显要义务论和公平公正论，共提炼出9个问题(见表1-1)，决策者可以通过回答这些问题来检测决策是否符合伦理。如果回答全部为否定，则该决策在道德上是可以被接受的。模型从法律检验开始，依次进行义务检验、特殊行业责任检验、目的检验、结果检验、过程检验、权利检验、公正检验，兼顾了一般性问题和针对特定行业、特定产品面临的特殊问题，具有较高的可操作性。

表1-1 "九问式"模型

序号	问题	类型
1	该行为违法吗	法律检验
2	该行为违反以下任一条普遍性的道义吗 • 诚实的责任 • 感恩的责任 • 公平的责任 • 仁慈的责任 • 自我完善的责任 • 无伤害的责任	义务检验
3	该行为侵犯由组织类型而产生的相应特定义务吗	特殊行业责任检验
4	该行为的动机是邪恶的吗	目的检验
5	采取该行为会不会发生某种"大恶"	结果检验
6	是否故意放弃好处相同或更多，而邪恶更少的方案	过程检验
7	该行为侵犯消费者不可剥夺的权利了吗	权利检验
8	该行为是否侵犯了其他组织的利益	公正检验
9	利益受损群体是否属于弱势群体	

(四) 问题式伦理检查模型

问题式伦理检查模型是劳拉·纳什(Laura Nash)于1989年提出的又一个问题式伦理检查模型(见表1-2)。该模型从动机、结果、利益相关者和长远利益角度考虑决策是否合乎道德，并考虑了例外情况。与"九问式"模型相比，该模型的问题更具体、更容易回答，具有一定的可操作性。不足之处是，该模型缺乏一定的理论逻辑，结论难以令人信服。

表1-2 问题式伦理检查模型

序号	问题	释义
1	你是否准确地定义了决策问题	对决策问题必须有清晰的认识，掌握的事实越多、越准确，处理时就越少感情用事
2	如果你站在他人立场上，会怎样定义问题	从可能会对决策是否道德提出质疑或从最有可能受决策不利影响的人的角度审视一下决策问题，问问自己，在定义问题时是否做到了客观、不偏不倚

续表

序号	问题	释义
3	问题是怎样产生的	考察问题的形成过程，搞清问题的实质
4	作为个人和公司成员，你忠诚于谁，忠诚于什么	每个管理者都会遇到忠诚冲突，如自己的良心与履行公司职责之间的冲突，同事要你参与违反公司政策的事情等
5	你做该决策的意图是什么(目的)	为什么要这样做，如果得不到满意的回答，就不要选择该方案
6	你的决策意图与可能的结果相符吗	有时意图很好，但结果可能是有害的
7	你的决策会损害谁的利益	即使产品有正当用途，但如果使用不当或落入一些人手中，会对消费者造成伤害，管理者就得重新考虑是否生产并销售该产品
8	你能在做决策前与受影响的各方讨论该决策问题吗	例如，你要关闭某个工厂，是否能在事先与受此事影响的工人和社区讨论这一问题，以评估决策的后果
9	从长远来看，该决策将像现在看上去那样有成效吗	你能坚持你的承诺吗？你能预见可能改变你的想法的条件吗？今天的好决策到明天会是一个失误吗
10	你能毫无顾忌地与上司、高管、董事、家庭及整个社会谈论你的决策吗	在电视上公开报道会如何
11	如果理解正确，人们会对你的行为产生什么看法	人们对你的行为产生误解会怎么样？这一问题涉及真诚与他人对行为的看法
12	在什么条件下，你会允许自己的立场有例外(即稍微改变自己的立场)	比如，你发现一个员工挪用了1000元钱，但随后归还了。公司员工手册对挪用公款有严格规定，一经查实，立即开除。假如员工挪用这笔钱用于支付紧急医疗费用，你会怎么处理？如果用于赌博，你又会怎么处理？再假设这名员工在公司里工作12年和18个月这两种情形，你的决定会有什么不同

二、商业伦理决策的主要步骤

决策是管理的核心问题之一。商业伦理的决策可分为6个步骤：识别伦理问题、确定利益相关者、明确各方义务、做出正确决策、坚决执行决策和检验并论证决策。

(一) 识别伦理问题

识别伦理问题并不是一件容易的事情，特别是当人们过于在乎和关注自己的目标时，往往会忽视很多不明显的伦理问题，甚至会不自觉地找出一些借口来逃避伦理问题。关于如何识别伦理问题，可以参考以下标准：①需要决策的行为是否涉及对一个或多个人造成严重的伤害？②伤害有可能发生或者很快就要发生，受害者将受到严重伤害；③受害者是否与你相近；④施加的伤害可能违背你所在群体或者大多数人的伦理标准。

(二) 确定利益相关者

利益相关者是指那些在组织行为和运行中有利害关系的人。在商业伦理决策情境中，识别伦理问题之后，就需要鉴别出可能会受决策影响的利益相关者。而在一项具体的决策中，利益相关者与决策之间会呈现直接相关、间接相关、即时相关和未来相关等不同程度的关系。因此，在确定利益相关者的过程中，思维要开阔，要深入挖掘那些受到潜在影响的利益相关者。一旦利益相关者被确认，就需要明确其可能受到的影响。

(三) 明确各方义务

尽可能全面地确定了利益相关者及决策可能给其造成的影响后，需要明确涉及的义务，并给出原因。除了基本的经济和法律责任，还需要考虑伦理责任，如对社区的责任、慈善责任和环境责任等。

(四) 做出正确决策

做决策时要遵循两个原则：一是重大决策应当尽量采取群体决策的方式。这种决策的意义在于可以更充分地考虑和协调各方面的利益，便于获得各方的理解和支持，从而调动各方的积极性，促使各个方面的利益相关者共同成长。二是注重决策的科学化。决策的科学化是指在决策过程中，尊重科学和市场规律，更科学、更理性地做出决策。科学化决策要坚持实效原则，以最小的成本取得最大的收益。

(五) 坚决执行决策

决策往往会受到多种因素的影响而造成执行不到位，甚至许多人经常会因为缺乏决心和意志力而导致没有完成预期的计划。因此，做出正确决策后，就需要坚决执行。

(六) 检验并论证决策

决策过程中必须实施信息跟踪和汇报机制，将决策的预期目标与实际情况不断地进行对比，若发生偏差则需要及时纠正。同时，要建立反馈机制，通过检验结果进行反馈，为新一轮的决策提供指导性建议，构建一个动态循环的系统。

复习思考题

1. 企业行为都是伦理相关行为吗？
2. 商业伦理的功能有哪些？
3. 企业的目标是什么？
4. 商业伦理对企业发展有哪些重要影响？
5. 简述商业伦理判断理论。
6. 分析商业伦理判断的影响因素。
7. 简述商业伦理决策的主要模型与步骤。

扫码答题

第二章
企业经营中的伦理问题

导言

商业伦理问题存在于企业发展的各个阶段,识别并有效地解决人力资源管理、产品策略、市场营销、财务活动、国际经营等各个环节面临的诸多伦理问题,是企业管理者的工作重点。

学习目标

理解:人力资源管理、产品策略、市场营销、财务活动、国际经营等环节的伦理问题。

掌握:人力资源管理、产品策略、市场营销、财务活动、国际经营等环节的伦理规范。

应用:根据伦理规范评价企业伦理行为。

第一节 人力资源管理中的伦理问题

一、人本管理的概念、判断标准与层次

(一) 人本管理的概念

人本管理思想是现代企业管理思想、管理理念的革命。人本管理的概念产生于20世纪30年代的西方企业,而真正将其有效运用于企业管理是在20世纪六七十年代。人本管理的英文有三种:people-oriented management、humanistic management、people-centered management。也有人将人本管理理论总结为3P理论:of the people(即企业由人构成)、by the people(即依靠人开展活动)和for the people(即为人而存在)。

本书借鉴黄少英(2019)的观点,认为人本管理是指组织一以贯之地、全面地去了解人、尊重人、关心人、成就人,并促进人类的自由和全面发展。人本管理革除了以前把人当成工具的主观观念,真正地做到把人当人看待,是管理思想和管理理念上的

革命。现代人力资源管理应该坚持把人当人看的人本管理原则，否则就是违背管理伦理。

(二) 人本管理的判断标准与层次

一个企业是否实施了人本管理，可依据以下12条标准判断：①尽力确保员工的安全；②严格履行劳动合同法；③公平、公正、机会均等的招聘、晋升机制；④具备适才适岗的能力或机制；⑤健全的员工培训机制；⑥合理的薪酬水平；⑦合理的劳动强度；⑧保障员工隐私；⑨和谐的工作和居住环境；⑩专业的职业生涯指导；⑪合理、畅通的员工申诉平台；⑫兼顾外部利益相关者的机制。

企业人本管理的程度可分为低、中、高三个等级，以上标准是确保企业实施人本管理的基本标准，能够基本保证人本管理的低等和中等层次；如果能够在这些基本标准之上实施人本管理，才可能达到"成就人"的高标准，最后实现员工的自由和全面发展。

二、招聘中的伦理问题

(一) 招聘中的伦理要求

招聘中的伦理要求包括保障人的就业权和公平对待应聘者。

1. 保障人的就业权

人有工作权利，即就业权，对此，存在以下三种观点。

一是工作权利由生存权派生而来。该观点的前提假设是工作是为了获取生活必需品，是生存的需要，剥夺了工作就剥夺了生存手段。然而，这一前提假设有待商榷，因为即使没有工作，但如果有足够的社会保障，生存就不会有问题。当然，即使人不工作也能生存，也应该有工作权利，虽然这样派生出来的权利是一种消极的权利。

二是工作权利由发展权派生而来。该观点认为，工作能促进人的发展。不过该观点同样也经不起推敲，因为通过其他活动，比如娱乐、阅读等，同样会获得人的发展。另外，工作不一定能发展人，例如，枯燥、重复的工作恰恰束缚了人的发展。

三是工作权利由被尊重的权利派生而来。工作权利是人的一种尊严，没有工作权利就等于没有为社会做贡献、对社会负责任的机会。这一观点被认为是理由最充分的。首先，人属于人类社会，健全的、有能力的社会成员在社会中发挥着各自的作用，人们在社会中既要维持生存又要承担责任，工作正是这样一种典型方式。其次，自我尊重和他人的尊重都与人的行为，以及人在社会中承担的责任紧密相关，而剥夺工作权利意味着不允许人们作为有贡献的、成熟的和有责任感的成年人在社会中发挥应有的作用。因此，工作权利和被尊重的权利密不可分，前者由后者派生而来(George, 2010)。

需要指出的是，工作权利只是一种客观权利，也是一种未实现的权利。公民享有这种权利的可能性，并不代表公民实际拥有。工作权利的具体实现与一定的社会历史条件相关，人们生理、心理条件的个体差异和经济社会发展的不平衡等因素，导致工作权利的具体实现存在一定程度的差异。

2. 公平对待应聘者

公平对待应聘者，简单来说就是给予每位应聘者公平的就业机会，不得存在就业歧视。

员工和企业之间的地位不平等，致使企业在雇用员工时可能会设置各种不合理的选择标准，歧视问题由此产生。就业歧视通常是指没有法律上的合法目的和原因而基于种族、肤色、性别、宗教、政治见解、民族血统或社会出身等，采取区别对待、排斥或给予优惠等任何违反平等权的措施侵害劳动者劳动权利的行为。一般认为，招聘条件必须与工作直接相关，如果用人单位不能证明这种相关性，则构成就业歧视。

我们可以依据功利主义原则来分析为什么就业歧视是不道德的。

首先，从就业人员角度看，在公平竞争条件下可以获得职位或晋升的人因为被歧视失去了机会，被歧视者的利益因此受到损害。而且，这种歧视给被歧视者带来精神损害，这种精神损害是无形的、间接的，被歧视者长期遭受这种精神损害，不仅影响被歧视者本身，对其家人亦会有影响。

其次，对企业来讲，歧视行为可能会将有真才实学的人拒之门外，而且还会对企业形象造成一定程度的损害，影响企业声誉，给企业带来不利的影响。

最后，从社会角度看，企业的歧视行为导致被歧视者自身利益受到损害，他们可能会因为难以找到满意的工作产生怨恨情绪，给社会带来不安定因素。同时，企业的歧视行为也会给其他员工带来不安全感。

总之，就业歧视行为往往比不进行歧视的利益要小或弊端要大，因此可以判断就业歧视的规定或行为是不道德的。

(二) 招聘中违背商业伦理的常见问题

招聘中违背商业伦理的常见问题就是各种形式的就业歧视。常见的就业歧视包括：①年龄歧视，主要表现为用人单位对年龄符合法律规定的应聘者进行额外的年龄限制。②学历歧视，一是工作岗位只要求有某一层次学历的毕业生，并对取得学历的院校等级提出要求，从而造成对其他院校毕业生的歧视；二是工作岗位本不需要那么高的学历，但是提出过高的学历要求，从而造成对低层次学历者的歧视。③传染病歧视，如在招聘员工时，以应聘者是传染病病原携带者为由拒绝录用。④残疾人和农村劳动者歧视，如在招聘人员时歧视残疾人和农村劳动者，在职工的招用、转正、晋级、职称评定、劳动报酬、生活福利、休息休假、社会保险等方面歧视残疾人。⑤少数民族歧视，如在招用环节有观念或行为上歧视少数民族的招聘条件。⑥性别歧视，主要表现为工作岗位本不需要有性别差异，而对应聘者的性别提出专门要求，以及限制女性结婚或者生育。此外，还可能存在户籍歧视、地域歧视等。

三、薪酬设计中的伦理问题

(一) 薪酬设计中的伦理要求

薪酬设计中的伦理焦点是公平与效率的冲突问题。企业为了提高效率，就要拉开薪酬差距，以提高员工的工作积极性。然而，这就势必造成贫富差距，甚至被质疑妨害社会公平。其实，薪酬差距和公平在本质上并不矛盾，因为公平强调机会平等而非结果平等，是让每个人拥有发展生产、创造财富的平等机会，实现社会共同进步。制度无法保证分配的结果统一，但可以充分保障每个人享有平等的分配机会。

薪酬设计中的伦理要求主要体现在两方面：一是横向上，同级劳动者之间的同工同酬；二是纵向上，非同级劳动者之间的薪酬差距。

1. 同工同酬

同工同酬是指技术和劳动熟练程度相同的劳动者在从事同种工作时，不分性别、年龄、民族、残疾、区域等，只要能以不同方式提供相同的劳动量，即获得相同的劳动报酬。由此可见，同工主要是指劳动量相同。而随着劳动形式多元化、灵活化的增强，即使岗位完全相同、劳动量也相同，但劳动的"质"不可忽略。因此，需要同时注意劳动的"质"和"量"，最大限度做到同工同酬。另外，同酬主要指劳动报酬，一般不包括福利等非劳动报酬。

落实同工同酬应注意如下要点。

一是薪酬构成对公平与效率的平衡作用。同工同酬体现在企业薪酬构成、薪酬水平和薪酬结构上。对于同一岗位的员工，薪酬构成应当包含相同的基本工资、绩效工资与福利，且应处于同一薪酬水平，但针对能力、经验和工作结果的不同，可给予不同的补贴与激励。这样，既可以保证同工同酬，又可以维护薪酬的激励作用。

二是薪酬保密与薪酬公开的平衡。"不患寡而患不均"，透明的薪酬体系最容易增强员工的公平感知，也是对同工同酬的监督。然而，不少企业实行薪酬保密制度，禁止员工之间讨论工资，这其实暗示了企业对同工同酬原则的放弃，默认了企业中过大的薪酬差距。的确，透明的薪酬体系不利于企业用高薪激励人才，还会导致员工的整体薪酬水平集中在平均水平。出于中庸的思想，一些企业采取了部分公开的原则，如公开员工的职称评级、销售业绩与奖金，在一定程度上做到了同工同酬。

2. 薪酬差距

非同级劳动者之间的薪酬差距主要表现为高管与普通员工的薪酬差距。制定高管薪酬制度应坚持如下原则。

一是按绩效给付。首先，这里有一个误区，即认为激励肯定和业绩挂钩，但有些行业的绩效指标(所谓的业绩)并不能全然反映高管的经营能力，而是有大部分运气的成分，所以如何合理地区别高管的"绩效"和"运气"非常重要；其次，如果企业高管的薪酬不能和企业的绩效挂钩，则不利于提高企业竞争力，而且，如果不管企业绩效如何，高管薪酬都维持不变,这对普通员工不公平。

二是管理层和股东利益一致化。例如通过管理层持股、股票期权及超额利润分享等,既能对管理层起到一定的激励作用,又能使管理层与股东的目标趋于一致,平衡双方的利益。

三是吸引和保留人才。在企业,能够离开的、先离开的往往都是那些能力较强、机会较多的员工。在设计薪酬时,要考虑内部公平性和外部竞争性,保留企业想要的人才。

四是做好风险防控。激励机制会影响风险防控,高激励加诸管理层必定会放大风险。在信息不对称的情况下,过高的激励可能诱发过高的道德风险。

五是考虑与普通员工的薪酬差距。高管与普通员工的薪酬差距过大,会导致普通员工的抵触情绪,削弱企业内部的凝聚力,降低员工对企业的归属感,从而给企业的绩效带来不利影响。

(二) 薪酬设计中违背商业伦理的常见问题

1. 同工不同酬

同工不同酬主要体现为全日制员工与非全日制员工同工不同酬,合同工与劳务工、实习生同工不同酬,男女劳动者同工不同酬等。

2. 高管薪酬与普通员工薪酬差距过大

高管薪酬一直都是社会学界比较关注的热点问题,其合理性和激励的有效性遭到了质疑,在强调收入公平和共同富裕的社会背景下,"天价薪酬"越来越受人关注。

基于公平性公正性的立场,我国开始对"天价高管薪酬"进行反思。2019年3月,国务院国有资产监督管理委员会发布《中央企业负责人经营业绩考核办法》,监管央企高管薪酬。同时,有研究者指出,高管的"天价薪酬"中一大部分来自奖金与股权激励,并不属于常规的工资范畴。现有的限薪措施尚未杜绝企业高管自定薪酬现象,存在绩效考核失灵、信息披露不善、薪酬管理制度不健全、分配不合理等诸多弊端,严重影响人民群众对公正的感受。

案例2-1

信誉楼的薪酬设计

信誉楼百货集团有限公司(以下简称"信誉楼")于1984年创立于河北省黄骅市,是一家专注于百货零售业的民营连锁商业集团。经过40年的发展,信誉楼从一家面积只有200多平方米、员工仅有30人的小卖场,成长为拥有43家门店、员工约4万人,总资产80多亿元的大商家。2023年,信誉楼在"中国连锁百强"榜单上排名第31位,被誉为"从渤海湾走出来的诚信经商典范"。

信誉楼的成功经验有很多,其中,导购员的收入不与其销售额挂钩,以及作为信誉楼核心制度之一的人力资本股权化制度,非常有特色。

在信誉楼,导购员的收入是不与其销售额挂钩的。因为信誉楼的管理层认为,只要收入与经营业绩直接挂在一起,员工势必会想方设法提高营业额,并把业绩目标一级级分摊下去，最终体现在导购员接待顾客这一环节，就无法做到为顾客着想。卖多卖少跟工资没关系，那么如何激励导购员呢？信誉楼考核的，是导购员商品知识的丰富程度，是能否视顾客为亲友，也就是顾客的满意度。

信誉楼是中国最早采取股权激励制度的公司之一，它采用了比较特殊的人力资本股权化制度，让核心员工拥有公司岗位股。岗位股股东拥有受益权、选举权和被选举权，但不允许继承和自行转让岗位股，一旦离职或者降级，那么岗位股也要调整。而且信誉楼当时明确规定，股份有上限无下限。为什么这么做？因为信誉楼那时候已经明白，要限制货币资本，不能谁出钱多谁的股份就多，而要发挥人力资本的作用，谁干得多、谁创造的价值大，谁的股份就多。

资料来源：戚德志.何以信誉楼[M].北京：机械工业出版社，2024。

四、职场管理中的伦理问题

(一) 职场管理中的伦理要求

1. 工作安全

员工进入企业，首先面临的就是工作安全问题。严格意义上讲，所有行为都存在风险，没有什么是绝对安全的。虽然分析工作中的风险程度是复杂而模糊的，但是在实际工作中，企业可以遵循一定的原则来处理工作安全问题。

(1) 预先告知风险。企业与员工签订劳动合同时，就应该告知工作中可能遇到的风险。员工了解未来工作可能会遇到的危险之后，在平等、自愿的基础上签订劳动合同。如果由于高失业率或者急需该职位，员工只能别无选择地签订合同，这不能算一个公平的合同。

(2) 至少提供最低安全保障。工作场所安全有一个最低标准，低于此标准产生的风险是不能为道德所接受的，其中包括必须预防任何可以很容易避免的伤害。比如，工作场所必须保持通风和适宜的温度，有防火措施，与危险机械、有害物质有关的工作应有相应的防护措施等。

(3) 培训员工识别和防范风险。首先，企业应通过工作分析等手段了解工作中可能存在的风险，提出识别和防范风险的方法；其次，企业应将这些方法与工作技能培训融合在一起，安排专门课程传授风险识别和防范办法；最后，企业应不断提醒，并在醒目的地方设置风险提示标志。

(4) 监督检查。制定安全制度，进行监督检查，及时发现并消除安全隐患；安排员工(尤其是从事易患职业病的员工)进行定期体检。

(5) 给予经济补偿。一方面，给从事危险岗位工作的员工提供津贴或补助，使他们获得相应的风险溢价；另一方面，通过购买保险等方法保障员工发生意外后的生活。

2. 建立和谐劳动关系

雇主不能仅把员工作为获得利润的工具，也应当在平等的基础上促进企业和员工共同发展，建立一种新型的雇主雇员关系。

虽然企业不能保证永远不解雇员工，但可以为员工提供学习新技术和新知识的机会，提供施展才华的空间，客观上为员工以后寻找其他工作做好准备，缓解员工对未来的不安全感。这就意味着员工可以和企业一起担负起自己职业发展的责任，并尽力保证自己和所在企业部门的竞争力。

新型雇佣关系不仅降低了有价值员工的跳槽风险，而且可能降低员工的薪水要求。"可雇佣性"的承诺本身就是促使员工留在公司的一个很大的诱因，如果员工为了更高的薪水而跳槽到其他不关心提高员工价值的公司里，在技术更新如此迅速的今天，他们终究要面临被淘汰的威胁。所以，基于"互惠忠诚"的新型雇佣关系使员工个人与组织之间建立更持久的平等互利关系：企业给员工提供增强可雇佣性的机会，换取员工更好的业绩表现，以及在企业工作期间对企业发展目标的忠诚和投入。

3. 保障工会依法履行职责

工会是保护职工权益的重要组织。《中华人民共和国工会法》第三条规定：在中国境内的企业、事业单位、机关、社会组织中以工资收入为主要生活来源的劳动者，不分民族、种族、性别、职业、宗教信仰、教育程度，都有依法参加和组织工会的权利。任何组织和个人不得阻挠和限制。

(二) 职场管理中违背商业伦理的常见问题

1. 安全措施不到位

安全措施不到位主要表现在：①与员工签订劳动合同时，不预先告知工作中可能遇到的风险；②不提供安全保障措施；③不对员工进行有关风险识别和防范的培训；④安全监督检查制度缺失；⑤相关经济补偿措施不到位，等等。

2. 劳动关系紧张

世界范围内大量的企业之间兼并重组，有的企业经营效益下降，有的企业关门破产，很多企业已经不再承诺永久雇用员工。短期雇用造成雇主与雇员之间劳动关系紧张，甚至威胁员工生存，随之带来很多伦理问题。例如，为了降低成本，提高利润，雇主不得不延长员工工时，降低员工待遇，甚至解雇员工，或者签订只有一年或两年期限的短期劳动合同。这些行为极大地降低了员工的满意度与积极性，员工缺乏安全感，忠诚度受到很大影响。

五、员工离职中的伦理问题

(一) 员工离职中的伦理要求

1. 按法律和合同解雇员工

员工离职分为雇员自愿离职和非自愿离职，其中自愿离职包括员工辞职(主动离职)和退休，而非自愿离职包括辞退员工和集体性裁员。对员工个人来说，职业生涯发展是一个持续渐进的过程。根据不同时期的不同要求，个人愿望与职位要求存在相适应和相背离的现象，当现有职位的条件已经不能满足个人发展要求时，员工便可能选择离职。

解雇，实质上是企业根据某些条件与员工结束劳动合同关系的行为。在激烈的竞争环境中，解雇是不可避免的现象。对企业而言，削减或者合并岗位是降低成本、提高劳动生产率最便捷的途径之一。此外，适当的解雇，一方面可以淘汰那些不符合要求或不适应企业发展的员工，另一方面也可以促进在职员工不断学习、上进，提高职业水平，有利于员工成长和企业发展。因此，正常条件下，只要企业按《中华人民共和国劳动合同法》的程序操作，不应该存在伦理道德问题。目前在裁员过程中，国际上比较先进的做法是求助于专业公司提供裁员过程的系统化服务。这样做，既可以平复员工情绪，为他们未来的职业生涯提供专业测评、规划，也可以树立企业形象，履行社会责任。

2. 适当采取竞业禁止

竞业禁止是对员工离职后的择业自由权进行一定程度的限制以达到保护用人单位商业秘密的一项措施。签订竞业协议的员工离职以后不得自营或为他人经营与原单位同类的业务，或者生产与原单位同类的产品。竞业限制是权利与义务的统一，在员工履行竞业限制义务的同时，公司也需要向员工支付竞业限制补偿金；员工受制于竞业限制协议，离职后无法找到合适的工作，因此也难以从现公司离开。

(二) 员工离职中违背商业伦理的常见问题

1. 不合规的惩罚性解雇

为了维护企业利益，法律规定了企业的用工自主权，但一些企业为了降低用人成本，以合法的名义对员工进行违规解聘。例如，《中华人民共和国劳动法》中规定"严重违反规章制度"可以被解雇，一些企业将"迟到一次""工作时间上网两次""业绩两次不达标"等作为严重违反规章制度的标准，一旦出现上述情况就会辞退员工，过于严苛的规章制度给了员工太大压力。

2. 滥用竞业禁止原则

竞业禁止是对企业商业秘密的保护，但不可滥用。一般来说，只有触及企业核心秘密的员工才有必要签署竞业协议，但一些企业为防止员工"跳槽"，强制要求所有员工签订竞业协议，导致员工"跳槽"后需要支付巨额违约金。这种做法变相损害了劳动者的自主择业权，也是对竞业限制条款的误用，既违背了法律的初衷，也污化了企业自身形象。

六、数智时代人力资源管理面临的伦理挑战

互联网时代的平台化管理方式与人工智能的应用改变了传统的人力资源管理模式。

(一) 人工智能在人力资源管理中的应用现状

人工智能是指依托计算机,运用数学算法,模仿人类的分析、推理和思维能力。经过仔细推演,人工智能可以代替人类进行一些简单机械的、具备基本逻辑的工作,如档案整理、商品推荐、通信连接等。这无疑是科技的巨大进步,将人们从简单、机械的工作中解放出来。

人工智能已越来越广泛地应用于人力资源管理中。以出租车行业为例,以往出租车司机直接与出租车公司签约建立合同关系,人身依附性较强,如今出租车司机依托互联网与人工智能,在各大打车平台依靠智能手机和App接单,人身依附性较弱。这种模式下,许多企业采用机器算法进行绩效考核、薪酬发放、员工离职事务办理,其优缺点都是显而易见的:①员工招聘不再需要人事部门进行严格的面试、筛选,大量的人员自主涌入平台注册为平台司机,平台只需要编写程序进行人员资格审核;②绩效管理由企业主导转变为客户主导,出租车司机的绩效考核主要来源于客户评价,难以对司机的工作过程进行绩效监控,无法对兼职员工进行绩效目标的设定;③开放的平台使人员流动性加大,培训、职业生涯管理更是难上加难;④出租车司机的薪酬结构简单,报酬根据跑单量计算,人工智能算法会进行自动结算;⑤过于灵活的雇佣关系与电子合同的普及免除了解除劳动关系的繁杂步骤,算法已经代替人执行人力资源管理程序。

(二) 人力资源管理中应用人工智能带来的伦理问题

《道德经》强调"有无相生,难易相成"的哲学思想,在看到人工智能优点的同时,也要注意计算机只能理解机械命令,无法拥有价值判断、感情判断与复杂的人类社会逻辑思维。在一个主要依靠人工智能维持社会运作的情境下,道德规范运行机制是失灵的。首先,传统的年龄、相貌、性别、长幼等属性在算法系统中模糊不清,带来许多麻烦;其次,道德规范的实施力量出现分化甚至消亡。人机交流的情形下,人们在现实生活中互不熟识,很容易冲破道德底线,发生逾矩行为。具体而言,在人力资源管理中应用人工智能可能面临以下伦理问题。

1. 歧视加剧

嵌入招聘系统中的算法引起的就业歧视更隐蔽。有形的年龄、地域、学历歧视容易精准打击,而无形的歧视却难以防范。算法中隐藏的"歧视特洛伊木马"在人工智能"客观、公正、科学"的高科技包装下更容易大行其道,在算法"黑箱"的遮掩下更隐蔽。例如,人类不自觉的性别歧视会影响AI算法,无意中强化了就业招聘中的性别歧视;算法使种族歧视更加猖狂,人脸识别技术的发展与广泛应用,再次将种族歧视问题暴露出来。

2. 隐私与主体地位受到侵犯

将人工智能算法运用于绩效监控与考核,忽视了员工作为人的本质属性与内心需求。一些企业在办公区域设置智能监控机器人,记录员工每天使用手机、离开工位、去洗手间的次数和时长,机器人收集到的数据直接被汇总到管理者,作为绩效考核的依据。从法律的角度看,这种做法侵犯了员工的基本人权;从伦理的角度看,员工不是机器,有权自主安排自己的行动、满足基本生理需求。"AI机器监控人类"是有争议的话题,在本质上侵犯了人的主体地位。

3. 算法导致超负荷工作

企业利用数据分配工作任务,最大限度地"用人",给组织带来经济效益增长的同时,带给员工的却可能是"超负荷工作"。

4. 员工自主权丧失

诚然,数字技术为员工管理带来诸多便利,实实在在地提升了管理效率。但在技术应用的过程中,管理者是否过度依赖数字?算法决定招多少人、给多少工资,甚至在培训和学习过程中,人工智能也能检测出员工的不足方面进而为其提供相应的课程。长此以往,人们习惯依靠数字技术,会不会忘记数字背后的原因与本质?当数字出错的时候,人是否还能察觉出来?管理过程中究竟丧失了多少自主权与本该由人完成的思考过程?这些问题都值得深思。

5. 限制人的职业发展

人工智能的发展使企业更加无边界化、岗位更加细分化,"组织""团队"的概念变得模糊。人们在工作中成为孤立的个体,许多工作不再需要人们合作完成,因而无法在工作中得到归属感与安全感,员工被困在算法中,降低了工作中的灵活性、自尊感与积极性。缩小的岗位职责范围无法提升人们的技能深度与技能广度,对人们的职业生涯发展也是新的挑战。

6. 损害工作与家庭的平衡

工作与家庭平衡指工作和家庭关系良好,工作和家庭之间角色冲突最小,并能在两个角色间获得积极体验(Marks & MacDermid, 1996)。然而,有些企业无法让员工实现工作与家庭平衡。譬如,有些企业管理者不区分工作时间与非工作时间,不区分紧急工作和非紧急工作,任意在各种微信群、钉钉群等办公群中布置工作,让员工时刻处于待命状态,疲于应付,苦不堪言。

(三) 积极应对人工智能给人力资源管理带来的伦理问题

数字技术所带来的伦理问题并非不可避免,企业应积极承担社会责任,在运用数字技术之前建立相应的伦理原则,并将其落实于技术运用过程中,持续进行监督与控制,预防数字技术的潜在危害。针对员工管理,企业需要坚持以下原则。

1. 人本原则

在运用数字技术的过程中,企业应坚持以人为本,注重激发员工的积极性和主动性,让员工在工作中充分发挥自己的潜能。切记不能完全依靠数字技术,可以利用技术进行分析,但最终的决策还是要由人来做;可以利用技术提高工作效率,但绝不能让人变成机器的奴隶。

2. 数据主体自由

员工是数据的所有者，有权决定个人数据的使用范围及用途。企业在使用、处理员工数据信息前，应征得员工本人同意。对于员工不同意提供的信息，企业不能强制其提供。

3. 公开、透明与保密

企业在对员工进行信息收集、电子监控的过程中，应通过员工手册、公告等方式告知员工，严格控制监控范围，明确数据的所有者和用途，并建立相应的保密制度。

"谨慎使用，牢记威胁。"数字本身是中立的、不带情感的，关键在于企业用来做什么和怎么用。一方面，企业应该明确使用数字技术的目的，利用技术赋能员工、弥补人的不足，而不能用技术完全替代人；另一方面，企业也应把握好使用数字技术的尺度，利用技术的同时警惕员工自主权的丧失。

第二节　产品策略中的伦理问题

产品策略是市场营销组合中最基本的要素。从产品定位、产品设计、产品生产、产品包装，直到产品到达消费者的各个环节中，企业必须时刻以伦理准则作为指导，否则将无异于"杀鸡取卵"，终将失败。

一、产品定位中的伦理问题

产品定位，是指企业根据消费者对某种产品属性的重视程度，或者根据某种产品属性在消费者心目中的重要性，为自己的产品树立特定的形象，使之与竞争者的产品相比有自己的特色。

从最初以企业为中心的生产观念、产品观念、推销观念到市场营销观念，再到社会营销观念，越来越强调企业要以保护或提高消费者和社会福利的方式，比竞争者更加有效地满足目标市场的需求和欲望。因此，产品定位必须同时考虑消费者和其他所有利益相关者的需求。从利益相关者角度看，产品定位中的需求通常包括四类：一是不合法的需求，比如毒品、黄色书刊等；二是对顾客本身有利，但对他人和社会有害的需求，比如一次性消费品导致资源浪费、环境污染；三是对他人和社会无害，但对顾客有潜在不利影响的需求，如垃圾食品；四是对顾客有利，对他人及社会也有利的需求。显然，产品从最初的定位开始就应该以社会营销观念为指导，尽可能集中于最后一类需求。

二、产品设计中的伦理问题

产品设计是产品价值链的源头，良好的产品设计是企业成功的基石。产品设计人员应该严格秉持科学、诚信的态度和客观的伦理准则去设计质量可靠、美观大方、方便易用的产品，一旦抛弃了伦理准则，将会带来一系列负面问题。

产品设计除了外表美观、功能强大，最重要的是要考虑消除安全隐患，避免设计过程中的先天缺陷。正如管理中的蝴蝶效应和马蹄铁效应，小小的产品设计缺陷是导致很多灾难性安全事件的主要原因。例如，儿童玩具设计上的缺陷会导致儿童遭受窒息、夹伤手指、烧伤及被噪声伤耳等意外伤害，成为严重威胁儿童健康安全的杀手。

环境保护则是产品设计中经常涉及的另一个伦理问题。在产品设计过程中，应尽量减少非再生资源的消耗，多开发节能且可回收利用的产品及低污染、无污染的产品。

三、产品生产中的伦理问题

除了产品设计环节，企业在产品生产过程中也常常受利益驱动而进行各种违背生产管理目标和企业目的的不道德生产行为，主要表现在以仿制手段生产的假冒产品和偷工减料、粗制滥造而导致的伪劣产品。

对于产品生产中的安全伦理问题，除了国家和政府要加大产品安全立法、完善产品技术标准、健全检测机构、严格监督制度、完善检测手段、正面开展产品安全道德思想教育，企业要以更高标准的伦理道德水准严格要求自己。

四、产品包装中的伦理问题

在产品包装过程中，企业应从以下几方面着手做出合乎伦理的包装决策。

(一) 醒目地标注安全注意事项

产品包装上应标注有关产品的搬运、储藏、开启、使用、维护等安全注意事项，有醒目的安全警示和使用说明，包装设计应便于搬运、储存、开启、使用和维护。例如，与"常温储存"相比，"禁止加热"或"避免阳光直晒及高温"等警示语更具体、更到位。

(二) 禁止使用欺骗性包装

有些企业在产品包装上从"不重视包装"的一个极端走向"过分关注包装"的另一个极端。企业应始终牢记，质量是产品制胜的最关键要素，外部包装只是"锦上添花"的辅助手段。

(三) 避免过度包装

一般来说，产品包装成本通常为产品总成本的15%~20%，若超过总成本的30%，则可认为是过度包装。过度包装最大的危害在于浪费资源、污染环境；同时，过度包装还会导致商品价格虚高，损害消费者利益。另外，过度包装可能助长奢侈、腐败现象。因此，企业应避免过度包装，避免浪费。

(四) 符合绿色包装要求

绿色包装又称无公害包装，指对生态环境和人类健康无害，能重复使用和再生，满足可持续发展要求的包装。绿色包装要符合3R原则，即减量化(reduce)、再利用(reuse)、再生循环(recycle)。

(五) 标签应清晰、准确、易读

企业在产品包装标签中必须对产品性能、产地、用途、质量、价格、规格、等级、主要成分、生产者、有效期限、使用方法，以及售后服务的内容、范围有清晰、准确的标注，不能含糊其辞、模棱两可，更不能欺骗和误导消费者。

> **小贴士2-1**
>
> **《限制商品过度包装要求 食品和化妆品》国家标准实施**
>
> 《限制商品过度包装要求 食品和化妆品》国家标准规定，食品和化妆品的包装层数不得超过3层，包装空隙率不得大于60%，初始包装之外的所有包装成本总和不得超过商品销售价格的20%；饮料、酒的包装空隙率不得超过55%，包装层数不得超过3层；糕点的包装空隙率不得超过50%，包装层数不得超过3层。

五、实行产品召回制度

产品召回制度，是指政府主管部门依照有关法律法规，监督产品的生产者，使之对其生产和销售的缺陷产品进行回收、改造等处理，并采取相应措施消除产品设计、制造、销售等环节的缺陷，以维护消费者权益、保护生态环境的一种行政管理制度。所谓缺陷产品，是指企业因产品设计上的失误或生产线上某个环节的失误而产生的，危及消费者人身、财产安全和环境的产品。产品召回制度是针对缺陷产品而建立的，作为产品召回制度的衍生义务，企业有责任及时公开召回信息。

产品召回制度以严格赔偿责任理论为基础。该理论认为，无论企业在产品安全方面是否履行了自己的道德责任，只要消费者因产品质量问题受到伤害，企业就应当承担赔偿责任。也就是说，即使产品的质量缺陷不是由企业的过错造成的，但只要产品确实存在不合理危险，企业仍然要对消费者由此而受到的损害承担责任。根据这一理论，企业的赔偿责任只有一个条件：产品存在不合理危险。所谓不合理危险，是指产品不能提供人们有权期待的安全性。这就迫使企业尽力改进产品的安全性能，减少事故和损害。因为作为生产者，企业比别人更了解自己的产品，更有责任测试自己的产品并预见可能发生的危险。一旦要承担严格赔偿责任，企业就会更加认真地测试产品，更加注意错误使用产品可能导致的损害，尽其所能地改进产品的安全性能，这对消费者、企业乃至全社会而言，都是有利的。

第三节 市场营销中的伦理问题

营销伦理(marketing ethics)是将伦理置于营销领域进行延伸探讨，是商业伦理学的一个应用分支，也是市场营销学的一个新发展。菲利普·科特勒(Philip Kotler)在1997年版的《营销管理》(第7版)中，把"重视伦理营销"视为营销管理的发展趋势之一。

一、营销伦理概述

营销伦理亦称市场营销伦理，是指营销主体在从事营销活动的过程中所依据的基本道德准则，即判断企业营销活动是否符合消费者及社会的利益，能否给广大消费者及社会带来最大幸福感。

营销伦理问题产生的原因如下。

首先，参与营销活动各方的期望差异会导致一定的营销伦理问题。在整个营销活动中，营销人员(包括企业高层管理者、营销经理和其他营销人员)要跟消费者、批发商、零售商、广告公司、研究机构、媒体、公众、竞争对手等打交道，每一方都有期望，而且这些期望之间并不总是一致的，公司利益与消费者利益、公司利益与营销人员利益、公司利益与社会利益，常常会发生冲突。

其次，与企业中的其他人员，如技术人员、生产人员、人力资源管理人员、财务人员等相比，营销人员直接处于市场竞争中，因而面临的竞争压力和诱惑通常更大、更直接。

最后，营销活动中存在信息不对称，使营销人员有可能通过损害消费者利益的方式获取自身利益。

从企业角度看，营销伦理涉及企业高层管理者、营销经理和其他营销人员的道德问题，因为他们的道德水准将影响企业的营销行为。营销伦理影响企业各个方面的活动，包括市场调研、目标市场选择，以及产品策略、价格策略、分销策略和促销策略(包括人员推销、广告、营业推广等策略)的制定和运用。

二、营销伦理的评判标准

营销伦理是用来判定营销决策与活动是否正确的道德标准，不仅约束企业及其成员的营销行为，而且规范利益相关者的行为。道德是人类现实生活中，由经济关系所决定，用善恶标准去评价，依靠社会舆论、信念和传统习惯来维持的一种社会现象。

判断某一营销行为是否合乎道德，在很多情况下并不容易。有些违背营销伦理的行为，诸如虚假广告、价格欺诈、食品安全问题等，普遍为社会所痛恨，其道德性一目了然。然而，某些营销行为，如互联网背景下的隐形营销及用户个人数据收集等行为是否合乎道德，其界定就比较模糊。

那么，是否存在普遍的道德评判标准，用以对营销行为的"善""恶"或道德合理性做评价呢？我国商业伦理主要源于对中国文化有深远影响的儒、道、佛三家哲学，其中儒家义利观的影响最为深远。义利观指如何认识和妥善处理义与利间的关系或矛盾，应用到商业领域就是"见利思义"的商业经营理念、"取之有义"的商业行为准则、"先义后利"的经商战略和"重义轻利"的价值判断，对深入探讨当代营销活动有着非凡的参考价值，也成为营销伦理观的重要组成要素。营销伦理观中的"义"是指营销过程中所涉及的各种伦理规范和道德准则。消费者和竞争者是营销过程中所涉及的最重要的两个要素，也是营销伦理重点关注的内容。

(一) 与消费者之间的"义"

1. 恪守承诺

企业在向消费者提供商品和服务时，要做到"有信必诺，有诺必践"，这就要求企业必须实事求是，根据自身能力做出承诺，绝不能随便开"空头支票"。

2. 信誉至上

信誉至上可以从三个方面理解：一是明礼诚信，货真价实；二是价格合理，质价相符，明码标价，童叟无欺，一视同仁；三是广告宣传实事求是，科学属实。

3. 合理消费

企业在满足消费者需求的同时，不仅要引导消费者建立良好的消费观念，科学、理性地消费，还要倡导生态营销、绿色营销。

(二) 与竞争者之间的"义"

1. 平等互利

平等竞争包括竞争主体间的法权平等和机会平等。法权平等是指企业无论规模大小、地位高低，都有平等参与竞争的权利，这是市场竞争中最根本的伦理准则。机会平等是指企业是自主经营、自负盈亏的相对独立的经济主体，所有企业应该自由流动技术、劳动力、原材料等资源。只有在平等竞争的前提下，企业之间才可能相互依存，互惠互利，获得共赢。

2. 竞争合作

市场经济不仅是竞争经济，也是合作经济。企业在一起"将蛋糕做大"的过程是合作，而"分蛋糕"的过程则变成了竞争。一般意义上的竞争往往是一种零和游戏，竞争意味着"彼之所得为我之所失，我之所得即彼之所失"，但符合商业伦理规范的企业之间的竞争并非零和游戏，可以通过竞争者之间的合作使双方受益。良性竞争可以促进技术升级、产品升级、服务升级，使得企业优化配置，提高竞争力；同时，企业只有合作才能优势互补，取长补短，形成合力。例如，很多行业协会的主要任务便是依据伦理规范而非法律条款来对行业竞争进行调节和裁决，并且引导行业合作。

案例2-2

对手还是伙伴

美国可口可乐公司与百事可乐公司曾为了争夺市场而展开了半个世纪的激烈竞争,可它们的竞争目标未必是打倒"敌人"。当大家对百事可乐与可口可乐之战津津乐道时,双方都是赢家,因为饮料大战引起了全球消费者对可乐的关注,大家都来喝可乐。

信誉楼的创始人张洪瑞认为,对手也是伙伴。如果你为了争输赢,对手就是敌人;如果你为了提高,对手就是伙伴。确定你与对手的关系,要看你的目的是什么。如果干企业是想持久健康发展,而不是挤垮别人,那么对手就成了伙伴。对于打算远途旅行的人来说,是希望有个旅伴的。

三、定价中的伦理问题

企业定价一般有三种导向:成本导向、需求导向和竞争导向。企业采取何种定价策略直接决定了企业市场份额的大小和盈利率的高低,而定价策略又直接关系消费者的经济利益,容易受到媒体、监管部门等社会各界的密切关注,因此定价中的伦理问题日益突出。概括来说,定价中的伦理问题主要包括五种,分别是歧视性定价、串谋定价、掠夺性定价、暴利价格、价格欺诈。

(一) 歧视性定价

歧视性定价是指对同一商品的不同买主索要不同的价格。歧视性定价在经济学中也被称为差别定价,只要不同的市场存在需求差异,就可能出现歧视性定价。

歧视性定价本身不带有任何感情色彩,对其是否存在伦理问题,仁者见仁,智者见智。赞成者认为,在一个充分竞争的市场上,消费者可以根据不同的需求选择产品和企业,企业也可以制定不同价格以吸引消费者的注意,比如在不同的消费时间进行差别定价;反对者认为,消费者是平等的主体,应该享有企业平等的服务和平等的价格。有关歧视价格的伦理问题,主要是考虑这种策略是否真正或者从根本上削弱了竞争关系。

(二) 串谋定价

串谋定价也称串通定价,是指生产者、经营者之间互相串通,订立价格协议或达成价格默契,以共同占领销售市场,获取高额利润。串谋定价有三个主要特点。一是一般没有正式的协议,极为隐蔽,以逃避法律的监控;二是无视公平竞争原则,意在通过价格联盟坐享超额利润;三是导致价格信号失真,破坏了正常的经济秩序。

(三) 掠夺性定价

掠夺性定价是指某家企业为了排挤或吓退意欲进入该市场的潜在对手,降低产品价格至其成本以下，待对手退出市场后再提价。掠夺性定价违背营销伦理。首先，掠夺性定价是一种不公平的低价行为。实施该行为的企业通常占有一定的市场支配地位，具有资产雄厚、生产规模大、分散经营能力强等竞争优势，有能力承担暂时故意压低价格造成的利益损失，而一般的中小企业势单力薄，无力承担这种损失。其次，掠夺性定价是以排挤竞争对手为目的的故意行为。实施该行为的企业以低于成本的价格销售产品，虽然会造成短期的利益损失，但可以吸引消费者，打垮竞争对手，控制市场，待达到目的后，再垄断市场价格，获取高额利润。

判断是不是掠夺性定价的关键在于如何界定不合理的低价或亏本性定价。一般认为，如果定价低于平均可变成本或边际成本中的较低值就是掠夺性定价。另外，要综合考虑企业定价的目的和意图。

(四) 暴利价格

暴利价格是指企业某一产品的价格水平、差价率或利润率超过同一地区、同一期间、同一档次、同种产品的市场平均价格、平均差价率或平均利润率的合理幅度(简称"四个同一""三个平均""一个幅度")。判断暴利价格是否存在伦理问题，主要依据暴利的获得是否损害了消费者的选择权和知情权。当然，有时高利润不一定就是暴利，比如一些高风险行业，只有高利润才能弥补前期的研发投入，才能激励企业不断推动科技进步。

(五) 价格欺诈

价格欺诈又称误导性定价，是指经营者利用虚假的或者使人误解的价格手段，诱骗消费者或者其他经营者与其进行交易的行为。《明码标价和禁止价格欺诈规定》列示了如下价格欺诈行为：①谎称商品和服务价格为政府定价或者政府指导价；②以低价诱骗消费者或者其他经营者，以高价进行结算；③通过虚假折价、减价或者价格比较等方式销售商品或者提供服务；④销售商品或者提供服务时，使用欺骗性、误导性的语言、文字、数字、图片或者视频等标示价格，以及其他价格信息；⑤无正当理由拒绝履行或者不完全履行价格承诺；⑥不标示或者显著弱化标示对消费者或者其他经营者不利的价格条件，诱骗消费者或者其他经营者与其进行交易；⑦通过积分、礼券、兑换券、代金券等折抵价款时，拒不按约定折抵价款等。

以上五种定价伦理问题可以归结为两大类：一类是妨碍公平竞争的定价策略，即企业的定价行为损害了正常的竞争，包括歧视性定价、串谋定价、掠夺性定价；另一类是消费价格欠缺合理性，企业的定价行为缺乏透明度，对最终消费者的权益造成损害，包括暴利价格、价格欺诈。

四、分销渠道中的伦理问题

分销渠道是指产品从制造商手中转至消费者手中所经过的，各个中间商连接起来形成的通道。图2-1 显示了常见的四种分销渠道。渠道A被称为直接渠道，生产者与最终消费者直接交易；余下三种渠道都属于间接渠道，因为生产者和消费者之间增加了中间商，它们负责履行大量渠道职能。许多不同的企业或组织参与了产品的流动过程，不同成员之间的利益诉求不完全相同，甚至有时会出现冲突，导致潜在伦理问题产生。

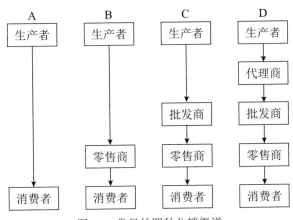

图2-1 常见的四种分销渠道

(一) 贯穿整个分销渠道的伦理问题

在讨论分销渠道中各环节的伦理问题之前，先讨论贯穿整个分销渠道的伦理问题。

1. 权力与控制

渠道权力是一个渠道成员使另一个渠道成员去做其原本不会去做的事情的能力。渠道中不同成员的目标不尽相同，导致渠道同一层次之间、不同层次之间和企业不同渠道之间很容易产生冲突。这时，渠道中的成员就会想获得权力以影响其他成员的决定，从而做出符合自身利益的决策，对这种权力的寻求或滥用有时会衍生一些伦理问题。

例如，与零售商权力平衡关系有关的伦理问题有预先购买和补贴等。预先购买是指企业趁产品价格较低时大量购入，为将来出售做准备的一种行为。不少零售商宣称将购买所节约的开支全部让渡给消费者，但是在实际的销售过程中，是全部让渡，还是仅仅小部分让渡而将大比例费用算作自身利润，这就会产生伦理问题。补贴是指分销商和零售商购买一种新产品时，从生产者那里得到的额外补偿。分销商和零售商认为，随着新产品的增值与扩散，他们在仓储、处理、上架和调整产品时会花费大量费用，这些费用应该由生产者支付以给予补偿。虽然补贴有一定的保险和鼓励的作用，但其存在一定的伦理争议。首先，补贴一般是私下或口头谈判，是未公开的约定，这就使得零售商有了隐藏事实的可能，会损害生产者的利益；其次，补贴还会影响竞争，小的或新的生产者在对零售商的补贴、补偿上不具备竞争力，会遭遇不公平的对待。

2. 灰色营销

灰色营销指的是在道德或法律上有问题，但是由于某些原因而未受到制裁的营销活动。分销中存在不少灰色手段，如收受礼品、请吃和吃请、收受回扣等。无论是贿赂政府工作人员，还是贿赂渠道中的其他成员，都会使竞争环境恶化，对社会产生不利影响。

3. 定价

无论是制造商、零售商还是批发商，渠道成员都要做出价格决策。一旦有成员刻意订立虚高价格赚取差价或制定虚假低价欺骗消费者，或者在其他渠道成员的强压下被迫做出价格让步等，都会扰乱品牌自身的价格体系，从而影响消费者的信任。

4. 竞争

渠道内成员间的竞争越来越激烈，相同或不同环节的竞争都会引发伦理问题。例如，有的企业利用双重分销和纵向一体化等策略，与销售企业产品的独立批发商和零售商展开竞争，以削弱甚至消除竞争对手，破坏正常市场秩序。

(二) 分销渠道内部的伦理问题

一是零售环节。零售商直接为消费者服务，是联系生产企业、批发商与消费者的桥梁。许多潜在的问题可能会在零售业务中暴露出来。譬如，零售采购中，买手为了个人利益收受贿赂或滥用权力；零售定价业务中，刻意标高价格后降价的虚假折扣等。

二是批发环节。批发商处于分销渠道的中间环节，承受着来自制造商和零售商两方的压力。在平行渠道中，制造商利用批发商降低市场风险，又与批发商展开竞争以获得商业贸易中的主导权，影响了批发商的正常经营，易产生渠道冲突。

三是特许经营环节。特许经营存在的伦理问题主要包括：①授权商对被授权者的不公平对待，政策往往倾向于销售额较大和新加入的经营者；②被授权者窜货，影响其他销售区域经营者的利益；③授权商难以维持授权经营系统内统一的质量标准，导致其利益受到侵害等。

(三) 直销中的伦理问题

直销是指直销企业招募直销员，由直销员在固定营业场所之外直接向最终消费者推销产品的经销方式。该定义中有两个要点："直接"和"固定场所之外"，这就决定了直销相对其他行销方法而言，具有不受时间与空间限制、信息反馈速度快、经济性高，以及有利于维持长期关系等优势。然而，这些优势在促使直销获得成功的同时，也可能引发伦理争议。

一是侵犯隐私权。直销对消费者隐私权的侵害行为主要体现在：一是打扰私人生活。直销员以上门直销、电话直销、短信广告和邮件广告等方式进行推销，不合时宜的来电或高密度的垃圾信息轰炸会给消费者带来不少烦恼，打扰他们的私人生活。二是非法收集和使用个人信息。不少企业在未经当事人知情且同意的情况下，非法交易个人资料与信息以从中获取利益，严重侵害了消费者的隐私权。三是欺诈。直销模式中大部分推广方式具有即时性、非正式性及非公开性的特点，导致了难以监管和审查缺失等管理漏洞，可能会产生欺诈。譬如，一些销售人员为了获利，在讲解和演示产品时故意回避产品缺点、夸大产品功效，做出无法实现的口头承诺，造成产品或服务的误导性或欺诈行为。

五、促销中的伦理问题

企业的促销方式主要包括广告、人员推销、公共关系等，其中广告和人员推销方式容易产生伦理问题。

(一) 广告促销中的伦理问题

广告有广义和狭义之分，广义的广告包括不以营利为目的的广告，如政府公告、文化教育团体或宗教团体等的启事、声明，以及保护野生动物、促进社会和谐的社会公益性广告等；狭义的广告则指营利性的经济广告，即市场促销中常见的商业广告。本书主要讨论商业广告的伦理问题。商业广告伦理是指广告参与者在商业广告活动中所产生的人与人之间的行为规范和准则，涉及广告主、广告制作者、广告发布者和受众(消费者)四个层次。商业广告伦理本质上是广告道德问题。广告主对整个社会道德环境和观念有自己的认知，并据此开展广告活动；同时，广告受众(消费者)又对所接收的广告信息依据道德观念和准则进行评判。作为消费者的广告受众当然希望广告能够真实呈现产品的特性，而有的商家促销时会为了利益发布"虚假广告"，这就产生了商业广告促销中的伦理问题。

虚假广告是指在广告活动中对商品和服务的内容做不真实的宣传，对商品或服务的性能、产地、用途、质量等表述模糊不清，使用的数据、资料不真实、不准确，从而欺骗或误导消费者采取购买行动，侵害消费者和其他经营者合法权益的违法行为。虚假广告分为欺骗性虚假广告和误导性虚假广告两类，欺骗性虚假广告指商品宣传的内容与商品的客观事实严重不符，如某知名企业曾经宣扬"天然""温和""无刺激"的卫浴产品因被查出含有微量有毒性的二恶烷而名誉扫地；误导性虚假广告提供的信息也许是真实的，但往往由于艺术表现形式过于夸大或言辞具有强烈的煽动性而对消费者产生误导，常见于医疗器械、丰胸、减肥、增高等产品广告中。

除虚假广告，比较广告、媚俗广告同样存在伦理争议。这些违背伦理规范的广告在弱化广告传播信息的功能的同时，也逐渐消解了公众的消费信心，削弱了消费者对广告业的信任度，并在一定程度上降低和谐社会的诚信指数，造成社会诚信度的危机。

(二) 人员推销中的伦理问题

人员推销是指企业派出推销人员与消费者交谈，以推销商品、促进和扩大销售。当销售人员为达到销售目的，对消费者纠缠不休或刻意隐瞒有关产品的实际情况时，推销人员就实施了非道德性推销手段，容易被消费者诟病。

人员推销中常见的伦理问题如下。

一是高压推销。当推销人员采取欺骗、诱惑、炒作或强制等方法迫使消费者去购买他们并不需要也不想买的产品，消费者被剥夺依靠自身主观判断进行决策的机会时，就涉及伦理问题。譬如，有的推销人员采用惯用伎俩——限量销售，制造产品紧俏的氛围，消费者只有有限的机会购买，他们有时宣称产品即将出现短缺，有时宣称价格即将提升。如果事实的确如此，推销人员传递给消费者的信息是没有问题的，但如果这样做仅仅是为了给消费者施加压力，则是不道德的。

二是消费者歧视。消费者歧视包含两层含义：①对不同的消费者在服务态度或提供方便性上有差异，譬如"以貌取人"；②对同一消费者在其购买前后的态度有差异，从购买前的"鞍前马后"变成购买后的"冷若冰霜"。这两种行为都是不可取的。

三是误导宣传。当推销人员对产品和服务进行不正确的陈述或者做出错误的承诺时，如利用消费者的知识漏洞夸大产品功能，误导行为就发生了。误导行为扰乱了消费者自由购买的意愿，是不道德的。

四是送礼款待。销售过程中，为了与消费者建立长期、良好的人际关系，推销人员经常送礼给消费者以示对做成交易的感谢。送礼的伦理问题确认的关键在于：在怎样的临界点上，送礼行为会变成行贿。尽管可以通过礼物的价值来判断是送礼还是行贿，但这种标准并不准确。款待和送礼类似，判断其是否触及伦理边界，在于款待是否被用来对消费者施加额外的影响和压力，但现实中，这种压力往往是消费者的主观感受，很难认定。

六、服务中的伦理问题

服务包括服务企业提供的纯服务和生产企业提供的产品售后服务。纯服务是一种无形的产品，服务的品质是企业收入的重要影响因素；而售后服务是提高消费者满意度或改进产品品质的重要保证。无论哪种形态，提供服务的过程中企业都会和消费者直接接触，因此服务中的伦理问题应引起企业的格外关注。

(一) 各服务行业的纯服务伦理问题

纯服务行业最常见的商业伦理问题是"霸王条款"。所谓"霸王条款"，就是一些经营者单方面制定的逃避法定义务、减免自身责任的不平等合同、通知、声明、店堂告示或者行业惯例等，限制消费者权利，严重侵害群众利益。"霸王条款"之所以被广大消费者所痛恨，是因为个别商家利用信息不对称、供求关系不平衡，将不平等的消费条款强加给消费者。而消费者很多时候是以个人形式面对集体形式的商家，处于弱势地位，往往不得不自认倒霉，花了冤枉钱还得受窝囊气。

(二) 售后服务中的伦理问题

售后服务是指生产商、经销商把产品(或服务)销售给消费者之后，为消费者提供的一系列服务，包括产品介绍、送货、安装、调试、维修、技术培训、上门服务等。售后服务又被称为后营销，涉及对现有顾客的关系营销，如建立顾客资料库、进行顾客满意度调查等。售后服务中的伦理问题主要有两种：一是通过各种花招规避合同约束，使消费者的利益蒙受损失；二是服务有猫腻，收费不合理。无论是完全免费的售后服务，还是收费的售后服务，最重要的是在服务前坦诚相告，并提供合理的收费标准，从而使消费者可以根据自己的实际情况来选择和购买售后服务。但是，一些企业的售后服务利用消费者对技术知识的缺乏，蒙骗消费者，各种收费名目让人应接不暇。

七、大数据营销中的伦理问题

利用算法对大数据进行分析的人工智能技术引发了营销手段的大变革，同时，受各种技术力量的渗透和利益驱使，隐性营销、隐私安全等伦理问题频发。

一是隐性营销。隐性营销是指不经消费者察觉而直接触达受众的秘密营销，如大数据杀熟、精准的广告推送、聊天机器人的口碑造势等。随着互联网、大数据、人工智能等技术的发展，品牌拥有无限的机会通过离散方式获取个人信息以接近目标，基于大数据的分析可以让品牌采取更直接的操控式营销。这些隐蔽策略甚至使消费者意识不到广告的存在，令他们认为可以自由选择。但事实上，消费者早已失去选择权。

二是隐私安全。大数据营销中涉及个人数据的伦理争议分为两类：①对个人数据的不合理收集。为了解顾客的需求和期望，不少企业会通过各种途径获取消费者信息，例如有些电商平台监视客户的消费习惯；有些社交软件记录用户之间的交际行为，以及用户情感、情绪变化情况；浏览器收集消费者的网络搜索和网页浏览行为，等等。②对个人数据的超常规使用及出售。企业将收集到的个人数据存放于专门的数据库中，通过进一步数据处理提取有价值的信息，以便为用户提供更多的、更有针对性的或者更加持续的服务，但除合理的用途，消费者也面临隐私数据被抓取、聚合、贩卖、二次贩卖、关联等风险问题。

第四节　财务活动中的伦理问题

企业的财务活动包括财务会计、审计、财务管理等，相应地，企业财务活动中的伦理问题主要包括会计信息生成与财务报告编制中的伦理问题、会计信息鉴证(审计)中的伦理问题，以及融资、投资和利润分配等财务管理活动中的伦理问题。

一、会计信息生成与财务报告编制中的伦理问题

(一) 会计信息生成与财务报告编制中的伦理要求

1. 按照会计准则的要求进行会计确认、计量和报告

财务会计是一个信息系统，它以货币为计量单位，依照会计准则或会计制度，通过确认、计量、记录和报告等程序，最终以财务报告为载体，向会计信息使用者提供关于某一特定会计主体的财务状况、经营成果和现金流量等信息。如果把会计信息的加工过程比作

一个产品的生产过程,那么财务报告就是会计工作的"产成品"。在现代公司制下,企业所有权和经营权相分离,企业管理层受委托人之托经营、管理企业及其各项资产,这些资产是由投资者投入的资本(或留存收益作为再投资)或者向债权人借入的资金所形成的,企业管理层有责任妥善保管并合理、有效地使用这些资产,使这些资产保值、增值。企业的投资者和债权人等需要根据管理层提供的财务报告及时了解管理层对资产的保管、使用情况,据此评价管理层受托责任的履行情况和经营业绩,并决定是否需要调整投资和信贷决策,是否需要更换管理层等。因此,诚信报告与披露,即真实反映企业管理层受托责任的履行情况,是管理层的一项基本商业伦理。

企业编制和提供财务报告的目标是向财务报告使用者提供与企业财务状况、经营成果和现金流量等有关的会计信息,反映企业管理层受托责任的履行情况,进而有助于财务报告使用者做出相关决策。为实现上述目标,就必须保证会计信息质量。财务报告是企业财务会计确认与计量的最终结果体现,因此,企业应当根据实际发生的交易和事项,遵循会计准则的规定进行确认和计量,并在此基础上编制财务报表。

2. 遵守会计职业道德

英格兰及威尔士特许会计师协会(ICAEW)、加拿大注册会计师协会(CGA)等世界主要会计职业团体和国际会计师联合会(IFAC)均将职业会计师(包括单位会计人员和注册会计师)应共同遵守的会计职业道德基本原则设定为以下五项基本原则,也可以将其视为会计信息生成与财务报告编制中的基本伦理要求。

(1) 诚信。诚信原则要求职业会计师在为客户保密的前提下,在所有的职业活动中保持正直、诚实、守信,并以公众利益为重。

(2) 客观、公正。客观、公正原则要求职业会计师必须以实际发生的经济活动为依据,对会计事项进行确认、计量、记录和报告,以满足会计信息的可靠性要求;同时,在履行职业义务时,必须摒弃单位与个人私利,公平公正、不偏不倚地对待各相关利益方,以达到信息的中立或不偏不倚。

(3) 专业胜任能力与勤勉尽责。专业胜任能力是指职业会计师应具有按照既定的标准履行工作职责所应具备的基本知识、专业技能及相关的管理能力与职业价值观,并有义务随着技术、职业准则和相关法规的不断发展,将自己的专业知识和技能保持在一定的水平之上,以确保客户能够享受到称职的专业服务。勤勉尽责又称应有的职业关注或应有的职业谨慎,是指职业会计师在提供职业服务时应保持应有的职业谨慎和勤勉的作风,并且遵守适用的技术和职业准则。

(4) 保密。会计信息提供过程中往往涉及企业的商业秘密,保密原则要求职业会计师应当对在职业活动中获知的涉密信息保密。当然,需要特别指出的是,当公众利益与保密原则产生直接的冲突时,职业会计师的保密原则应让位于公众利益,换言之,保密原则与公众利益导向是辩证统一的。

(5) 良好职业行为。这一原则具有兜底性和综合性,要求职业会计师应当遵守相关法律法规,尽可能高标准地履行前述之诚信、客观公正、专业胜任能力与勤勉尽责、保密等原则,并且避免任何有损整体职业信誉的行为。

小贴士2-2

2023年1月12日,我国财政部制定并印发了《会计人员职业道德规范》(以下简称《规范》)。这是我国首次制定全国性的会计人员职业道德规范。《规范》将新时代会计人员职业道德要求总结、提炼为三条核心表述,即"坚持诚信,守法奉公""坚持准则,守责敬业""坚持学习,守正创新"(以下简称"三坚三守"),具体内容如下。

(1) 坚持诚信,守法奉公。牢固树立诚信理念,以诚立身、以信立业,严于律己、心存敬畏。学法知法守法,公私分明、克己奉公,树立良好职业形象,维护会计行业声誉。

(2) 坚持准则,守责敬业。严格执行准则制度,保证会计信息真实完整。勤勉尽责、爱岗敬业,忠于职守、敢于斗争,自觉抵制会计造假行为,维护国家财经纪律和经济秩序。

(3) 坚持学习,守正创新。始终秉持专业精神,勤于学习、锐意进取,持续提升会计专业能力。不断适应新形势新要求,与时俱进、开拓创新,努力推动会计事业高质量发展。

《规范》提出"三坚三守",强调会计人员"坚"和"守"的职业特性和价值追求,是对会计人员职业道德要求的集中表达。

(二) 会计信息生成与财务报告编制中违背商业伦理的常见问题

如前所述,在报告和披露信息时,管理层应保证所披露信息的真实、完整、及时、公允,应遵守企业会计准则中关于会计信息质量要求的规定。在8项会计信息质量要求中,可靠性和相关性居于第一层次,作为决策依据的会计信息必须是真实、可靠且与会计信息使用者的经济决策需要相关的。为此,《中华人民共和国会计法》明确规定:"单位负责人对本单位的会计工作和会计资料的真实性、完整性负责。""会计凭证、会计账簿、财务会计报告和其他会计资料必须符合国家统一会计制度的规定,不得伪造、变造会计凭证、会计账簿,不得提供虚假的财务会计报告。"《禁止证券欺诈行为暂行办法》和《公开发行股票公司信息披露实施细则》等法规也都明令禁止公司编制、披露虚假财务报告。然而,在企业会计信息生成与财务报告编制的实践活动中,仍存在一些违背商业伦理的问题,例如管理者或经营者出于自身利益的考虑,通过各种方式使得上市公司的财务信息不真实,或采用盈余管理等手段"操纵"利润。

1. 虚构会计信息、提供虚假财务报告

任何为了自己或他人利益而刻意隐瞒对公司已经或可能产生不利影响的信息,或者夸大信息、提供虚假信息的行为,都是违背商业伦理的。

虚构会计信息、提供虚假财务报告这一商业伦理问题在上市公司中体现得尤为明显。譬如,有些公司为取得上市资格,以不合法的手段粉饰财务报表,如多计收入和资产、少计成本和负债、长期潜亏挂账等。再如,一些已经上市但经营业绩不佳的公司,为了满足增发新股或配股的条件,或者为了提高配股价格,从而在资本市场上"捞到"更多资金,采用虚增利润、少报亏损的方法,制造虚假会计信息,欺骗投资者;也有一些上市公司为规避连续两年亏损导致公司股票被特别处理,或者为规避连续三年亏损导致公司股票被摘牌而提供虚假会计信息。

会计信息虚假按主观上是否故意，可分为故意失真和无意失真。故意失真是指经济活动的当事人为了个人利益或小团体利益，营私舞弊、弄虚作假。故意失真在构成上有两个要件：一是有主观上的故意，二是行为人个人或小团体能得到好处或潜在的好处。前者行为是一种个人伦理的缺失，后者行为则是一种集体伦理的缺失。无意失真是指会计行为人由于经验不足、主观判断失误或疏忽大意而造成的会计信息失真，例如某企业会计在将一笔2930元的管理费用登记入账时误记为2390元。无意失真不存在主观上的故意和谋取非法利益，属于过失。

案例2-3

欣泰电气为何成为创业板退市第一股

2009年9月，欣泰电气首次提交IPO申报材料，但于2011年2月因"所并购资产持续盈利能力不足"等原因被否。然而，欣泰电气迫于经营压力，放宽了对客户把关，回款难度大的客户增多，现金流一度成为负数，而这对IPO至关重要。此刻，欣泰电气总会计师刘明胜认为，"此财务数据很难符合上市条件"，并向时任欣泰电气董事长温德乙建议虚构收回应收款项。于是，从2013年开始，欣泰电气开始自制银行进账单和付款单。财务人员先在电脑上制作银行单据，填入相应的客户名称、金额等信息。随后，这些"自制"账单会交给出纳带到银行补盖章。

欣泰电气在制作假单据时颇费"心思"，所涉及客户都与公司有业务往来，假里有真，真里有假，对冲金额有大有小，最小的也就几万元，有些假数据甚至精确到小数点后面几位，看起来很像真的。但是，说一句谎话可能需要再说一万句谎话来圆。做了假账单后，还必须有相应的银行流水单，于是相关财务人员会根据财务账单的记录，在电脑上重新制作一份虚假的银行流水，再让出纳去银行盖章。2013年之后的四份财务报告中，"自制"银行单据的做法频频出现，涉及金额较大的是2013年1月至6月，欣泰电气通过伪造银行进账单的方式虚构收回应收账款近1.29亿元。最终，欣泰电气以载有虚假数据的招股说明书于2014年3月堂而皇之地登陆A股，募集资金2亿多元。

然而，财务造假不是"一锤子买卖"，一旦开始就很难停下来。造假需要成本，温德乙的每一笔借款都要支付利息。通过汇票倒账的成本压力越来越大，温德乙也很难及时借到钱。2015年5月，根据证监会《上市公司现场检查办法》，辽宁证监局对辖区内的欣泰电气进行现场检查。检查发现，这家公司可能存在财务数据不真实等问题。中国证监会迅即立案，历时4个月左右，最终坐实了欣泰电气欺诈发行和重大信息披露遗漏，并开出了针对欺诈发行的史上最严罚单。经深交所上市委员会第77次工作会议审议通过，于2017年6月23日决定终止欣泰电气上市。

2. 盈余管理

盈余管理是指在会计准则允许的范围内，通过选择有利的会计政策、控制应计项目或选择交易时间等办法，使财务报告盈余达到期望水平。盈余管理的手段主要包括会计政策选择及变更、巨额冲销、调整会计估计、控制应计项目等。下面重点介绍会计政策选择及变更、巨额冲销。

会计政策选择及变更是上市公司常用的盈余管理手段。由于经济交易事项的多样性和复杂性，不同企业的具体情形千差万别，会计准则势必留有一定余地，即对同一会计事项的处理会有多种可选择的会计处理方法，在会计确认和计量中也有不同的具体会计原则和计量基础，同时，会计估计也在所难免，如固定资产预计使用年限和预计残值的估计、折旧方法的选择、存货计价方法的选择、投资性房地产后续计量模式等。企业应结合自身的生产经营和业务特点，选择最适合本企业的会计政策，做出合理的会计估计，以提供可靠、相关的会计信息。然而，虽然企业会计政策在形式上表现为会计过程的一种技术规范，但其本质上是一种经济利益关系，因为不同的会计政策会产生不同的经济后果，进而影响不同利益相关者的利益。管理层如果违背商业伦理，可能会通过选择或变更会计政策改变企业的业绩，这是一种不通过实实在在的劳动就可以获益的不当"捷径"。

巨额冲销也是上市公司常用的盈余管理手段。巨额冲销俗称"洗大澡"(big-bath charges)，是指企业为达到一定的目的，对会计项目采用选择性处理方法，尽可能把损失和费用在本期予以确认，以求在后续年度实现较高的会计利润。已有研究表明，在以下情况下，管理层会倾向于进行巨额冲销：①当企业无法掩盖亏损的事实，不得不报告亏损时，企业管理人员可能会授意会计人员采取巨额冲销的方法，提前确认将来可能发生的费用和损失(如确认超出实际的资产减值损失，即计提"秘密准备")，从而做大亏损，为来年扭亏(如转回多计提的资产减值准备)打下基础；②当公司主要经理人员发生变更时，后任经理可能会采用巨额冲销扩大亏损或压低利润，以便将责任推到前任经理，为将来扭亏或增加盈利创造条件；③由于存在大股东控制董事会进而控制企业生产经营决策的特殊现象，当企业大股东发生变更时，后任大股东也可能会进行巨额冲销，进行盈余管理。

3. 印象管理

会计信息包括数据信息和语言信息。语言信息是指财务报告中数据信息以外，以文字叙述为主要表达方式的信息，主要是非财务信息。语言信息具有如下特点：在篇幅上占有绝对优势；具有灵活性；信息含量上升，决策有用性强；处于审计范围之外。会计信息的印象管理是指公司管理层利用语言信息的灵活性特点和法规的"空洞"，有意识地操纵财务报告语言信息部分的内容和形式，有方向性地诱导投资者对公司及管理层所形成的印象，并最终影响其决策。

印象管理的表现形式主要有两种：①操纵可读性。当公司业绩表现好时，管理层希望利益相关者更好地了解业绩，就运用通俗明了的语言，提高财务报告语言的可读性；当公司业绩表现差时，管理层试图掩盖公司存在的问题，就在财务报告中有意识地运用较为抽象的会计术语和复杂的句式，通过加大阅读难度来影响读者的理解。②自利性归因。公司管理层在解释公司年度业绩的产生原因时，普遍存在自利性倾向，脱离客观、公正的基本原则，通过归因行为来保护自己和规避责任，即在业绩表现好时将功劳归于自己，在业绩表现差的年份将问题归咎于外部经济环境不佳。总之，在印象管理中，公司原始信息经过管理层着意地筛选和加工，被有意识地放大、缩小、隐匿，这样的信息不能真实、可靠地反映过去，也不可能帮助信息使用者预测企业的未来发展趋势，因此，财务报告中的印象管理是对真实信息的歪曲，也是对诚信和客观、公正原则的背离。

二、会计信息鉴证(审计)中的伦理问题

(一) 会计信息鉴证(审计)中的伦理要求

会计信息鉴证(审计)是指审计人员按照审计准则的要求实施审计程序和收集、评价审计证据，从而对鉴证对象的会计信息提出结论，以增强责任方之外的预期使用者对鉴证对象会计信息的信任程度。比如，最常见的会计信息鉴证业务——财务报表审计，是指注册会计师按照独立审计准则的要求对财务报表提出结论(发表意见，即出具审计报告)，以增强被审计单位(责任方)之外的预期使用者对财务报表的信任程度。

按照会计信息鉴证(审计)的主体分类，可分为政府审计、内部审计和民间审计。民间审计又称独立审计、注册会计师审计，是由民间审计组织(会计师事务所这类非官方审计机构)接受委托而实施的审计，是由注册会计师这一专业人士根据公认会计原则和公认审计准则，对被审计单位的财务报表和会计信息进行客观的评价与鉴证。注册会计师及其所在的会计师事务所是企业财务报表审计的主要主体，经济越发展，作为"不吃皇粮的经济警察"和"市场经济卫士"的注册会计师审计就越重要，因此，注册会计师的伦理道德历来受到各国和注册会计师职业团体的重视。

注册会计师在执行会计信息鉴证(审计)业务时，同样要遵循前述适用于所有职业会计师的诚信，客观、公正，专业胜任能力与勤勉尽责，保密等原则，除此之外，国际会计师联合会(IFAC)还将独立性和职业怀疑这两个概念作为针对注册会计师的专门概念，将其纳入职业道德概念框架。

1. 独立性

独立性(independence)是鉴证业务的灵魂，注册会计师在计划和执行审计、审阅与其他鉴证业务时，应遵循独立性要求。独立性包括两方面，即形式上的独立性和实质上的独立性。其中，形式上的独立性是指在一个理性且知情的第三方看来，会计师事务所或审计等鉴证项目团队的成员能保持诚信、客观、公正或职业怀疑的态度，比如注册会计师必须与被鉴证企业或个人没有任何特殊的利益关系；实质上的独立性又称为精神独立性，是指注册会计师在形成结论时可以不受干扰地进行职业判断，使其得以采用诚信、客观、公正和保持职业怀疑的方式行事，换言之，注册会计师在判断时应保持超然独立性，不依赖和屈从于外界的压力和影响。倘若注册会计师在鉴证业务中不能保持独立性，将无法取信于委托人和社会公众，该职业存在的根基就会动摇。

案例2-4

SEC前主席阿瑟·莱维特论注册会计师独立性的重要性

2000年5月10日，美国证券交易委员会(SEC)前主席阿瑟·莱维特(Arthur Levitt)在纽约大学的演讲中呼唤注册会计师应将独立性作为其自身的核心价值(core value)，而不仅仅是将其视为一种行为约束(behavior constraint)。他指出："独立性是审计工作富有价值的基础，它为思想、语言和行动提供真实的自由与空间。而真实是投资者信心的生命线……独立性是注册会计师的一种心理状态，它反映了公众的信任与信心。如果我们不以实际行动维护公众信心，任凭注册会计师的荣誉遭践踏，我们就忽视了本杰明·富兰克林的智慧。他说过，玻璃、瓷器和名誉最易破碎，而且再也不能复原。""如果今天我们走对了路，总有一天我们将回首往事，惊诧于我们曾经考虑允许出卖会计师的唯一特权，即独立性为公众所带来的利益。"

资料来源：阿瑟·莱维特.独立性是审计的灵魂[N].证券市场导报，2002(8)：72，74。

2. 职业怀疑

注册会计师在计划和执行审计、审阅与其他鉴证业务时应当保持职业怀疑(professional skepticism)。譬如，在正直、诚实、守信的前提下对客户的立场提出质疑；当对某项陈述可能包含严重虚假或误导性存有疑虑时，对不一致的信息应实施进一步调查并寻求进一步审计证据，而不是置若罔闻或置之不理。在会计信息鉴证业务中，保持职业怀疑与遵循诚信、客观公正、专业胜任能力与勤勉尽责、保密等原则是内在一致或相互促进的。

(二) 会计信息鉴证(审计)中违背商业伦理的常见问题

鉴于注册会计师鉴证业务在维护市场秩序中的重要作用，独立审计准则、注册会计师职业道德守则等职业规范均对注册会计师在会计信息鉴证(审计)业务中应遵循的职业道德和要求做了明确规定。但是，一些注册会计师在鉴证业务中仍存在违反职业道德的行为，不仅扰乱了市场经济秩序，而且严重败坏了整个注册会计师行业的声誉。注册会计师在鉴证业务中存在的主要伦理问题可概括如下。

1. 审计造假

注册会计师行业存在的一个重要理由是通过鉴证会计信息质量降低会计信息使用者和提供者之间的信息不对称，并进而通过这一约束机制倒逼企业提升会计信息质量。然而，一些注册会计师在执业过程中不遵循注册会计师独立审计准则的规定，不履行必要的审计程序，甚至无视法律和职业道德的约束，直接参与伪造、编造会计凭证、会计账簿，并出具虚假的验资报告和审计报告，既损害了自身的利益和声誉，也损害了委托人的利益，更损害了社会公众的利益。

2. 采取各种不正当手段招揽客户

注册会计师作为"不吃皇粮的国家警察"，在为客户提供职业服务后，须向客户收取报酬。如果出具的审计报告是独立、客观、真实、公允的,则审计收费既是利己功利主义,也是利他功利主义,是完全正当的。

注册会计师的专业服务虽无绝对的收费标准,但合理的收费标准有利于保证专业服务的质量和注册会计师对职业道德基本原则的遵循。合理的收费标准应能够适当补偿注册会计师为客户耗费的时间、技术和所承担的责任,并应有合理的利润。如果某会计师事务所的收费标准高于另一个会计师事务所,可能是品牌、声誉或风险溢价,但若收费标准异常高,则可能存在给客户或业务介绍人"回扣"等违背客观、公正、诚信等职业道德的行为;而收费标准过低,则可能导致注册会计师难以按照适用的职业准则执行业务,难以搜集充分、适当的审计证据,从而对遵循专业胜任能力与勤勉尽责原则产生不利影响。然而,一些会计师事务所为了招揽客户,不顾职业道德,无视审计的高风险性和复杂性,采取各种不正当手段竞争,如为了排挤竞争对手低价揽客,利用行政干预搞行业垄断和地区封锁,以公关交际费、信息咨询费等名义支付高额的介绍费或佣金,采取收费与否或收费多少以服务工作结果或实现以特定目的为条件的或有收费等。注册会计师为了获得客户或为了多收费,就会在利益动机的驱动下,放弃客观、公正、独立的立场,发表不恰当的审计意见,出具不真实的鉴证报告。

3. 承接不能胜任的业务

注册会计师应当具备应有的专业知识、技能及经验,以胜任承接的工作。注册会计师如果不能保持和提高专业胜任能力,就难以完成客户委托的业务。注册会计师自身有无专业胜任能力,也是判定其是否保持职业谨慎的首要标准。如果注册会计师缺乏足够的知识、技能和经验而接受委托提供专业服务,就构成了一种欺诈。在很多审计失败的案例中,一些注册会计师由于专业水平的限制,未能预见不合理的风险对他人的伤害,在计划和实施审计工作时未能考虑到异常情况与联系,因而也就未采取措施来排除对发表审计意见有重要影响的疑问,最终导致审计失败。

4. 泄露客户的商业秘密

保密是对注册会计师职业道德的基本要求。由于注册会计师工作的特点,他们有权接触客户所有的与审计及提供的其他服务相关的资料与信息,这些资料与信息往往都具有相当的商业价值,一旦外泄,就会给客户造成重大的经济损失。虽然绝大多数注册会计师都能遵守保密原则,但也有少数注册会计师对这一问题重视不足。例如,有的注册会计师利用获知的客户信息买卖客户的股票,或者与客户有意见分歧时诉诸媒体等。

三、融资活动中的伦理问题

(一) 企业融资活动中的伦理要求

融资对企业的生存与发展具有至关重要的作用,筹集资金的规模和效率直接决定企业生产经营的规模和效率,也是企业持续性发展的内在驱动力。从表面看,筹集资金是资金的有计划、有目的、有代价的持续活动，但其本质是利益相关者之间围绕资金的流动而产生的利益关系。

企业筹集的资金按照来源不同，可分为权益资金和负债资金。权益资金是企业所有者投入的资金，投资人除依法转让，否则无权抽回投资。负债资金是企业通过向银行贷款、发行债券等方式筹集的资金，企业必须承担还本付息的责任。围绕两类不同的资金，相应地会产生企业与股东、企业与债权人之间的利益关系，进而产生相应的伦理问题。

企业在融资活动中至少应遵守以下伦理要求。

1. 诚实与守信

诚实与守信是中华民族的传统美德，中国古代思想家十分看重这两种德行，认为其是人安身立命之本。诚实意味着企业在融资活动中应真实地向股东和债权人披露相关信息，使股东和债权人在充分了解企业真实财务状况、募集资金的使用方向、时间和金额，以及面临的风险等信息的基础上，做出理性决策；企业应做真账，向股东和债权人提供真实的财务报表。守信意味着企业要讲信用、重信誉，信守诺言，按照合同约定使用资金、分配利润、归还本金和支付利息。

2. 公开、公平

《中华人民共和国证券法》(以下简称《证券法》)明确指出，"证券的发行、交易活动，必须实行公开、公平、公正的原则"，简称"三公原则"，其中，公开、公平是企业在融资活动中应当遵守的伦理要求。

公开原则是"三公原则"的基础，是公平、公正原则实现的保障。只有公开，才能有效杜绝证券市场的舞弊行为，保障证券市场健康运转。公开原则包括信息公开和管理公开。信息公开是指上市公司必须按照法律的规定，报告或公开与其有关的信息、资料，以使投资者能充分获得信息，便于进行投资判断。信息公开通常包括两个方面，即证券信息的初期披露和持续披露。管理公开是指证券监管部门必须依照法律法规的规定，报告或公告有关监管信息，以实现对证券市场的有效监管，防止监管部门失职或舞弊。

公平包括地位、权利、机会和分配的平等。地位的平等是指在市场经济中，作为企业法人的经济组织或者作为自然法人的个人，都应享受平等地位的对待。权利的平等体现在多方面，如对企业信息的了解、对企业工作的参与程度等。机会的平等是指一切机会要平等地面向全体成员，每个成员都有平等选择各种机会的权利。分配的平等并不是搞平均主义、吃"大锅饭"，而是指平等的人必须得到公平对待，不平等的人必须得到差别对待。证券市场的公平原则，要求证券发行、交易活动中的所有参与者都有平等的法律地位，各自的合法权益能够得到公平的保护。就融资活动而言，无论是大股东还是小股东，企业都应一视同仁，平等对待，尤其是不能侵害小股东的利益。肆意践踏小股东的利益将使企业丧失信誉，即使一时得逞，从长远来看必将受到市场的惩罚。

公正(justice)与公平(fairness)常常不加区分，有人认为公正涉及的是更为严肃的事情，也有人认为，公平的概念更为根本。《证券法》中的公正原则是针对证券监管机构的监管行为而言的，它要求证券监督管理部门在公开、公平原则的基础上，对一切被监管对象给予公正待遇。

(二) 企业融资活动中违背商业伦理的常见问题

1. 恶意圈钱

一些不具有上市资格的公司通过做假账、编制假报表等非伦理的手段来蒙骗股东和监管机构，从而达到上市"圈钱"的目的。如前述欣泰电气案例，便违背了融资活动中的商业伦理。

2. 操纵市场

操纵市场是指企业以获得利益或减少损失为目的，利用自身资金、信息优势及投资者逐利心理制造市场假象，操纵股票价格，使投资者在不了解实情的情况下，蜂拥而至。例如，根据《中国证监会行政处罚决定书(吴联模)》(〔2020〕52号)，时任凯瑞德董事长吴联模采取多种手段操纵凯瑞德股价，其路数是先买入股票建仓，再发布利好信息配合二级市场交易拉抬股价，最后卖出获利。其间，凯瑞德股价累计上涨高达210.01%。吴联模控制的账户组累计盈利8 532.19万元。最终凯瑞德被罚没5亿元，吴联模也被采取终身市场禁入措施。

3. 恶意骗贷

银行等金融机构将资金借贷给企业，便成为企业的债权人，意味着需要承担企业不能到期归还本金和利息的风险。而某些企业为了获得贷款，通过虚构交易、做假账等不伦理的手段，向债权人展示良好的经营业绩。虽然债权人会通过复核程序进一步了解企业的真实情况，但由于信息不对称，占据信息优势的企业仍有可能"安全过关"。通过欺诈手段向债权人借贷，不仅提高了债权人的借贷风险，如果企业投资项目失败，债权人还将承受巨大损失。

4. 随意变更募集资金投向

某些上市公司在筹集资金时会夸大拟投资项目实际所需的资金量，从证券市场上过度圈钱，导致募集的资金随意变动、用作他用或闲置不用。还有一些企业没有将募集的资金按照招股说明书、配股说明书或贷款合同中的用途使用，而是任意挪作他用，从而造成募集资金使用效率低下，违背诚信原则，坑害股东的利益。

四、投资活动中的伦理问题

(一) 企业投资活动中的伦理要求

为了获得资金的增值，企业会将筹集来的资金投放到经营资产上、进行对外投资，或者购置固定资产等扩大再生产。筹资是资金运动的起点，而投资是资金运动的中心环节，它不仅对资金筹集提出要求，而且还决定企业未来的经济效益。企业投融资行为的密切联系决定了筹资过程中产生的利益关系将在投资过程中延续，进而产生投资活动中的伦理问题。

企业在投资活动中至少应遵守以下伦理原则。

1. 诚信原则

如前所述，诚信原则是企业在各项活动中应遵循的一项最基本、最主要的伦理原则，是企业的立身之本。投资活动中的诚信原则是指企业要按照合同约定进行投资，不得在未经当事人同意或管理机构批准的情况下任意改变投资去向和规模等。

2. 义利统一原则

义者，"事之所宜也"，"宜"就是应该，是某种特定的伦理规范、道德原则，是儒者们心中至高无上的道义。利者，"人之用曰利"，后世多指物质利益。传统的"信"是与"义"结合在一起的，或者说"信"随"义"走，"义"指向哪里，"信"就实践到哪里。关于义利关系是个全球性的古老话题，孔子"重义轻利"，认为"君子义以为质"，主张在处理义利两者关系时，强调以义制利，以义生利；两者不可兼得时，要以舍生来取义。《礼记·大学》中有"此谓国不以利为利，以义为利也"的观点，民间也有"生财有道"的说法。但也有人认为，企业以营利为目的，那就应当将"利"置于首位，在通往超然独立的殿堂的途中，不必守身如玉，"见利忘义"是可以理解的，也是难以避免的，在追逐利润最大化的过程中发生某些失信行为无可厚非。显然，这种观点会导致实务中对信用的放纵，也不符合利益相关者理论。但如果将义与利对立起来，也会让企业无所适从。因此，现代义利观认为，企业既是"一系列契约的联结"(nexus of contracts)，同时作为市场经济微观运行的实体，也体现着竞争规则和职业精神，因此应当义利统一，既利他又利己。中西方优秀企业的发展、壮大历史也在事实上证明，义利共存、义利共融和义利共生是商业伦理发展的必经之路。因此，当代企业应构建以义利统一观为基础的信用文化。具体而言，企业投资的目的在于实现投资收益最大化，这里的"收益"既包括个体利益，也包括公众利益，个体利益有其现实合理的存在性，正当之"义"不必，也不应该游走于"利"之外，应当允许企业(个体)在投资活动中通过公平竞争追求自己正当的利益，获得正当之利。而公众利益是终极目的，只有奉行公众利益至上，在面临不同投资方案选择时选择社会效益最大化的方案，才会不负公众的期望，最终得以持续发展。这里的"收益"既包括短期利益，也包括长期利益，当两者发生冲突时，应弃短就长。

3. 公平与效率兼顾原则

公平与效率兼顾原则要求企业在投资活动中要坚持效率优先、兼顾公平。效率是企业组织活动的出发点和衡量标准，效率来自生产要素提供者积极性、主动性的发挥。在市场中，企业发展的机会是无限的，企业之间并非你死我活的关系，企业之间、企业各要素提供者之间应当合作共荣。单纯追求"效率至上"，以不公平或不道德的方式追求所谓的效率是不可取的。应该在注重效率的同时重视公平，在控制与被控制之间取得平衡，长期利益与短期利益协调统一，以达到企业内部、企业与外部利益相关者之间关系和谐，使企业长久发展。

(二) 企业投资活动中违背商业伦理的常见问题

1. 违反合同使用资金

某些企业在未经债权人同意的情况下投资高风险项目。如果投资项目获得成功，债权人只能得到固定的收益，而企业可以得到较高收益；一旦投资项目失败，企业仅以自己所有的资产对债务承担责任，而债权人则承担了大部分的费用。这一行为显然背离了诚信原则。

2. 过度投资

受内部人控制的企业，管理层对升迁、社会地位，以及可获得的货币与非货币收入的追求，使他们更关心企业的规模问题，因为企业规模越大，意味着其能够控制的资源越多，获得利益的机会越多。当其拥有大量自由现金流时，就有可能不惜损害股东和债权人的利益，过度自信地扩大原有业务规模，或盲目进入与原有行业不同的行业。但公司规模越大，涉足行业越多，管理者越难以掌控，就越容易出现资金链断裂或因盲目多元化而引发的"成长性破产"问题。

3. 短期投资倾向

短期投资的显著特点是见效快、收益高，但也潜藏着巨大风险，比如炒股。从企业的长远发展和维护相关者利益的角度出发，企业投资应具有长期性、稳健性、可持续性，但一些企业管理者会在巨大利益的诱惑下铤而走险。

五、利润分配活动中的伦理问题

(一) 利润分配活动中的伦理要求

企业的利润要按照规定的程序进行分配。首先要依法纳税；其次要用来弥补亏损，提取盈余公积金；最后要向投资者分配股利。这种因利润分配而产生的资金收支便属于由利润分配引起的财务活动。

利润分配是企业与利益相关者对收益分配总额进行分割的过程，它直接体现出企业对各方利益关系进行处理的原则。企业如何处理与利益相关者之间的利益关系，关系到企业长远利益。

在利润分配活动中，企业应遵守以下商业伦理要求。

1. 公平对待各方

企业是一系列显性和隐性契约的集合，各利益相关者主体以此为载体进行互动和交易。以契约精神为指引，忠实履行受托义务、切实保障各方权益，便是商业伦理的题中之义。公平对待各方包括企业要依法履行纳税义务，不得偷逃税款；要按照公司法的规定提取盈余公积金，以保护债权人利益和扩大再生产；应向股东分配股利，使股东获得投资回报。另外，控股股东、实际控制人不得利用控制地位谋取非法私利，不得占用、支配公司资产，不得"掏空"上市公司等。

2. 保护股东的资产收益权

自公司制度(尤其是股份公司制度)形成之后，向股东派发股利作为投资回报已成为现代公司运行过程中一件天经地义的事。当企业盈利状况良好、现金充足且无较好投资机会时，应向股东(包括员工持股计划中获得收益分配权的员工)分配股利，而不是留在公司供内部股东挥霍，如"补贴"其控制的其他企业、提高个人在职消费、进行大量兼并收购等。当然，股利也并非发放得越多越好，尤其是在"内部人控制"的情况下，超额派现或许是管理层侵犯外部股东权益或牺牲公司长期利益以实现自身利益的手段。因此，不能简单地以发放多少股利作为判断股东是否遵循商业伦理的标准，而应以股利发放政策是否符合全体股东利益最大化作为判断标准。

(二) 利润分配活动中违背商业伦理的常见问题

1. 内部股东"掏空"或"隧道挖掘"行为

当企业有多个股东且部分股东分散在企业外部(通常是中小股东)时，内部股东便有机会通过"隧道挖掘"侵害外部股东的利益，例如让其控制的企业为其所控制的其他企业提供贷款及担保，抢占或转移其所控制企业的客户或业务，向其所控制的其他企业低价出售商品，高价购买其控制的其他企业的产品等。

2. 企业管理者侵蚀股东利益

股东与管理者之间存在代理问题。股东的利益要求是追求利润并实现其战略目标，而企业管理者追求更高的薪酬、在职消费及职业声誉。因此，在企业利润一定的情况下，企业管理者为了满足自身的需要，会倾向于增加在上述方面的预算，占用或减少股东部分收益。例如，把管理者的个人消费作为管理费用事先列入企业的预算支出以侵蚀公司的利润，从而减少股东的现实回报。再如，管理层收购完成后高额派现，牺牲公司的长期利益，侵害股东的权益等。

3. 不分红或象征性分红

在分配领域，企业与股东之间的伦理冲突集中反映在股利分配上。企业股利分配过程实质上就是企业利润用于支付股利与留存之间的权衡过程，它既关系股东的利益，也关系企业的未来发展。稳定的股利政策可以减少企业股票价格的波动，维护企业良好形象，而且有助于股东合理安排支出。在美国、英国等比较成熟的资本市场中，不管利润波动如何，企业都倾向于支付稳定且持续增长的股利。但从我国股利政策的实施情况看，很多企业常年不分红或只是象征性地分红，短期行为倾向严重，严重损害了股东利益。

第五节 国际经营中的伦理问题

如何协调人类的无限欲望和地球上有限资源之间的矛盾一直是人类的难题。贸易是最常用的协调方式之一。从某种意义上讲，今天的世界是贸易创造的世界。21世纪是经济全球化的时代，经济全球化一方面推动着经济贸易的大发展，另一方面不可避免地对跨国企业的跨国经营带来了很多冲击和挑战，其中包括跨国企业在国际经营中遇到的商业伦理问题。

一、经济全球化对跨国经营带来的影响

(一) 经济全球化

经济全球化是指世界经济活动超越国界，通过对外贸易、资本流动、技术转移、提供服务、相互依存、相互联系而形成的全球范围内的有机经济整体。经济全球化是当代世界经济的重要特征之一，也是世界经济发展的重要趋势。经济全球化主要包括贸易、投资、金融、生产等活动的全球化，即生产要素在全球范围内的最佳配置。

(二) 经济全球化为跨国经营带来的机遇

经济全球化为跨国经营带来巨大的机遇：一是有利于吸引和利用外资，引进世界先进管理理论和经验并实现管理的创新；二是有利于加速工业化进程，提升产业结构；三是有利于深入地参与国际分工，发挥本国现实和潜在的比较优势，拓展海外市场，提高企业的竞争力；四是抓住新技术革命带来的机遇，发挥后发优势，促进技术水平的提高等。

(三) 经济全球化对跨国经营带来的挑战

经济全球化不仅给跨国经营带来了机遇，也带来了挑战。一是外部管理风险。东道国和母国的政治、经济、文化等环境的差异，会导致东道国的消费观念和结构与母国有巨大差异，给跨国公司的跨国经营活动带来风险，有可能导致跨国经营的失败。这就要求跨国公司必须根据东道国市场的特点，对营销活动进行调整，以适应跨国发展。二是内部管理风险，主要指由于一个社会的民族特性、风俗习惯、宗教信仰、价值观念、道德标准、教育水平、语言、社会结构等因素给跨国公司在管理上带来的风险，包括价值取向差异、沟通障碍、管理观念不同等。

二、国际经营对共同伦理规范的需要

在国际经营中，跨国公司经常需要面对一些伦理困境：东道国的伦理规范和经营方式

与母国存在差异时,应该以哪一种规范为准?

(一) 两种极端伦理准则

国际经营中,有两种极端伦理准则,如果跨国公司仍继续奉行母国的伦理规范,则称为伦理绝对论;若选择入乡随俗,按照东道国的伦理规范行事,则称为伦理相对论。

1. 伦理绝对论

跨国公司在国外经营时继续奉行母国的伦理标准,可以称为伦理绝对论,也称伦理优越主义。该观点强调伦理规范的客观性和普适性,认为不管文化差异有多大,总会存在一些适用于一切民族和时代的普遍价值观与行为观,任何一个企业必须服从并遵守这些准则。对于跨国公司而言,跨国经营时仍奉行母国的伦理标准,这虽然能够有效减少经营活动中的道德冲突,却容易产生伦理优越感,将母国价值观念凌驾于他国之上。

2. 伦理相对论

跨国公司在国外经营时奉行他国的伦理标准,即入乡随俗,可以称为伦理相对论,也称伦理相对主义。该观点认为,不同的看法和观点都有合理的一面,没有绝对正确或错误的道德伦理标准,因此不存在绝对的权利和对错。若以伦理相对论指导跨国公司的日常经营活动,则要求跨国公司在进行跨国经营时奉行东道国的伦理标准,但是,这可能降低跨国公司的道德水准,导致出现行贿行为、使用童工,或者让工人在极其恶劣的工作环境和薪酬水平下从事生产等。

无论是伦理绝对论还是伦理相对论,都有失偏颇,并会在一定程度上使跨国企业在跨国经营时无所适从。例如,沙特阿拉伯主张大多数管理岗位不能雇用妇女,否则违法。那么在沙特阿拉伯经营的跨国公司该不该雇用女性呢?如果不雇用,又是否会在国际上被指责为性别歧视呢?因此,比较合理的做法是把两者结合起来。具体怎么结合是摆在理论工作者和实际工作者面前的一项艰巨任务。

(二) 伦理置换

不同国家和地区由于在政治、经济、文化、宗教等各个方面存在差异,因此难免会产生伦理冲突和困境。伦理困境有可能出现在任何层次:个人层次、企业层次、行业层次、国家层次及国际层次。每个层次都有其自身的问题。然而,任何层次的伦理困境也许都需要伦理置换的技巧。

所谓伦理置换,是指通过寻求在有别于出现伦理困境的层次上的解决办法,去解决某个困境。在个人层次上,个人所遭遇的困境也许只能在企业层次上才能找到解决办法;企业的困境也许要求行业结构的改变,以确保公平竞争的条件;行业的困境也许要求国家政策或立法的改变;国家的伦理困境,比如污染问题,也许要求国际层次上结构或协议的改变;而国际层次上的困境,有时也许只能通过在国际层次和国家层次的同步活动去解决。

按照伦理置换的方法,跨国公司在经营中遇到国家层次的伦理问题时,国际性的伦理规范的存在就是解决此类伦理困境的必要条件。对发达国家的企业而言,国际性的协议或规范的存在有利于它们解决在经营中遇到的伦理冲突和困境；对于发展中国家的企业而言，则有利于它们维护自己的利益。

三、国际经营中的共同伦理规范要求

为了制定一个统一的伦理道德标准，很多国际组织正在努力提出一个统一的指导方针。跨国公司道德规范准则的数量迅速增长，目前已达200多个，比较有代表性和影响力的有商界自主制定的《考克斯圆桌商业原则》、联合国制定的《联合国全球协议》、经济合作与发展组织(OECD)的跨国公司准则、克拉克森原则、保护消费者准则、ISO14001环境管理体系认证等。上述准则都包含以下六大方面的内容，可以被视为国际经营中的共同伦理规范要求。

(1) 尊重人权，即跨国企业在国际经营中要尊重人权，如要尊重不同国家的文化、宗教、风俗习惯等。

(2) 不对当地的经济产生负面影响，即跨国企业要支持、促进当地经济的发展。

(3) 支持政府建设，如我国的基础建设企业支持"一带一路"相关国家修桥、修路、建水坝，体现了跨国公司的责任担当。

(4) 先进技术转移，即跨国公司应带给东道国先进的科学技术，而不是过时的、淘汰的技术。

(5) 保护环境，即要尊重、保护当地的自然环境和人文环境。

(6) 完善雇佣行为，即跨国企业在东道国经营时，应注意保护劳工利益，完善企业安全管理制度和应急措施，遵守员工就业的最低年龄规定，尊重员工权利等。

四、国际经营中常见的伦理问题

(一) 营销中的市场歧视

市场歧视指跨国公司同样的产品在不同国家的销售和服务不同的问题，主要包括价格歧视、产品歧视、服务歧视和广告歧视。

(1) 价格歧视。跨国公司对在不同国家销售产品采取价格"双重标准"，在母国用较低价格销售的产品，而在东道国用较高价格销售，这就是价格歧视。

(2) 产品歧视。产品歧视是指跨国公司对在不同国家销售产品的质量采取"双重标准"，在母国采用极高、极严的产品质量标准，并向社会承诺保证产品不含对人体有害、有毒的物质；而在东道国降低标准要求，使东道国消费者利益受损。

(3) 服务歧视。服务歧视是指跨国公司对在不同国家销售相同的产品采取服务"双重标准"，例如在不同国家提供的售后时间长短不一致等。

(4) 广告歧视。广告歧视是指跨国公司的广告内容涉嫌亵渎东道国的风俗与文化，或者涉嫌种族歧视、性别歧视、宗教歧视等。

(二) 有害产业转移

有害产业转移包括有害产业的生产转移和有害产品的销售转移。有害产业的生产转移是指某些有害产业从一个国家和地区通过国际贸易及国家投资等多种方式转移到另一个国家和地区的过程。例如在国际经营中，跨国公司利用不同国家在法律等方面的差异，将环境污染密集产业从发达国家向发展中国家转移，利用发展中国家的政策漏洞，继续从事经营活动，而将生态成本转嫁给发展中国家。有害产品的销售转移是指跨国公司为了维护母国消费者的利益，把母国已经禁止销售或某些有害的产品投放到发展中国家市场进行销售。

(三) 合作中的品牌控制

在国际经营中，跨国公司为尽快打入东道国市场，进入东道国时经常会选择和东道国企业合作的方式，可能产生品牌控制的伦理问题。品牌控制往往发生在跨国公司对东道国的企业合作、合资并购之后。进入东道国的初期，跨国公司与东道国企业进行合资，获得控制权后，将合资企业的资源主要用于推广自身原有的品牌，其品牌价值在此过程中获得大幅提升，而对东道国企业的品牌则采用闲置的方式，不投入或者很少投入资金来对东道国企业的品牌进行宣传、维护，几年以后，东道国企业品牌的市场价值缩水甚至被市场遗忘。

课程思政

人类命运共同体

习近平主席在2015年9月28日第70届联合国大会一般性辩论上的讲话中，首次对外系统阐释了"人类命运共同体"思想，这一思想包括五大支柱。

一是政治上要建立"平等相待、互商互谅的伙伴关系"。联合国宪章贯穿主权平等原则。世界的前途命运必须由各国共同掌握。世界各国一律平等，不能以大压小、以强凌弱、以富欺贫。

二是安全上要营造"公道正义、共建共享的安全格局"。要摒弃一切形式的"冷战"思维，树立共同、综合、合作、可持续安全的新观念。要推动经济和社会领域的国际合作齐头并进，统筹应对传统和非传统安全威胁，防战争祸患于未然。

三是经济上要谋求"开放创新、包容互惠的发展前景"。缺乏道德的市场，难以撑起世界繁荣发展的大厦。富者愈富、穷者愈穷的局面不仅难以持续，也有违公平正义。要用好"看不见的手"和"看得见的手"，努力形成市场作用和政府作用有机统一、相互促进，打造兼顾效率和公平的规范格局。大家一起发展才是真发展，可持续发展才是好发展。要实现这一目标，就应该秉承开放精神，推进互帮互助、互惠互利。

四是文化上要促进"和而不同、兼收并蓄的文明交流"。文明相处需要和而不同的精神。只有在多样中相互尊重、彼此借鉴、和谐共存，这个世界才能丰富多彩、欣欣向荣。

不同文明凝聚着不同民族的智慧和贡献，没有高低之别，更无优劣之分。要尊重各种文明，平等相待，互学互鉴，兼收并蓄，推动人类文明实现创造性发展。

五是环境上要构筑"尊崇自然、绿色发展的生态体系"。人类可以利用自然、改造自然，但归根结底是自然的一部分，必须呵护自然，不能凌驾于自然之上。要解决好工业文明带来的矛盾，以人与自然和谐相处为目标，实现世界的可持续发展和人的全面发展。要牢固树立尊重自然、顺应自然、保护自然的意识，坚持走绿色、低碳、循环、可持续发展之路。

资料来源：王恬，牟宗琮，张梦旭. 同心打造人类命运共同体[N]. 人民日报，2016-01-27(001)。

复习思考题

1. 人本管理的含义及标准是什么？
2. 数智时代人力资源管理面临哪些伦理挑战？
3. 产品策略中有哪些伦理要求？
4. 简述营销伦理的概念。
5. 营销活动中有哪些伦理要求？
6. 分别从消费者和竞争者的角度，阐述义利观中的"义"有哪些体现。
7. 企业财务活动中涉及的伦理问题主要有哪些？具体的伦理要求是什么？
8. 企业跨国经营中应遵守哪些共同伦理规范要求？
9. 选择一个正面案例和一个负面案例，从伦理角度分析其在跨国经营中值得借鉴的做法和存在的问题。

同步练习

扫码答题

第二篇 责任篇

第三章
企业社会责任及利益相关者

导言

企业为了自身的生存和发展，必然要以实现一定的经济效益为目的。在实现经济诉求的同时，企业还要承担对社会的责任，其承担责任的客体就是企业的利益相关者。

企业作为社会的组成部分，与利益相关者之间客观存在伦理关系，这种伦理关系正是企业社会责任形成的基础和依据。企业必须正确处理与利益相关者的关系，从而获得企业生存与发展的内外部必要环境，并为社会的和谐发展做贡献，进而实现企业经济利益、社会利益和环境利益的平衡，达到可持续发展的目的。

学习目标

理解：企业的利益相关者及各利益相关者对企业的责任诉求。

掌握：企业社会责任的内容及履责时的表现形式。

应用：针对企业所处行业、发展阶段等，设计出适合企业履行社会责任的形式。

第一节 企业社会责任概述

一、企业社会责任

1923年，欧利文·谢尔顿(Oliver Sheldon)在其《管理的哲学》一书中正式提出"企业社会责任"这一概念。该概念的提出，一方面帮助西方国家解决了经济快速增长过程中由企业所引发的社会问题，另一方面却又被认为动摇了自由企业制度的利润最大化原则。因此，该概念刚一出现，便引起了学术界的广泛关注与讨论，其中最著名的是哥伦比亚大学阿道夫·A. 贝利(Adolf A. Berle)和哈佛大学梅里克·多德(Merrick Dodd)两位教授之间的论战。双方围绕"企业管理者是谁的受托人"(for whom are corporate managers trustees)这一焦点问题展开论战，其本质就是争论企业为什么需要承担社会责任，企业管理是否应该包括伦理价值和社会福祉。争论持续了30多年的时间，后来著名经济学家米尔顿·弗里德曼(Milton Friedman)加入对这个问题的争论之中。论战引发学者们逐步明确什么是企业社会责任、企业应当对谁负有责任等一系列问题的答案，并针对上述问题形成了两种明确的观点，即基于委托代理理论的狭义的企业社会责任和基于利益相关者理论的广义的企业社会责任。

(一) 狭义的企业社会责任

1. 委托代理理论

狭义的企业社会责任观与现实中推崇"资本雇佣劳动"的股东至上主义思想相契合。在此思想指导下，当时主流企业理论的观点是，企业是一组契约关系的联结，通过委托代理活动，实现股东利润最大化；公司治理的安排要使得剩余索取权和剩余控制权全部归雇主(股东或出资者)所有。图3-1可以直观地展现委托代理理论指引下，企业主要对股东负责，股东对企业经营管理具有绝对的影响力。

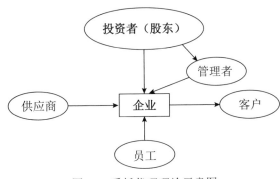

图3-1 委托代理理论示意图

2. 狭义的企业社会责任对象

狭义的企业社会责任观最著名的代表学者是诺贝尔经济学奖得主米尔顿·弗里德曼，他在1970年发表的"企业的社会责任就是赚钱"一文中提出"企业的唯一社会责任就是在遵守游戏规则的前提下，组织资源进行商业活动赚取利润"。弗里德曼相信："在完全竞争的市场条件下，市场如同一只看不见的手(亚当·斯密的著名逻辑)，会促使企业追求私利的利润最大化行为，并引向和谐(一般社会福利)的最终结果。"他认为，任何企业都追求自身利润最大化，最终会达到市场的一般均衡(或言效率)。因此，企业社会责任仅局限于追求利润最大化并没有什么错误，恰恰是一种正确的选择。

基于弗里德曼的观点，加上他在西方学术界具有很大的影响力，很多人坚信企业唯一的社会责任就是为股东赚取利润，企业无须承担社会责任，企业管理不用考虑伦理价值与社会问题。然而，弗里德曼在提出这个观点时还有一个重要的前提假设往往被人们选择性地忽视了，即必须在游戏规则公开、自由竞争、没有欺骗或者作弊的情况下，也就是说，企业不能为了赚取利润而忽略基本的法律和伦理责任。这个前提假设非常重要，很显然，这个前提假设本身就蕴含着伦理责任思想，传统主流企业理论绝不认为企业有且只有一个社会责任就是赚钱，而是强调股东利润最大化是企业最重要的核心目标。

(二) 广义的企业社会责任

1. 利益相关者理论的兴起背景

随着社会发展，企业经营的业务越来越复杂，以委托代理理论为基础的主流企业理论虽然有助于透视企业经营"黑箱"中的神秘内容，但远没有揭示企业的全部性质，人们希望进一步了解企业经营的具体过程。尤其是企业管理者，迫切想了解企业除了与股东有紧密联系，与其他利益群体之间是否还存在其他互动关系，以及这些互动关系对企业的发展有什么影响。

据考证，《牛津词典》记载的"利益相关者"(stakeholder)一词最早出现于1708年，它表示人们在某一项活动或某企业中"下注"(have a stake)，在活动进行或企业运营的过程中抽头或赔本(Clark，1998)。stakeholder就是"筹码持有者"，也就是对企业经营、发展握有筹码的人或团体。学者伊戈尔·安索夫(Igor Ansoff)最早正式使用"利益相关者"一词，他认为"要制定理想的企业目标，必须综合平衡、考虑企业的诸多利益相关者之间相互冲突的索取权，他们可能包括管理人员、工人、股东、供应商及顾客"(Ansoff，1965)。

20世纪60—70年代"股东利益至上论"盛行的同时，利益相关者理论的支持者开始发出不同的声音，这些声音在20世纪70年代逐步盛行开来，商业伦理、企业社会责任、环境管理等新兴理念被大家逐步认识并接受。利益相关者理论开始逐步被西方企业接受，人们越来越清晰地意识到，企业经营管理不能仅考虑股东，还必须考虑其他利益群体，即利益相关者。经济学家蒂尔(Dill，1975)曾经这样描述利益相关者理论的影响："我们原本只是认为利益相关者的观点会作为外因影响公司的战略决策和管理过程……，但变化已经表明我们今天正从利益相关者影响(stakeholder influence)迈向利益相关者参与(stakeholder participation)。"随后，美国宾夕法尼亚大学沃顿学院于1977年开设了利益相关者管理课程，旨在将利益相关者的概念应用于企业战略管理，并逐步形成了一个较为完善的分析框架。

20世纪80年代以后，随着经济全球化的发展，企业间的竞争日趋激烈，人们逐渐认识到经济学家早期从"是否影响企业生存"的角度界定利益相关者的方法有很大的局限性。1990年3月27日，美国宾夕法尼亚州通过《宾夕法尼亚州1310法案》，其涉及的内容影响深远，是利益相关者理论在实践中取得重大进展的标志性事件。该法案提出，反对恶意收购，收购成功后董事会和管理者应对员工利益给予特殊保护，而不是仅仅特殊照顾股东的利益，股东利益和其他利益相关者的利益平等。第一次在美国这么一个一直以来个人主义盛行，以保护私有财产为上的国度里，在法律行文中提出企业不仅应当保护股东权益，同时还必须考虑企业经营对其他利益群体产生的影响，纳入企业决策的框架中。至此，利益相关者的内涵逐步完善。

2. 利益相关者的经典定义

1984年，美国经济学家爱德华·弗里曼(Edward Freeman)给出了一个广义的利益相关者的经典定义："利益相关者是能够影响一个组织目标的实现，或者受到一个组织实现其目标过程影响的个人或团体。"这个定义不仅将影响企业目标的个人和群体也视为利益相关者,还将受企业目标实现过程中所采取的行动影响的个人和群体看作利益相关者,正式将当地社区、政府部门、环境保护主义者等实体纳入利益相关者管理的研究范畴,大大扩展了利益相关者的内涵。弗里曼的观点与当时西方国家正在流行的企业社会责任(corporate social responsibility,CSR)的观点不谋而合,受到许多经济学家的赞同,并成为20世纪80年代后期、90年代初期对利益相关者界定的一个标准范式。

3. 利益相关者理论的核心思想

利益相关者理论基于一个与传统股东至上主义理论不同的视角,强调公司的发展依赖众多利益相关者的参与和贡献。如图3-2所示,这些利益相关者不仅包括企业的核心参与者,如投资者(股东)、分销商、供应商、员工和客户,还包括政府、社区、特殊利益群体(如环境保护主义者)等社会群体。此外,利益相关者理论还考虑到自然环境、人类后代和非人物种等更广泛的受企业活动影响的客体。这些利益相关者通过各自的专用性投资,如资金、时间、资源等,支持企业的生存和发展,并承担了企业经营的风险或为企业的经营活动做出了贡献。因此,企业的经营决策必须综合考虑所有这些利益相关者的利益,确保他们得到应有的报酬和补偿。

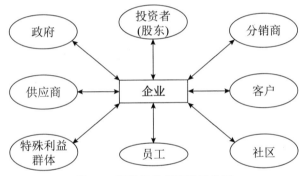

图3-2 利益相关者理论示意图

在利益相关者理论中,企业的发展前景有赖于管理层对公众不断变化的期望的满足程度,即依赖于企业管理层对利益相关者的利益要求的回应质量。管理者必须从利益相关者的角度看待企业,这样才能获得持续的发展。

20世纪90年代之后,利益相关者理论逐渐完善和发展。人们越来越深刻地认识到,企业开展伦理管理必须基于利益相关者的利益要求,这样才能有效地协调、平衡企业内部、企业与企业、企业与社会之间的关系,从而为企业的持续发展提供坚实的保障。

4. 企业社会责任的概念和特征

基于利益相关者理论,本书借鉴张兆国(2012)的观点:企业社会责任是指企业在对股东承担经济责任的同时,基于一套制度安排(包括正式制度和非正式制度),对债权人、政府、供应商、客户、员工和社区等其他利益相关者,以及环境所必尽(法律上的)或应尽(道德上的)的责任。

企业社会责任具有如下特征。

(1) 统一性。企业经济责任与社会责任是同时存在，不存在先后之分；是同等重要，不能厚此薄彼，更不能顾此失彼；是共同促进，企业社会责任不是企业经济责任的"经济牺牲"。

(2) 双赢性。企业承担社会责任不是一种简单的利他主义，而是一种既利他也利己的最优抉择。换言之，企业承担社会责任既可以降低社会成本，促进整个社会经济和谐发展，也可以给自己带来降低法律风险、减少浪费、改善与监管部门的关系、增强品牌美誉度、提高员工工作效率、降低融资成本等好处，从而转化为稳定增长的财务收益。

(3) 外部性内部化。企业社会责任是企业必尽或应尽的义务，如果企业不加以承担，就会自食苦果，承担社会风险。换言之，如果企业忽视社会责任，则各利益相关者就会通过各种方式来惩罚企业，使企业付出代价，如声誉损失、法律制裁、交易成本增加、消费者抵制、人才流失、再融资困难甚至经营停顿。随着企业社会责任的发展、企业治理机制的完善，以及各利益相关者自我保护意识的增强，企业社会责任的外部性内部化特征会逐渐强化。

(4) 自愿性与强制性。企业社会责任既包括法律上的社会责任，也包括道德上的社会责任。前者具有强制性，而后者具有自愿性。这是因为有关企业社会责任的制度安排既有强制性的正式制度，也有非强制性的非正式制度。

需要指出的是，企业承担社会责任与"企业办社会"是两个截然不同的概念。强调企业承担社会责任是要求企业在追求股东利益的同时，不能以牺牲其他利益相关者的利益和社会公共利益为代价；而"企业办社会"是不顾企业发展和股东利益，过多地承担社会职能，忽视企业社会责任的合理边界。

二、企业社会责任的对象分类

基于利益相关者理论的广义企业社会责任更强调充分考虑多元利益相关者，并把他们的期望价值纳入企业决策的过程中，要求企业在经营决策时，必须找到合理的分类方式来开展有效的利益相关者管理工作。米切尔评分法和多维细分法是最重要的两种利益相关者分类方法。

(一) 米切尔评分法

米切尔评分法是由美国学者米切尔(Mitchell)和伍德(Wood)于1997年提出来的，该方法将利益相关者的界定与分类结合起来，思路清晰，简单易行，大大推进了利益相关者理论的应用与实践。

米切尔提出界定、分类利益相关者的三个属性：①合法性(legitimacy)，即某群体是否被赋予法律上的、道义上的或者特定的对企业的索取权；②权力性(power)，即某群体是否拥有影响企业决策的地位、能力和相应的手段；③紧急性(urgency)，即某群体的要求能否立即引起企业管理层的关注。要成为一个企业的利益相关者，至少拥有以上三个属性之一，即要么对企业拥有合法的索取权，要么能够紧急地引起企业管理层关注，要么能够对企业决策施加压力，否则就不能成为企业的利益相关者。按照米切尔评分法，根据企业的具体情况，企业的利益相关者又可以被细分为以下三类。

(1) 确定型利益相关者(definitive stakeholders)，这类利益相关者同时拥有合法性、权力性和紧急性三个属性。为了企业的生存和发展，企业管理层必须十分关注他们的欲望和要求，并设法加以满足。典型的确定型利益相关者包括股东、雇员和顾客等。

(2) 预期型利益相关者(expectant stakeholders)，这类利益相关者与企业保持较密切的联系，拥有三个属性中的两个，具体可进一步细分如下：一是主要的利益相关者，即同时拥有合法性和权力性的群体，他们希望受到管理层的关注，也往往能够达到目的，在有些情况下还会正式地参与企业决策过程。这些群体包括投资者和政府部门。二是依靠的利益相关者，即对企业拥有合法性和紧急性的群体，但却没有相应的权力来实施他们的要求。这种群体要想达到目的，需要赢得其他更加强有力的利益相关者的拥护，或者寄希望于管理层的善行。他们通常采取的办法是结盟、参与政治活动、呼吁管理层的良知等。三是危险的利益相关者，即对企业拥有紧急性和权力性，但没有合法性的群体。这种人对企业而言是非常危险的，他们常常通过暴力来满足自己的要求。比如在矛盾激化时不满意的员工会鲁莽地发动罢工，环境主义者会采取示威游行等抗议行动，政治和宗教极端主义者甚至还会发起恐怖主义活动。

(3) 潜在的利益相关者(latent stakeholders)，是指只拥有合法性、权力性、紧急性三个属性之一的群体。只拥有合法性但缺乏权力性和紧急性的群体，会根据企业的运作情况而决定是否发挥其利益相关者的作用，是苛求的利益相关者。只有权力性但没有合法性和紧急性的群体，处于一种蛰伏状态(dormant status)，当他们实际使用权力或威胁将要使用这种权力时会被激活成一个值得关注的利益相关者，是蛰伏的利益相关者。只拥有紧急性但缺乏合法性和权力性的群体，是可自由对待的利益相关者，在米切尔看来就像"在管理者耳边嗡嗡作响的蚊子，令人烦躁但不危险，麻烦不断但无须太多关注"，除非其要求具有一定的合法性，或者获得了某种权力，否则管理层并不需要，也很少有积极性去关注他们。

图3-3展示了米切尔利用评分法对利益相关者进行分类的结果。其中，①②③是潜在的利益相关者，④⑤⑥是预期型利益相关者，⑦是确定型利益相关者，而⑧则是非利益相关者。

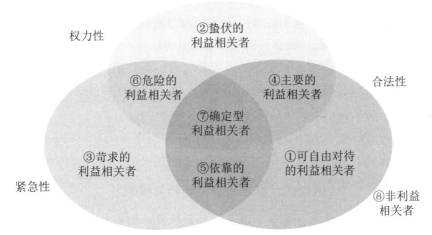

图3-3　基于米切尔评分法的利益相关者分类

米切尔评分法大大改善了利益相关者分类的可操作性，极大地推动了利益相关者理论的应用，逐步成为利益相关者分类最常用的方法，为企业的管理决策提供参考依据。

米切尔评分法的贡献在于其关于利益相关者分类模型的动态性，即任何一个个体或群体获得或失去某些属性后，就会从一种形态转化为另一种形态。比如，某预期型利益相关者已经拥有了对企业的合法性和权力性，如果政治或经济环境的变化使他们的要求显得更加紧迫了，那么他们就会转化成确定型利益相关者。该分类方法的启示在于：第一，一个群体是否拥有合法性不是管理层是否应该给予他们关注的唯一原因，也不是确认一个群体是否是利益相关者的唯一属性，企业管理层在界定利益相关者时还需要考虑在企业所处的环境中拥有某种权力的人，以及那些有要求需要被紧急满足的人；第二，利益相关者的状态并不具有"固定的特性"(fixed property)，政治力量的运用、各种联盟的建立、社会经济条件的改变都有可能使利益相关者发生变化。

（二）多维细分法

多维细分法是从多个维度对企业利益相关者这一群体进行分类，以期找出不同利益相关者在某些特征上的差异。众多的多维细分法研究中，陈宏辉(2004)根据利益相关者与企业发展的关联紧密程度进行利益相关者分类，有一定的代表性。该方法依据利益相关者的主动性、重要性和相关者要求的紧急性三个属性，把利益相关者分为核心利益相关者、蛰伏利益相关者、边缘利益相关者三类。

(1) 与企业发展紧密关联的称为核心利益相关者。他们是企业不可或缺的群体，与企业有紧密的利害关系，甚至可以直接左右企业的生存和发展，如管理人员、员工、股东等。

(2) 会对企业发展产生显著影响，但当前影响并不显著的称为蛰伏利益相关者，他们往往已经与企业形成了较为密切的关系，所付出的专用性投资实际上使得他们承担着企业一定的经营风险。在企业正常经营状态下，他们也许只是表现为一种企业的显性契约人而已。然而一旦其利益要求没有得到很好的满足或是受到损害，他们可能就会从蛰伏状态跃升为活跃状态，其反应可能会非常强烈，从而直接影响企业的生存和发展，如供应商、消费者、债权人、分销商和政府等。

(3) 对企业发展影响不大的称为边缘利益相关者。他们往往被动地受企业的影响，在企业看来，他们的重要性程度很低，其实现利益要求的紧迫性也不强，如特殊群体、社区等。

基于这一分类框架，作为一家企业的经营管理者，需要把企业面对的各类利益相关群体进行分类，当企业资源和能力有限时，应当首先满足核心利益相关者的期望，进而关注蛰伏利益相关者，再考虑边缘利益相关者。

案例3-1

信誉楼：谁是最重要的利益相关者

企业的利益相关者有很多，那么，谁是最重要的利益相关者呢？信誉楼认为，不是顾客第一，是员工第一。人是第一要素。一切为员工着想，一切从员工的根本利益出发，员工就会愉快地干好工作。形成这样的核心能力，企业就会立于不败之地。

在企业愿景中，信誉楼明确将员工列在第一位："员工健康快乐；企业健康长寿。"

基于上述认识，信誉楼逐步形成了自身的核心能力——拥有能够源源不断地造就具有团队精神人才的文化、组织和制度。具体来说，就是以人为本的企业文化、教学型组织和人力资本股权化的制度。

资料来源：戚德志.何以信誉楼[M].北京：机械工业出版社，2024。

第二节 企业的股东责任与伙伴责任

一、企业的股东责任

(一) 股东与经营者的矛盾

现代企业所有权与经营权的分离导致股东和企业经营者的目标有时会产生冲突。股东要求经营者能够从资本回报最大化目标出发从事创利活动与理财活动，实现投入资本的保值增值。甚至当企业的长期发展与短期内的资本高回报相冲突时，大多数股东会选择优先实现短期内的资本高回报，其原因在于，虽然从长期发展来看，企业获得高成长，将来股东可以获得更高水平的回报，但这个"将来可以实现的更高回报"能否实现具有巨大的不确定性，股东从风险规避的角度出发，选择短期内的资本高回报，正所谓"两鸟在林，不如一鸟在手"。而经营者往往追求公司的成长性，因为公司的成长会给经营者带来一些附属利益，如随着公司规模扩大，经营者能够获得高额的薪酬和额外的奖励、成为企业家俱乐部成员、提高社会地位和声誉、扩大企业经营权和控制权等。所以，企业的股东与经营者由于着眼点的不同，在企业发展问题上的矛盾会集中于眼前利益和长远利益哪个优先级别更高这一矛盾。

(二) 股东与经营者的诉求关系

在经济现实中，并非所有的股东都是短视的，也并非所有的股东都是"超级风险厌恶型"的投资人，但股东为什么倾向于优先实现眼前利益？更深层次的原因或许是出于对经营者道德风险的担忧。比如，经营者的努力程度、风险偏好、股利支付、过度投资和耗用资产、信息披露不规范、过度在职消费、渎职收入、抵制兼并或过度扩张、任人唯亲和排斥异己等。

股东和经营者都有着自利的本性。股东通过投资活动，对企业的债务承担了相应的责任，其自利性体现在期望能够获得最大化的红利分配，作为承担一定风险进行投资的回报。经营者自利性的体现则相对比较复杂，有些是高薪收入的经济诉求，有些是社会属性提升的社会诉求，有些是个人价值实现的精神诉求，有些是个人内心满足的欲望诉求。股东由于无法参与到企业的具体管理过程中，所以选择了经营者作为自己的"代理人"。为了激发"代理人"的工作积极性，保障自己的投资回报水平，股东会从资本增值中拿出一部分,以高薪的形式奖励给经营者,以激发经营者更大的工作热情,然后创造更多的利润,从而获得更多的资本回报,这是股东所期望的自己与经营者之间的关系模式。股东与经营者的诉求关系如图3-4所示。

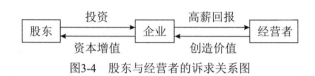

图3-4 股东与经营者的诉求关系图

但是,股东所期望的这种关系,忽视了经营者经济诉求外的其他诉求,也有可能股东愿意付出的"高薪"水平与经营者的"高薪"预期存在较大的差距。此时,由于经营者的自利性,在自身利益诉求与股东期望不匹配的情况下,经营者可能会发生道德风险,选择背离股东的诉求、优先实现个人利益目标,甚至牺牲、损害股东的利益。经营者的这种选择,往往不易被股东所获知,原因在于所有者和经营者在信息获取上是非对称的。作为拥有所有权的股东,存在"外部人"的信息劣势,而经营者则有着"内部人"的控制权优势。甚至由于委托代理契约的设计不佳,或代理人行为的不可完全监督,会导致有时即使股东知道自己的利益受损,却无力去改变。

(三) 企业对股东的责任

股东向股份公司出资认购股票,对股份公司债务就负有有限或无限责任。在承担一定义务的同时,股东也享有相应的权利。企业对股东的责任就是保障股东的权利。

1. 保护股东的资产收益权

当公司盈利状况良好、现金充足且无较好投资机会时,应向投资者发放股利,股东按照实缴的出资比例分取红利;公司新增资本时,股东有权优先按照实缴的出资比例认缴出资。

2. 保障股东的决策参与权

保障股东的决策参与权主要包括以下方面,一是保证每位股东参加股东大会的权利,不应受任何有意或无意的限制与阻挠;二是保障股东的表决权。决定公司转让、受让重大资产或者对外提供担保等事项必须经股东大会做出决议的,董事会应当及时召集股东大会会议,由股东大会就上述事项进行表决。股东出席股东大会会议,所持每一股份有一表决权;三是保障股东的选举权与被选举权。股东大会选举董事、监事,可以依照公司章程的规定或者股东大会的决议,实行累积投票制。

3. 支持股东的提案权

股东提案权是指股东可以向股东大会提出供大会审议或表决的议题或者议案的权利。提案的内容可以包括公司治理、财务管理、高管薪酬、董事选举、股份回购、公司合并、解散等涉及公司重大决策的事项,该项权利能够保证少数股东将其关心的问题提交给股东大会讨论,提高少数股东在股东大会中的主动地位,实现对公司经营的决策参与、监督与纠正作用。同时,也有利于促进公司的透明度和公正性,增强股东对公司的信任和支持。

4.落实股东的知情权

作为公司的股东,无论持股比例大小或是否在公司内部担任职务,均应有权知晓企业运营、管理、治理等方面的相关信息,特别是投资者广泛且人数众多的上市公司,更要落实外部股东的知情权。《中华人民共和国公司法》规定,股东有权查阅、复制公司章程、股东会会议记录、董事会会议决议、监事会会议决议和财务会计报告。股东要求查阅公司会计账簿的,应当向公司提出书面请求,说明目的。公司有合理根据认为股东查阅会计账簿有不正当目的,可能损害公司合法利益的,可以拒绝提供查阅,并应当自股东提出书面请求之日起十五日内书面答复股东并说明理由。公司拒绝提供查阅的,股东也可以请求人民法院要求公司提供查阅。

二、企业的伙伴责任

"伙伴关系"是一个外交概念,始于"冷战"刚结束时,北约推行"和平伙伴关系计划",提出与非北约国建立伙伴关系。1994年后,俄罗斯和西方的"蜜月期"结束,北约东扩,欧洲就不再提"伙伴关系"这一概念了。现在"伙伴关系"已经不再局限于外交领域,它已成为社会治理领域中各组织间本着相互尊重、求同存异的原则,通过相互间的协作实现共赢的合作关系。

企业的伙伴责任,指的是在供应链伙伴关系下,企业对上游供应商及下游客户所要承担的社会责任。企业对上下游商业伙伴的责任是双向的,一方面,企业自身要诚信经营、公平竞争,要对市场中的其他伙伴负责。比如,遵守国家反不正当竞争、反垄断相关法规和商业道德;在经营过程中公平竞争、自觉维护公平的市场竞争环境;不采取阻碍互联互通、掠夺性定价、垄断渠道资源、不正当交叉补贴、诋毁同业者等不正当竞争手段。另一方面,企业要利用好自己的采购权,从多角度对供应商提出责任要求,比如构建责任采购制度,约束自己的上游伙伴诚信经营;督促上游供应商遵纪守法、保护环境、保护劳工权益、诚信经营等。为了保证效果,还要建立责任采购制度,对供应商的履责情况进行定期或不定期的检查和评价,严格落实供应商社会责任履行情况。

第三节 企业的消费者责任

一、消费者的概念

从广义来讲,企业产品和服务的购买者都属于消费者。广义的消费者行为表现为从上游企业购入产品或服务,因此,只要购买了商品和服务都算消费者。

依消费目的不同,消费者又可以分为两类:一类消费者购买产品或服务是为了满足个体或组织的消费性需求。比如,个体消费者从超市购买生活消费品,企业从超市购买商品发放给职工作为福利，或者企业购买办公用品供自己使用等。这些购买行为发生后，商品退出生产和流通领域被使用掉了。此时的消费者是狭义的消费者。另一类消费者购买产品或服务是为了满足再加工或再销售需求，并不会退出流通的过程，在向下一个环节流动时，会有商业加价或增值，这类消费者往往是企业组织，属于商业伙伴的范畴。

《中华人民共和国消费者权益保护法》(以下简称《消费者权益保护法》)将"为生活消费需要购买、使用商品或者接受服务"的行为界定为消费者的消费行为。根据这一规定，所谓消费者，是指为满足生活需要而购买、使用商品或接受服务的，由国家专门法律确认其主体地位和保护其消费权益的个人。国际标准化组织(International Organization for Standardization, ISO)认为，消费者是以个人消费为目的而购买、使用商品和接受服务的个体社会成员。可见，这里的消费者均是指狭义的消费者。

二、企业消费者责任的内容

企业的消费者责任是指企业基于满足自身发展的需要，对消费者的责任诉求做出回应，在生产经营过程中对消费者承担的合理的、符合消费者消费预期的社会责任。

依据消费者统治理论，消费者在市场经济中对生产什么和生产多少等基本经济问题，最终起决定作用。消费者的消费决策往往依据自身的消费体验。消费者的诉求如果得到充分的回应，消费者会得到较好的消费体验，增加对企业的信任程度，企业就会得到消费者的支持；反之，当消费者的诉求得不到预期回应时，消费者在失望下会选择企业的竞争对手。所以，企业消费者责任的履行状况与消费者消费决策行为关系密切，会直接影响消费者的消费意愿，进而影响企业的生存和发展。具体而言，企业的消费者责任包括以下几个方面。

(一) 保证产品或服务质量

对于每一个消费者来说，在做出消费决策时，最关注的就是产品质量及自身安全，所以企业首要的消费者责任是做好产品或服务质量管理，通过建立产品服务质量管理体系，保证消费者购买的商品和服务是安全的，是符合质量相关标准的。如果商品存在瑕疵，企业应通过制定客户关系管理制度、完善售后服务体系、积极应对客户投诉等责任行为，妥善处理商品问题，满足消费者的合理诉求。

(二) 加大研发投入，支持产品及服务创新

企业通过科技创新、产品创新和服务创新，不仅提升了技术竞争力，也向消费者提供了更好的产品，更加多元化地满足消费者的个性化需求。

(三) 保护消费者的信息安全

《消费者权益保护法》规定，经营者及其工作人员对收集的消费者个人信息必须严格保密，经营者应当采取技术措施或其他必要措施，确保信息安全，防止消费者个人信息泄露、丢失。大数据时代，智能电子产品已成为生活和工作中最重要的工具，随着各种App

使用得越来越多，人们保护自己信息的难度越来越大。手机使用者在安装各种类型的App时，安装程序往往会要求获得某项授权，同意使用某项功能或允许访问某些资源。如果选择"拒绝"，App常常不能正常使用，甚至有些App不能安装。所以不论情愿与否，只要想用这个App，就必须点击"同意"。这样，每次使用App之后，就会在网络上留下痕迹，软件供应商可以在消费者"同意"的情况下，合法地使用泄露出的信息，公民个人信息也就可能成为社会公共资源。如果仅仅是这样，尚在消费者可接受的范围内，毕竟点击"同意"是一个愿打一个愿挨，但如果企业将消费者的信息恶意泄露，或由于工作失误导致消费者信息泄露，不仅侵犯消费者的隐私，也给消费者带来了安全隐患。

(四) 不得欺瞒、误导消费者或夸大宣传

《消费者权益保护法》规定，经营者向消费者提供有关商品或者服务的质量、性能、用途、有效期限等信息，应当真实、全面，不得做虚假或者引人误解的宣传。消费者就经营者提供的商品或者服务的质量和使用方法等问题提出询问时，经营者应当做出真实、明确的答复。经营者提供商品或者服务应当明码标价，绝对不可以误导、欺骗，或用自己无法兑现的承诺诱惑消费者。

小贴士3-1

央视"3·15"晚会

"3·15"晚会作为中央电视台的品牌节目，是由中央广播电视总台联合国家政府部门为维护消费者权益共同主办并现场直播的一台大型公益晚会。自1991年起，每年3月15日晚上通过中央电视台向全国直播，它唤醒了消费者的权益意识，成为规范市场秩序、传播国家法规政策的强大平台。专题调查、权威发布等都成为广大观众最期待的节目亮点。"3·15"晚会已成为一个符号，成为亿万消费者信赖的舆论阵地，成为国家有关部门规范市场秩序的重要力量，"3·15"也从一个简单的数字变成了维护消费者权益的代名词。

第四节　企业的员工责任

一、企业与员工的关系

20世纪初，管理者认为，企业与员工是雇用与被雇用的关系。基于这样的关系，企业对员工的责任就是按时、足额地发放薪酬；员工对企业的责任则是，在工作时间内，员工要满足企业提出的工作要求。这样的关系看起来很公平，但是在员工相对比较弱势，企业掌握更多主动权的情况下，这种关系的本质和内容逐渐地发生了变化。工业生产的方式，对工人在生产时的协作提出了更高的要求，为了便于协调，所以固定在集中的时间，大家

一起工作就成为必然的结果。此时，企业购买的标的就从"劳动"变成了"时间"，为了"物超所值"，于是工作时间被有形或无形地延长。再后来，为了提高自己所购买时间的性价比，企业要求获得工作时间内员工的一切支配权，劳动强度被加大，有时会出现牺牲员工健康甚至以员工的生命安全为代价的情况。此时，企业购买的标的就从"时间"变成了"人"，而员工获得的仍旧只是"劳动"的对价，这是典型的不等价交换。在这种不等价交换关系下，从19世纪到20世纪上半期，西方工业国家充满了劳资矛盾和冲突。

1894年，美国工业总产值超过英国，跃居世界首位。工业化带来了大繁荣和大发展，在物质财富倍增的同时，也衍生了大量的社会矛盾，官员结党营私，充当资本家的代言人，女工和童工的工作环境令人忧虑，贫富差距不断扩大，矿难事故不断发生，因而导致社会骚乱和阶级冲突频发。在当时的美国，每当发生罢工，资方往往通过组织私人军队、开除工会活跃分子、大量雇用替工者来消除罢工威胁；而劳工组织者也相应地采用非法甚至暴力手段来对付资方，劳资双方在冲突过程中都有各种政治势力及"黑社会"卷入。这种冲突愈演愈烈，甚至多次发生大规模的武装冲突。这样下去，社会的割裂和经济的衰退是必然的，在企业与员工的不等价交换关系中，不会有赢家。

今天，雇用与被雇用只是企业与员工建立关系的前提，而非全部内容，企业与员工之间更应当是一种合作的关系。员工创造价值，企业回报以薪酬；员工促进企业发展，企业提供发展平台和上升通道；员工倾注心血忠诚于企业，企业关爱员工视员工为家人。因此，企业与员工之间除经济交换，还应该有相互扶持的合作、情感的交流等。

二、企业员工责任的内容

具体而言，企业的员工责任包括以下几个方面。

(一) 支付合理的报酬

合理的报酬亦称有竞争力的薪酬，指的是员工薪酬水平应该不低于同地域内、同行业、同等劳动强度下相同岗位的平均收入水平。如果企业订单太多完成不了，可以加班，但加班必须是自愿的，不能强制加班，并且还要给加班费。

随着劳动法的修订及监管力度日益加大，强制加班、无偿加班的情况在企业逐渐减少，由于加班费比较可观，部分员工愿意通过加班来提高个人收入。《中华人民共和国劳动法(2018年修订)》(以下简称《劳动法》)规定，用人单位应保证劳动者每周至少休息一日，用人单位由于生产经营需要，经与工会和劳动者协商后可以延长工作时间，一般每日不得超过一小时；因特殊原因需要延长工作时间的，在保障劳动者身体健康的条件下延长工作时间每日不得超过三小时，但是每月不得超过三十六小时。延长工作时间，用人单位应当按照下列标准支付高于劳动者正常工作时间工资的工资报酬：安排劳动者延长工作时间的，支付不低于工资的百分之一百五十的工资报酬；休息日安排劳动者工作又不能安排补休的，支付不低于工资的百分之二百的工资报酬；法定休假日安排劳动者工作的，支付不低于工资的百分之三百的工资报酬。

(二) 提供法定的保障性待遇和福利

人们较为熟悉的保障性待遇是"五险一金","五险"是指养老保险、医疗保险、失业保险、工伤保险和生育保险五项社会保险,"一金"指的是住房公积金。其中,养老保险、医疗保险和失业保险的保费由企业和个人共同缴纳;工伤保险和生育保险则完全由企业承担的。"五险"由《劳动法》《中华人民共和国社会保险法》等法律所规定,而"一金"由《住房公积金管理条例》规定。

《劳动法》第四十五条规定,国家实行带薪年休假制度。劳动者连续工作一年以上的,享受带薪年休假。《劳动法》明确了企业员工有权享受带薪年休假。具体办法在国务院《职工带薪年休假条例》(国务院令第514号)中有明确规定:职工累计工作已满1年不满10年的,年休假5天;已满10年不满20年的,年休假10天;已满20年的,年休假15天。国家法定休假日、休息日不计入年休假的假期。"五险一金""带薪休假"都属于法定的保障性待遇,带有强制性特征。

除法定的保障性待遇,企业还会向员工提供员工福利。员工福利是非强制性的,依据企业的实际情况而定,比如企业是否建立困难员工帮扶制度,是否在传统节假日发放物质福利,是否提供餐饮,员工的通勤、通信补助等福利都属于非强制福利的范畴。

(三) 尊重员工的基本权利

(1) 尊重员工的健康权。企业必须制定有效的安全生产制度、职业病防治制度,给员工提供安全的工作环境、必要的劳动保护用品、及时的安全生产培训,关注员工的健康状况。这里的员工健康不仅仅是身体健康,还应该包括员工的心理健康。

(2) 尊重员工的发展权。企业应该为员工提供培训的机会,通过制度保障员工可以获得公平的职业发展通道。

(3) 尊重员工平等就业权。保证员工不会由于性别、民族、宗教、肤色、身体健康状况等原因而受歧视。

(4) 尊重员工参加工会并组织活动的权利,赋予并尊重员工的知情权、建议权等。

第五节 企业的社区责任、政府责任与环境责任

一、企业的社区责任

(一) 社区的概念

社区是若干社会群体或社会组织聚集在某一个领域里所形成的一个生活上相互关联的大集体。依据上述定义,社区从地域范围来看可以有两种解释。第一种解释是主体生活、

工作所在地，有非常明确的地域界限，比如所在的城市、所在的县等，其最小单元就是生活中所说的居民社区。第二种解释没有明确的地域界线，企业业务或产品有可能涉及的范围都属于该企业的社区，类似于"社会"的概念。企业在生产活动中，不可避免地会对社区产生一些影响。比如，企业的运输需求是否加剧了社区的交通压力，企业在生产过程中是否对社区造成了大气、水资源等的污染，企业的入驻是否拉动了当地经济的发展，企业是否提高了当地的就业水平等，这些都属于企业运营对社区的影响。减少或消除负面的影响，形成积极的影响，是企业履行社区责任的一种表现。

(二) 企业社区责任的内容

企业的社区责任主要包括以下几个方面：①企业志愿者活动；②企业的慈善捐赠；③支持社区成员(尤其是弱势群体)的教育和学习；④企业运营对社区的影响；⑤员工的本地化。现在很多企业提出了"社区共建"的理念，即企业利用自身资源，发挥专业优势，参与社区的建设，为所在区域提供相关服务、便民措施或设施。比如，北京同仁堂在门店所在社区组织健康讲座、中医药知识普及和义诊等活动，这属于社区责任中的志愿者活动。有些企业通过捐资捐物、增加便民利民设施、修路铺桥等改善社区居住、交通条件；有些企业逢年过节出资邀请文化团体为社区居民表演节目，或资助社区的文化活动，丰富社区文化生活；还有的企业经常出资捐物慰问社区五保户、贫困老人等，这些企业的行为属于社区责任中的慈善捐赠。

企业的社区责任大多属于企业的自愿行为，或是为回报社会，或是企业家为追求自身价值的实现，抑或是作为企业营销的手段，不论目的是什么，客观上企业社区责任的履行都对责任的客体起到了积极的作用。

德国哲学家康德说过：这世上唯有两件东西能使我们的心灵受到深深地震撼，一是我们头顶浩瀚的星空，二是人们心中崇高的道德法则。道德的伟大在于它是种族、民族之上的人类行为的准则，是内心私欲的约束，企业的社区责任就是一种道德的结果。

二、企业的政府责任

政府是市场中最强有力的影响者，政府的影响力不仅体现在可以通过法律、法规、政策、行政命令等影响甚至改变市场的运行，还体现在为市场的平稳运行提供了各种保障和服务。企业享受了这些来自政府的公共产品和服务，就要对政府承担相应的义务，这些义务的总和即企业的政府责任。

企业的政府责任主要包括以下内容。

(一) 守法合规经营

守法合规意味着企业在生产经营过程中，要按照《中华人民共和国民法典》《中华人民共和国公司法》《中华人民共和国劳动法》《中华人民共和国税收征收管理法》《中华人民共和国会计法》《中华人民共和国环境保护法》《中华人民共和国反不正当竞争法》

等法律文件的要求，及时办理合法经营手续，申办营业执照，进行税务登记，照章纳税等，这样才能合法存续。

守法合规经营是企业的一项最基本的政府责任，也是社会对企业的一个底线要求，是企业合法存续的前提条件。任何一个企业，都应该无差别地遵守国家的法律，无差别地执行法院的生效判决或裁定，才能共同维护好法律的严肃性和权威性。

(二) 促进社会就业

企业发展需要稳定的社会环境，因此，企业应该积极吸纳就业人员，建立稳定的就业岗位制度，提高社会整体就业水平。在企业情况允许时，还应当向社会提供实习岗位，以提高在校生就业能力。另外，企业不得拒绝特殊人群就业，如有可能，应当向特殊人群提供一定数量的固定岗位。

(三) 响应政府政策

由于经济战略要求、产业结构调整、生态环境保护或修复等原因，政府会出台一些政策。响应政府政策指的是企业在生产经营过程中，应积极、主动地响应政府的号召，配合这些政策的实施。响应政府政策与发展市场经济并不矛盾，这些政策往往代表了市场资源更优配置的要求，是经济运行的发展趋势，企业响应这些政策，从短期来看，有时收益会减少，投入会增加，但从长期来看，会增强企业的核心竞争力。

三、企业的环境责任

(一) 人类与环境的关系

人类社会的存在和发展离不开其所依赖的生态环境。环境对人类有巨大的限制作用，同时人类活动也在随时改变环境。

1. 古代人类与环境

按照历史进程来看，随着智人的迁徙，大量的动物开始灭绝，地球上大约200个属的大型兽类最终只有100个属左右生存下来。澳大利亚的大型有袋哺乳动物曾经有24种，智人来了以后，其中的23种灭绝了，只有袋鼠幸免于难。智人来到美洲，在2000年的时间内，北美47个属的动物只有13个得以存续。即便是对于同类，智人也毫不手软，在智人扩张的过程中，智人外的其他所有人种几乎全部灭绝。

2. 农业文明与环境

随着农业技术的出现，人类开始集中于各类水源的周边定居下来，江河的泛滥，各种无机物、有机物的堆积，为农业的大发展提供了必要的环境和条件，人类也随之进入农业文明。农业文明的成熟打破了自然食物对人的限制，种群规模越来越大，对自然的影响也越来越大。几千年的开荒、耕种，使原本被森林所覆盖的土地开始变得贫瘠，地表裸露了出来，土地承载力大大下降，生存环境变得恶劣起来。

3. 工业文明与环境

进入工业社会之后，人类加快了对自然环境的改造，这个改造的过程使得人类的生活越发舒适，与此相反，环境却愈加恶劣。在工业社会以前，鸟类平均每300年灭绝一种，兽类平均每8000年灭绝一种。但是进入工业社会以来，地球物种灭绝的速度已经超过自然灭绝率的1000倍。全世界1/8的植物、1/4的哺乳动物、1/9的鸟类、1/5的爬行动物、1/4的两栖动物，以及1/3的鱼类，都濒临灭绝。除了生物的灭绝，人口爆炸、水资源破坏、大气污染、垃圾围城等问题也开始威胁人类的生存。

案例3-2

结束无期的日本福岛核事故

2011年3月11日，日本东北部海域发生了9.0级地震，震源深度约20千米，地震以及引发的海啸对整个日本东北部造成了重创，约20 000人死亡或失踪，成千上万的人流离失所，并对日本东北部沿海地区的基础设施和工业造成了巨大的破坏。更为严重的是，巨大海啸袭击福岛第一核电站，导致电源中断，冷却系统瘫痪，三个核反应堆相继发生堆芯熔毁，大量放射性物质泄漏。为冷却反应堆，日本持续向原子炉内注入海水，这些海水与流入反应堆设施的雨水、地下水一同成为核污染水。事故后，日本政府官员宣布，东京与附近其他5个县府境内的18所净水厂监测到碘-131超过婴孩安全限度，在320千米范围内，包括菠菜、茶叶、牛奶、鱼、虾、牛肉在内，很多食物中都侦测到放射性污染。一些辐射较严重地区的居民因为没有及时收到疏散通知，身体健康受到了严重的影响，患甲状腺癌症的人数明显增加。

日本"3·11"大地震已经过去了整整12年，12年来，联合国相关机构一直在密切关注福岛核事故的影响及日本政府的处理方式。然而，多年来，日本多次在处理核污染水问题上发生丑闻，"黑历史"斑斑，甚至不顾国际社会强烈反对，于2023年8月24日启动福岛第一核电站核污染水排海，将12年来积累的134万吨核污染水排入海洋，预计排放30年。而核电站的清理和报废拆除工作预计持续40年，将产生超过80.5万立方米的放射性废弃物。这场核灾难依旧没有结束……

资料来源：柴雅欣，李云舒.日本启动福岛核污染水排海：一倒了之，祸害全球[N].中国纪检监察报，2023-08-25。

(二) 企业的环境责任

企业的一举一动都会对环境产生影响，有影响就有责任。企业作为经济组织，其从事的一切活动不可避免地受到环境的影响和制约，同时企业的经营活动也深刻地影响了周围的环境。

企业环境责任一直都是企业社会责任的重要内容，但随着环境问题日益深化，逐渐从企业社会责任中独立出来。20世纪90年代伊始，企业环境承诺、有效社会责任(ECSR)、企业环境主义、企业环境公民、企业绿色化与绿色管理等概念纷纷出现，反映了学术界对企业环境责任及企业环境行为的高度关注。

企业环境责任是指在认识到企业对环境的伦理性责任的前提下，企业采取开发环境友好型产品、改善生产流程的环境影响、提高资源可持续利用效率，以及慈善捐赠等形式对企业的环境影响进行管理，并取得生态环境改善、资源效率提高与污染减排等环境绩效的管理行动和过程。企业的环境责任通常包括对自然的环境责任、对市场的环境责任和对公众的环境责任。

1. 企业对自然的环境责任

企业对自然的环境责任是指企业为了实现可持续发展而对自然环境承担的社会责任。企业对待环境不应当仅持有索取的态度，一味地消耗自然资源。企业应该在取得自身的发展之后，给予环境一定的回报，通过特定的方式，将一部分资源返还给环境。

2. 企业对市场的环境责任

企业对市场的环境责任是指企业为了实现可持续发展而对产品市场承担的社会责任。企业向市场提供的产品除了应该具有特定的功能性价值，还应该具有一定的环境价值。企业在生产经营活动中，要尽可能地采取绿色的生产方式，努力实现清洁生产、循环经济，不断降低生产过程对环境造成的负面影响。企业应当创新产品设计和产品回收体系，推动产品生产过程生态化、产业发展可持续化，为产品市场提供绿色产品。

3. 企业对公众的环境责任

企业对公众的环境责任是指企业为了实现可持续发展而对社会公众承担的社会责任。在我们国家，企业践行环境责任是为了全社会人民的生态福祉。企业在生产经营活动中，不仅要通过污染治理、碳交易、生态补偿等多种措施促进当代人之间的机会均等和公平正义，还需要减少耗竭资源和不可再生资源的使用，维护当代人与后代人的代际公平，不能为了满足当代人眼前的利益而损害后代人的利益。

总之，企业应通过承担相应的环境责任，降低污染的水平，提高资源和能源的利用率，最终实现绿色生产，达到人类经济活动与自然的和谐共存。

课程思政

中华传统文化中的"责任"

中华历史源远流长，中华文化博大精深。灿若星河的中华历史典籍中有很多有关"责任"的记载，其中最早的要数《新唐书·王珪薛收等传赞》中描写的"现太宗之责任也，谋斯从，言斯听，才斯奋，洞然不疑"[1]。

一般情况下，责任的内涵是多层次的。首先，责任是一种道德约束，是对大多数社会成员发挥规范性作用的感性认知。其次，责任指分内应做的事，通常叫尽责，也就是承担

---

[1] [宋]欧阳修，宋祁，等. 新唐书[M]. 北京：中华书局，1975：3906.

应承担的任务，履行应当履行的使命，做好应当做好的工作，除了上述《新唐书》中记载的句子，还有宋代司马光在《谏西征疏》中所描写的"所愧者圣恩深厚，责任至重"。再次，责任指负责，即对相应的人和事负有相应的义务和必须履行的职责，如《元史·武宗纪一》的"是以责任股肱耳目大臣，思所以尽瘁赞襄嘉犹，朝夕入告，朕命惟允，庶事克谐"①和清代毕沅《续资治通鉴·宋英宗治平三年》的"陛下能责任将帅，令疆场无事，即天下幸甚"②。最后，责任还包括因未尽责而承担的不利后果或强制性义务。

复习思考题

1. 什么是利益相关者？
2. 企业的利益相关者有哪些？
3. 不同利益相关者对企业的影响有什么不同？
4. 企业的社会责任主要包括哪些内容？
5. 案例分析：阅读以下案例材料，并回答问题。

扫码答题

禁酒"修身"：京博集团的员工健康管理

山东京博控股集团有限公司（以下简称京博集团）是一个多元化工业集团，其业务聚焦高性能材料、高端化学品，以及与之配套发展的特殊高端装备和核心工业服务业。2022年，京博集团实现全球销售收入763亿元，位居中国企业500强第326位、中国石油和化工企业500强第31位。成绩的取得与京博集团"慈对员工"的员工健康管理密不可分。

一是全员禁酒。2015年1月31日，京博集团颁布《禁酒令》：上至公司高层，下至普通员工，全体员工在周一到周五严禁饮酒，并且设立相应的惩罚机制——违者罚款、通报批评，严重者予以开除。渐渐地，员工开始养成好习惯，《禁酒令》也进行了多次修订，从最初的禁止饮用白酒发展到现在最新版本的《禁酒令》：①常白班员工禁止节假日（含双休日）及前一天晚上之外的任何时间饮酒；②倒班员工在接班前12小时内禁止饮酒；③严禁酒后滋事闹事，损害公司形象；④员工本人结婚、子女结婚及双方父母生日，本人可适量饮酒；⑤严禁酒后上岗、驾驶机动车；⑥违反前3条规定者，降级12个月，有职务者撤职或改过修行，违反第⑤条规定者，开除；⑦公司鼓励对违反以上规定者进行实事求是、证据翔实地举报和投诉。《禁酒令》愈加人性化。

二是管控体重助"修身"。集团禁酒成效显著。2016年，京博集团又推出员工体重管理制度，并引入BMI指数这一考核标准。第一年，首先从中高层管理人员开始考核BMI指数，集团对年度周期内达到规定BMI指标的员工给予现金奖励1万元，激励员工培养健康的生活习惯；不达标者则需要缴纳健康保证金。集团承诺，若员工积极锻炼身体，年终达到标准，则返还保证金；如果不达标，保证金就用作集团内部运动基金，组织员工体育活动。2019年，体重管理考核扩展到集团全体员工，对于检测不达标的员工，集团进行分类

---

① [明]宋濂，等. 元史[M]. 北京：中华书局，1973：493.
② [清]毕沅. 续资治通鉴[M]. 北京：中华书局，1957：1574.

管理并给予孕妇、哺乳期妈妈、身体状况不佳等特殊人群免考核福利；同时，对员工体重的管控采取"连坐机制"，要求领导发挥监督职责，若有员工体重不达标，其主管领导要接受相应的处罚。随着制度的完善，BMI指数的测量也由公司主导优化为员工自主、诚信测量，公司定时抽查。在各项规则的管理下，员工的体检合格率达到91%以上，身体的各项超标指标明显下降，过度肥胖、高血压、高血脂等亚健康状态明显改善。

三是健康管理全方位升级。2017年，京博集团把医务室转设为健康管理科，隶属于总务部，其职能是医护协助及负责职业健康卫生。2018年，京博医院建成，健康管理科便专门负责集团员工的大健康管理，主要职能包括体重管理、职业病体检、健康查体、慢性病管理、高层健康管理、福利体检、配置营养餐、制定健康制度等。2020年，健康管理科升级为健康管理部，负责全员全面健康管理，构建集"健康饮食""运动健身""健康指导"于一体的全周期身心健康管理体系。"健康饮食"指自有农业公司出品绿色、有机、原生态食材，自产"润升水"，让员工饮食健康；"运动健身"指集团多措并举，搭建丰富的员工健康运动平台，开展系列健身活动；"健康指导"则指健康管理部与研发中心合作，及时发现员工的营养缺失问题，并根据健康报告等提供指导意见、改善措施等。作为健康管理体系的重要支撑，集团建立健康管理线上平台，建立员工电子档案，对员工进行分人群健康管理，实现健康评估、健康监测、体检预约、健康知识学习、在线专家咨询等功能；上线"今日健康小程序"，记录和检测每日饮食及运动情况，为员工自主健康管理搭建平台与渠道。发展至今，从医务室发展而来的京博健康管理部已逐步搭建起完善的健康管理体系，先后发布员工工作环境七项改善标准、员工生活环境八项提升规定、员工成长九种环境、员工健康奖惩制度、禁酒令、禁烟令及员工爱心互助金管理制度等，及时洞悉并改善员工生活、工作、成长三大环境问题，为员工健康保驾护航。另外，京博集团尤其关注员工心理健康，调动集团内部3 000余人参与EAP员工关爱计划调研，建立心理咨询服务室，设有心理宣泄、心理评测、心理咨询等功能区域，并且开通心翼云智慧平台，提供树洞、职场工具箱等多个心理关爱服务，多途径促进员工心理健康。更令人敬佩的是，京博集团的健康管理甚至覆盖员工的家人，集团通过与医院沟通，为员工的父母提供健康保障；健康管理部也配备专门人员为京博幼儿园的员工子女配置营养餐，把对员工的关注、关爱扩展到员工生活的方方面面。

如今，京博集团的员工健康自觉行为明显改善。与2015年相比，指数合格率已提升14.1%，医疗费用支出降低42.8%。2020年，京博集团成为唯一一家被卫健委组织授予"中国健康企业示范单位"称号的民营企业。多年来，京博集团一直致力于为员工打造健康的衣食住行环境，管理员工健康仅是起点，京博集团"为员工谋幸福"的任务仍在继续。

资料来源：根据中国管理案例共享中心案例库同名案例改编而成。

案例分析问题：
(1) 企业是否应该对员工的健康负责？
(2) 管理员工的身心健康对组织有何作用？
(3) 企业应该如何进行员工健康管理？

第四章
企业社会责任的发展

导言

企业社会责任的形成和发展经历了较长的历程，是社会经济发展的历史产物。随着经济和社会的进步，企业不仅要对盈利负责，而且要对利益相关者负责。企业社会责任在各国的发展历程不同，呈现出不同的特点。在中国，党的十八大提出"生态文明"，为企业社会责任赋予了新的内涵，政府、社会、社区、环境、顾客、股东等多方面利益相关者，对企业提出了新的要求和期望。

学习目标

理解：企业社会责任在世界各国的发展及特点，特别是企业社会责任在中国的发展历程。

掌握：企业承担社会责任的驱动因素及重要意义。

应用：针对新时代的特点和要求，在大数据和人工智能背景下，基于数字经济和平台经济，企业如何才能履行好社会责任。

第一节 企业社会责任在美国、欧洲和日本的发展

一、企业社会责任在美国的发展

美国企业社会责任理论及其实践都是世界上发展最早的，形成了丰富的理论体系。"企业社会责任"一词起源于美国。1923年，英国学者欧利文·谢尔顿在美国进行企业管理考察时提出了"企业社会责任"这一概念，在其《管理的哲学》一书中，谢尔顿把企业社会责任与公司经营者满足产业内外各种人类需要的责任联系起来，并认为企业社会责任包含道德因素。此后，经济大萧条及第二次世界大战冲淡了人们对此的关注。直至20世纪50年代，美国学者霍华德·R.鲍恩(Howard R. Bowen)基于商人社会责任的定义开始了对企业社会责任概念的广泛讨论。

(一) 企业社会责任在美国的发展历程

1. 20世纪初至60年代

20世纪初,一些大公司恶劣的行径引起了美国政府和社会的不满,公司意识到要通过捐助或承担社会项目来回报社会和公众。这一时期,企业社会责任主要表现为企业家个人的慈善行为,慈善的对象是社会的弱势群体。

2. 20世纪60—90年代

随着社会对企业社会责任关注度的不断提高,企业社会责任的概念和实践开始被更广泛地讨论和扩展。这个阶段出现了许多关于企业社会责任的学术研究及大量的实践项目,例如社区投资、环保活动等。同时,消费者开始更加关注企业的社会责任表现,并采取抵制购买等行动来对那些不履行社会责任的企业施加压力。

3. 20世纪90年代至今

随着全球化和信息化的发展,企业社会责任的概念和实践进一步深入。企业开始将社会责任融入其核心业务中,而学术界则开始探讨企业社会责任的理论基础和最佳实践。同时,利益相关者理论、社会行动理论等也逐步融入企业社会责任的理论体系中,形成了相互融合和互补的理论体系。20世纪90年代初期,美国劳工及人权组织针对成衣业和制鞋业发动"反血汗工厂运动"。因利用"血汗工厂"制度生产产品的美国服装制造商Levi-Strauss被新闻媒体曝光后,为挽救其公众形象,制定了第一份公司生产守则。在劳工和人权组织等非政府组织(NGO)和消费者的压力下,许多知名品牌公司也相继建立了自己的生产守则,后演变为"企业生产守则运动"。

21世纪以来,随着社会环境和经济形势的变化,企业社会责任的创新和多元化发展成为趋势。企业开始探索可持续发展的道路,并将企业社会责任与可持续发展目标相结合。同时,各种新的社会责任实践形式不断涌现,例如共享价值、公益创业等。此外,企业社会责任的表现形式也变得多元化,包括公益捐赠、员工福利、环境保护等各个方面。

(二) 美国企业社会责任的特点

1. 社会责任实践呈现明显的市场性

美国企业社会责任的讨论集中在资金回报方面。尽管"经营是企业的天职"的观念在美国仍然很普遍,但是为了创造企业价值,企业越来越深刻地认识到,除了股东利益,相关者的利益和需求也非常重要。

2. 建立了完善的企业社会责任法律体系

美国是在企业社会责任方面立法较早的国家,目前已经形成了由企业法律体系、保护利益相关者利益的法律体系、社会法律体系等构成的企业社会责任相关法律体系。除此之外,美国还有非常著名的SA8000标准。这一标准是由美国的社会责任国际机构提出的,从多个方面保障劳工的利益,目前在世界范围内得到了很多跨国公司的承认,是美国非立法机构为企业社会责任做出的重大贡献。

3. 重视社会责任教育

美国政府和学校都非常重视大学生的社会服务工作,不惜斥巨资支持。一些学校甚至把从事社区服务作为学生的一门"必修课",一些企业也将其作为招聘员工的一个重要标准。美国对青年学生的社会责任教育没有局限在学校的校园里,而是全社会共同参与,积极利用大众传媒的力量和社会公共环境,对学生进行无孔不入的教育渗透。

4. 发展轨迹不断延伸

美国企业社会责任的发展轨迹不断延伸,覆盖范围不断扩大。从利益相关者视角,企业要承担顾客、社区、环境责任;从供应链视角,企业要监督、约束供应链企业履责;从社会视角,上市公司年报信息要真实,要发布企业社会责任报告,等等。另外,参与主体也由企业、政府发展到包含社会力量、媒体和非政府组织在内的机构或组织。

二、企业社会责任在欧洲的发展

欧洲作为资本主义诞生地,工业化大生产推动了其经济的发展,企业社会责任实践在20世纪中期开始得到较快发展,特别是英国、德国等国家在推进企业履行社会责任方面取得了显著成效。

(一) 企业社会责任在欧洲的发展历程

1. 20世纪50—60年代

这一时期,企业社会责任的概念开始得到更广泛的认可。欧洲企业开始关注社会和环境问题,并将其融入经营活动中。企业开始推出社会项目和慈善活动,从社区中招聘员工,帮助发展当地经济和扩大就业机会,并开始关注环境问题,采取措施减少对环境的损害,推动可持续发展。

2. 20世纪70—90年代

20世纪80年代,欧洲多国爆发经济危机,原有的福利制度受到了挑战,失业、贫困、社会阶层分化等现象凸显。企业社会责任更为系统化和专业化,许多欧洲公司成立了专门的社会责任部门或设立独立的基金会,来管理公司的社会和环境事务。企业开始关注各种利益相关者,例如员工、消费者、社区等。这一时期,欧洲企业对社会责任的认识和实践逐渐成熟与普及化。

3. 20世纪90年代至今

20世纪90年代以来,欧洲各国开始推出一系列企业社会责任的监管制度和规范。英国、法国等国家要求企业编制社会和环境报告，披露其可持续发展和社会责任的表现。此外，欧盟也在推动企业社会责任的发展，并通过政策和指导文件鼓励企业履行社会责任。2001年，欧盟委员会发表了《欧洲关于企业社会责任的基本条件》绿皮书。绿皮书将企业社会责任定义为"从主动性出发，把社会问题和环境问题纳入企业活动中及利益相关者关系中的一种构想"。经过多年实践，欧盟国家的企业在落实社会责任方面积累了相对丰富的经验，已经从战略高度重视社会责任问题。目前，欧洲已有越来越多的企业把可持续发展战略与自身商业战略结合到一起，并将相关数据纳入报告中。2019年12月11日，欧盟委员会发布了增长战略文件《欧洲绿色新政》（European Great Deal），提出要通过向清洁能源和循环经济转型，使欧洲到2050年成为全球首个碳中和大陆的目标，并提出了落实目标的政策路线图。

(二) 欧洲企业社会责任的特点

1. 政府普遍高度重视推进企业社会责任工作

欧洲各国从战略高度重视推动企业社会责任工作。英国专门任命负责企业社会责任的内阁部长，德国将经济与合作发展部作为推进企业开展社会责任实践的主要部门，瑞典把企业社会责任作为国家发展战略。

2. 非政府组织发挥了重要作用

国际化组织、工会联盟、非雇主联盟等非政府组织在推动和宣传欧洲企业社会责任工作方面发挥了重要作用，特别是工会组织在保护工人利益方面成效显著。

3. 特别关注消费者责任和责任投资

1990年以来，公平贸易运动、洁净成衣运动在欧洲广泛开展。投资者越来越关注企业的履责行为，发起了社会责任投资，利用赤道原则评价企业社会责任绩效，进而确定是否进行投资。这就要求企业要特别关注责任消费和责任投资。

小贴士4-1

赤道原则

赤道原则是由世界主要金融机构根据国际金融公司和世界银行的政策与指南建立的，旨在判断、评估和管理项目融资的环境与社会风险，是一个金融行业基准。这项准则要求金融机构在向一个项目投资时，要对该项目可能对环境和社会产生的影响进行综合评估，并且利用金融杠杆促进该项目在环境保护及社会和谐发展方面发挥积极作用。

2003年6月4日，包括荷兰银行、巴克莱银行、花旗银行在内的7个国家的10家国际领先银行在华盛顿的国际金融公司总部正式宣布采纳并实行赤道原则。我国的兴业银行也参与其中，并于2009年12月公布首笔适用赤道原则后实施的项目贷款。

资料来源：何丹.赤道原则的演进、影响及中国因应[J].理论月刊，2020(03)：71-72。

案例4-1

联合利华积极履行社会责任

联合利华(Unilever)是一家总部位于英国和荷兰的全球性消费品公司,致力于在品牌建设和产品制造的同时积极履行社会责任。以下是联合利华社会责任履行情况的详细描述。

首先,联合利华致力于可持续发展。他们制定了一系列可持续发展战略和计划,目标是在经济、环境和社会可持续性方面取得进展。例如,联合利华设定了"5个卓越者"计划,旨在通过与消费者合作,推广健康生活方式、改善饮食质量和环境可持续性。他们还设立了一项名为"资本与战略互补"(Connected 4 Growth)的计划,以增加可持续发展的商业价值,并在降低碳排放、管理水资源等方面进行了一系列创新。

其次,联合利华积极推动社会平等和多样性。他们致力于确保所有人都受到平等对待,不论是在就业机会、培训方面,还是在晋升方面。2020年3月,联合利华已实现全球管理层的性别平衡,比原计划提前了一年。他们还支持LGBTQ+群体,通过组织培训活动,促进包容与多样性。

此外,联合利华致力于改善供应链可持续性。他们在全球范围内与供应商合作,确保其供应链符合道德、环境和社会可持续性标准。他们积极消除与人权侵犯和环境破坏有关的供应链问题,并与相关利益相关者密切合作,提高供应链的可见性和透明度。

资料来源:根据联合利华官方网站资料整理所得。

三、企业社会责任在日本的发展

日本作为亚洲的经济发达国家,在企业社会责任理论研究和实践方面有比较丰富的经验。遵纪守法是日本企业履行社会责任的核心。日本企业也针对社会责任进行了许多实践活动,企业家们把日本传统的"忠"与"和"的精神融入自己的经营哲学,形成了产业报国、以社会责任为己任、和睦相处、上下一致等思想。

(一)企业社会责任在日本的发展历程

1. 17世纪至20世纪40年代

日本早期的"和气生财"经营之道,强调通过友好、诚实、互相尊重的人际关系来促进商业繁荣。"和气生财"被认为是一种传统的商业价值观,注重人际关系、忠诚和信任、服务质量、合作及社会责任。17世纪的江户时代,日本企业把近江商人的"三方有利"商训(对卖家有利、对买家有利、对社会有利)奉为重要经营理念,强调顾客、自己和合作伙伴三方的利益平衡,致力于实现共赢。这些都体现了日本的经商理念,也是早期日本企业家的社会责任观念。

2. 20世纪50—60年代

第二次世界大战对日本社会和经济发展带来了巨大影响。经济萧条等待复苏、环境污染事件等引起日本社会反思,企业社会责任思想在日本快速传播,政府采取各种措施推动企业承担社会责任,制定了产品质量标准、和谐劳资关系、环境保护、长期雇用等制度,要求企业注重生产高质量、安全可靠的产品,致力于产品的持续改进和符合各项安全标准,以满足客户需求并保护消费者权益;维持和谐的劳资关系,倡导与员工之间的互信和合作;致力于环境保护,通过减少环境污染、提高资源利用效率和推广可再生能源等方式来减轻对环境的影响。

3. 20世纪70—80年代

随着日本经济逐渐复苏走向繁荣,特别是海外经济不断发展,新的企业社会责任问题不断出现。日本自20世纪70年代开始借鉴西方国家的经验和做法,系统研究和推进企业履行社会责任,制定评价指标体系,开展企业社会责任评价。企业以质量和安全为中心,引入了品管圈(QCC)和全面质量管理(TQM)等质量管理体系,以确保产品符合高标准。

4. 20世纪90年代至今

20世纪90年代以后,日本企业社会责任工作逐步成熟。企业经营者开始意识到社会责任对企业发展有着重要影响,不承担社会责任必然带来经济损失,这种逻辑也成为企业经营者履行社会责任的有效动力。日本经济团体联合会、经济同友会、标准化协会、CSR普及协会等组织纷纷成立委员会,专门指导和评价企业履行社会责任的情况,企业履行社会责任的活动进入规范操作的阶段。企业设立社会责任组织,通过ISO14001、SA8000等认证,有计划地开展各项务实活动,以履行企业社会责任。2004年,日本媒体发布了企业社会责任排行榜,引起企业关注。

(二) 日本企业社会责任的特点

1. 独具日本特色的企业社会责任发展史

在日本,企业社会责任观念发展得很慢。从明治天皇时代开始,企业运行的核心任务是使国家具有统治权。大公司为工人们建造房屋、道路及公共设施,日本公司对其雇员的生活社区承担了全部责任,但是并没有形成一个广泛的关于社会责任的经营理念。

1956年,日本产业界的经济同友会通过"经营者对社会责任的觉悟及实践"的决议,首次提出了企业的社会责任的观念,并把"经营企业的社会责任"作为经营者的"新理念"。松下幸之助在1932年松下公司创业纪念日上致辞:"我领悟了,实业人的使命,就是克服贫困,使社会富裕起来。生产的目的是丰富大众日常生活的必需品,改善及扩大其生活内容。我松下电器制作以完成此使命为最终目的。"

2. 提倡"以人为本"的企业社会责任实践活动

从社会责任实践看,日本企业关注员工利益,提倡"以人为本"。日本企业大多注重社会责任,着力把企业变成员工的大家庭,不会轻易辞退员工。企业维护职工个人的利益并努力满足员工的需要,只要是员工合理的要求,都会在能力范围之内予以满足,同时企业在实现其目标,即实现企业利润最大化的同时,也将对员工的责任作为企业的根本目标加以追求。企业尊重员工对自身价值的占有,反对异化劳动,实现员工的全面发展,关注员工成长,提倡"以人为本"的经营理念。

在日本企业家看来,"以人为本"就是一种互相交心的管理方法,使员工正确认识其在组织中应完成的任务和担负的责任,使员工感到满意,体会到生活的意义,这样员工都能为自己向往的生活而奋斗。

3. 体现独特伦理观的企业社会责任理论

日本是一个单民族的社会,单一民族导致单一文化的形成,使社会成员在心理特征、感情表达、情绪好恶及行为特点等方面表现出惊人的相似。日本社会中存在一种强调团队合作、共同利益和社会和谐的共同价值观,这种价值观对企业在承担社会责任方面起到重要推动作用。日本的伦理文化在其潜意识中有两种显著倾向:重"和"与重"恩"。其中,重"和"思想强调团结、协作、尊重和维持社会秩序,非常重视和谐、有共同利益的社会秩序的价值观和行为准则。对于社会责任来说,重"和"理念倡导企业致力于社会的和谐发展,承担起自己的责任。重"恩"思想强调对他人的感激之情和回报之义,在社会责任方面,鼓励企业积极参与各种慈善事业、社会公益项目,感恩社会、回馈社会。

第二节 企业社会责任在中国的发展

中国的企业社会责任观根植于中华传统文化。改革开放以来,随着中国经济的高质量发展和国际贸易的不断深入,在政府、行业协会、媒体、研究机构等组织的不断推动下,企业社会责任经历了从概念产生到重视发展,从发展共识到逐步发展成熟,从本土化向国际化的转变。

一、企业社会责任在中国的发展历程

(一) 企业社会责任萌芽阶段

新中国成立后到改革开放前,中国实行计划经济体制,企业社会责任主要由政府控制和规范,企业的主要职责是为国家服务、促进国民经济发展和社会主义建设。由于实行高度集中的计划经济及国有企业一枝独秀,而国有企业作为政府的附属机构承担着各级政府指派的各种社会责任,因此该阶段的企业社会责任比较特殊。

(二) 企业社会责任概念产生阶段

这一阶段的起点为改革开放后的1984年，其重要标志是党的十二届三中全会形成《中共中央关于经济体制改革的决定》。只有企业成为独立的法人组织，才谈得上现代意义的企业社会责任。

企业社会责任运动于20世纪90年代中期开始进入中国，并逐渐由沿海渗透到内地。在国际零售商、品牌商推动下，中国企业逐步重视社会责任问题，建立了在国际采购中实施社会责任方面的准则、标准或体系，开始接受跨国公司实施的社会责任方面的工厂审核。国外机构的社会责任审核在很大程度上启蒙了中国民营企业的社会责任意识，生产工人的健康与安全保护意识得到了明显的提升，促进了民营企业社会责任的发展。

在这一阶段，企业的法人地位和法律环境处于形成过程之中，企业主要履行以法律责任为基础的经济责任。同时，部分企业开始承担扶贫和捐赠的社会责任，其标志包括1989年启动的希望工程，以及1994年成立的中国光彩事业促进会和中国慈善总会。希望工程、光彩事业和慈善活动可以说是中国社会责任运动的先行者，企业则是其中的主要参与者。

(三) 以工人和消费者为中心的社会责任理念发展阶段

从2002年党的十六大开始，国家提出一系列关于坚持以人为本，树立全面、协调、可持续的科学发展观，促进经济、社会和人的全面发展，建设社会主义和谐社会的科学论断。从本质上讲，企业履行社会责任，既是企业落实科学发展观的具体行动，也是企业参与和谐社会建设的重要途径。由此，企业社会责任也找到了本土化的依据。

这一阶段，中国学术界就企业社会责任问题进行了广泛讨论，主要讨论课题包括有无企业社会责任问题、企业社会责任的内涵、企业社会责任与企业绩效、企业社会责任标准、企业社会责任与公司治理、中国企业社会责任途径等，由此形成了对企业社会责任的广泛认识——企业不仅要创造利润对股东负责，还要对其利益相关者负责；初步澄清了企业社会责任认识的一些误区，如"企业办社会论""企业捐赠论""出口企业论""SA8000论""贸易壁垒论""企业负担论"等。

2004年，以劳工标准为核心内容的SA8000企业社会责任标准在中国媒体广泛传播，引起了各方的广泛参与和辩论。这一阶段的讨论以2005年12月中国企业管理研究会、中国社会科学院管理科学研究中心的"中国企业社会责任问题学术研讨会"为标志，达到一定的高度。2005年底，国务院国有资产监督管理委员会制定了我国第一部《中国企业社会责任标准》；2006年3月，我国本土企业的第一份社会责任报告——《国家电网公司2005社会责任报告》正式发布，踏出了中国企业社会责任发展的第一步。

(四) 中国企业社会责任发展共识阶段

2006年是中国企业社会责任具有标志性的一年。2006年1月1日正式实施的《中华人民共和国公司法》修订案，其总则中明确规定公司要"承担社会责任"。2006年3月，时任国务院总理温家宝同志对国家电网公司发布的中央企业首份社会责任报告做了充分肯定。2006年10月发布的《中共中央关于构建社会主义和谐社会若干重大问题的决定》，明确提出要增强包括企业在内的公民和各种组织的社会责任。2006年起，国资委针对中央企业履行社会责任展开研究。2008年1月，国资委发布《关于中央企业履行社会责任的指导意见》，要求中央企业从8个方面履行社会责任。从2006年起，中国企业对企业社会责任的认识从陌生到熟悉，从浅显到深入；企业的社会责任实践从被动到主动，从自发到自觉，形成了对履行社会责任的基本共识。中国的学术机构、非政府组织及在华国际组织开始对社会责任进行系统介绍和广泛讨论，政府部门也开始关注企业社会责任建设工作，涌现出一大批具有社会责任感的民营企业，比如海尔、华为、美的等。

(五) 中国企业社会责任进入管理发展新阶段

2012年党的十八大以来，我国企业在履行社会责任、推动可持续发展的道路上不断前行。中国特色社会主义进入了新的发展阶段，企业社会责任逐步纳入全面深化改革大局。党的十八届四中全会首次提出"加强企业社会责任立法"，党的十八届五中全会进一步提出要"增强国家意识、法治意识、社会责任意识"。2017年，习近平总书记在党的第十九次全国代表大会上的报告为企业指明了新时代的社会责任发展方向，即做新时代的新企业，做贯彻新理念的企业，做生态文明建设的先锋企业，做解决民生问题的生力军企业。2018年9月，中国500强企业高峰论坛在陕西西安召开，大会的主题是"争创世界一流"。中央企业要打造世界一流企业，要做到三个领军、三个领先、三个典范。其中"三个典范"是指要成为践行绿色发展理念的典范，成为履行社会责任的典范，成为全球知名品牌形象的典范。成为履行社会责任的典范，要求企业必须加强社会责任管理。

2018年是中国企业社会责任从"引进来"到"走出去"的重要年份，中国企业社会责任向海外管理发展的趋势显现。政府层面通过投资政策引导等方式，更加旗帜鲜明地倡导中国企业在海外要履行社会责任，国家最高领导人更是明确支持中国企业要更加有组织地、系统地践行社会责任。一批先锋行业协会已经开始针对海外履责系统地开展工作。中国商协会组织开始在全球履责层面发起相关倡议，并且得到相应跨国公司的积极响应和参与。2022年党的二十大报告指出，国有企业作为社会主义市场经济的主体，在推进美丽中国建设，协同推进生态优先、节约集约、绿色低碳发展中责无旁贷，也必须发挥不可替代的作用。

课程思政

中国古代儒家思想体现的企业社会责任

儒家思想体现的企业社会责任强调人的尊严和福祉、诚信与公平、教育培养和社会贡献。这些价值观对企业的经营行为和社会责任的规范具有重要指导意义。

仁爱与仁德：儒家思想中最核心的价值观就是仁爱，即人与人之间的关爱和善行。企业应当以仁爱之心对待员工、消费者、供应商和其他利益相关者，关注人的尊严和福祉。

同时，在经营过程中，企业应当践行仁德，即道德修养与职业道德的高标准要求。

社会责任与道德风险：儒家思想强调个体的道德责任和社会责任相统一。企业作为社会的一部分，应当承担道德风险管理的责任，遵循商业道德，尽量避免或减少对利益相关方带来的负面影响。

诚实守信与公平正义：儒家思想强调诚实守信和公平正义的重要性。企业应当诚实守信地履行合同和承诺，坚持公平正义的原则，不进行不正当竞争和不合理的利益输送。

教育培养和人才发展：儒家思想注重教育培养和人才发展。企业应当注重员工的教育培养，提供广阔的发展机会和平等的晋升平台，促进员工的全面发展。

公益慈善与社会贡献：儒家思想强调对弱势群体的关爱和社会公益责任。企业应当积极参与社会公益事业，关心社会问题，为社会做出贡献，推动社会的公平正义和社会福祉的提升。

资料来源：刘佳鑫.基于儒家思想的企业社会责任探析[J].领导科学，2021(08)：58-59。

二、中国企业社会责任的推动力量

企业社会责任的推进力量主要包括政府、行业协会、消费者、劳工、研究和服务机构、非政府组织等。在我国，企业社会责任的推动力量主要有政府、行业协会、媒体和研究机构。

(一) 政府

政府作为推动企业社会责任的重要力量，发挥着引导和激励的作用。通过制定并出台企业履行社会责任的指导意见、履行标准、评价体系等，系统、有序地推动企业履行社会责任。

2006年1月1日正式实施的《中华人民共和国公司法》修订案，其总则中明确规定公司要"承担社会责任"。2008年1月，国资委发布《关于中央企业履行社会责任的指导意见》，要求中央企业从8个方面履行社会责任。国家标准委、人力资源和社会保障部、全国总工会、环保部等部委和相关部门分别从企业员工责任与环境责任等方面开展专题研究，指导企业实践。2012年，国资委明确提出中央企业要加强社会责任管理，并采取了一系列举措。2017年，党的十九大报告对企业承担社会责任提出新时代要求，指明新发展方向。地方政府通过明确社会责任职能部门、发布地方企业社会责任政策、制定社会责任标准、开展社会责任能力提升活动等方式，引导地方企业加强社会责任工作。例如上海浦东新区自2007年起开始推进企业社会责任体系建设，成立专门机构、发布政策文件、制定行动纲要、构建评价体系，提高企业核心实力，增强区域竞争力。

(二) 行业协会

行业协会是由同一行业的企业、专业人士或相关机构组成的组织，目的是促进该行业的发展、维护行业权益、提供行业信息和资源、促进行业间的交流与合作等。行业协会是一种民间组织，是政府与企业的桥梁和纽带。行业协会在推动企业履行社会责任方面发挥着专业化作用，可以指导行业内企业履行社会责任。

由中国工业经济联合会主办，中国矿业联合会、中国煤炭工业协会等行业协会协办的2009年中国工业经济行业企业社会责任发布会，是国内首个社会责任报告的集中发布平台，旨在通过组织行业协会和工业企业定期编制与发布社会责任报告，促使越来越多的行业协会和企业向社会承诺及履行社会责任，形成公开、透明的自我约束机制和社会监督机制，提升中国行业协会和企业社会责任的影响力与声誉。

2016年5月17日，在浦东新区第八届社会组织公益活动月开幕式上，浦东外商投资协会、浦东新区旅游业协会、浦东新区企业、企业家联合会、浦东现代物流行业协会、浦东新区印刷行业协会、浦东新区养老服务行业协会、浦东新区质量技术协会发布社会责任报告。浦东行业协会编制社会责任报告是一种新的尝试和举措，可以推进行业协会明确权责、依法自治、发挥作用。

(三) 媒体

媒体是推动企业社会责任发展、进步的重要组成部分，可以通过宣传具有代表性的责任典范，通过榜样的力量影响更多企业成为社会责任的参与者、倡导者和领军者；也可以曝光一些企业不履行社会责任或履行社会责任不到位的案例，使其他企业引以为戒，接受监督。

媒体包括传统媒体和网络新媒体。电视台、广播、报纸等作为传统媒体，在企业社会责任的宣传报道、优秀评选、举办论坛等方面做出了贡献。中央电视台"3·15"晚会已经成为一个符号，是中国消费者最信赖的守护消费品质的舆论阵地；中央电视台《品牌责任》创造性地将企业责任与企业品牌传播、品牌形象塑造紧密结合，打造中国首个以彰显企业品牌社会责任、经济责任、文化责任为目的的专题栏目，其承载的价值巨大。各大媒体推出公益广告，拓展合作渠道，深化主题创作，放大传播效果，充分发挥了公益广告引领社会风尚的积极作用，成为擦亮企业社会责任的一张名片。

新媒体以数字网络为信息传播载体，完全不受时间、空间的限制，并且传输速度快，覆盖面极广，一条信息或新闻很快就可以传遍整个世界。在互联网技术高速发展的背景下，新媒体平台如何在履行好社会责任的同时，推动企业有效履行社会责任，成为时代主题。2018年以来，越来越多的用户用抖音记录、分享生活，产品需要承担的社会责任也越来越多，抖音内部专门抽调产品、法务等有关人员成立"社会责任"小组进行专门监督，上线风险提示系统和时间管理系统两个与社会责任相关的功能，以达到促使更多用户关注社会责任，积极参与社会实践，推动社会良性发展的目的。

(四) 研究机构

研究机构作为企业社会责任的理论研究基地，可以为推动企业社会责任发展提供智力支持。中国社科院经济学部社会责任中心、金蜜蜂、商道纵横等研究机构从不同角度、不同层次对企业社会责任进行研究，举办论坛研讨、社会责任报告发布、企业履责评价等支持性活动。

1999年，清华大学当代中国研究中心开展了中国第一个理论与实践相结合的企业社会责任专题研究——"跨国公司社会责任运动研究"，主要内容是关于公司社会责任运动的运作模式和生产守则对中国社会的影响。

2011年，国务院国资委研究局与中国标准化研究院就共同推进中央企业社会责任发展签署合作框架协议，加强社会责任标准化工作理论研究，推进中央企业进一步履行社会责任，在社会责任国际标准跟踪研究与风险应对，以及推动我国企业社会责任理论和实践等方面积累了大量研究成果。

金蜜蜂是中国企业社会责任与可持续发展先锋网络平台，是追求负责任的中国企业的集体品牌。金蜜蜂由责扬天下(北京)管理顾问有限公司发起，并联合《可持续发展经济导刊》(原《WTO经济导刊》)在寻找蜜蜂型企业的过程中设立，并逐步成为中国企业社会责任和可持续发展的重要平台。金蜜蜂致力于推动社会责任与可持续发展的中国实践，自2007年持续开展寻找体现责任竞争力的"金蜜蜂企业"活动，倡导企业与环境、社会构建和谐的共生共荣关系，实现企业和社会共同可持续发展。截至2023年6月底，共有487家企业经评估成为"金蜜蜂企业"。金蜜蜂的主要活动包括举办国际论坛、研讨会，发起行动倡议，每年举办一次"中国企业社会责任国际论坛"和"中国企业社会责任报告国际研讨会"。

企业承担社会责任必须循序渐进，具有国际化视野，政府、行业协会、媒体、研究机构等推动力量需要通力合作、共同努力，为企业履行社会责任提供政策支持、机制保障、营商环境和社会氛围。

第三节 企业承担社会责任的驱动因素及意义

由世界各国企业社会责任的发展历程可以看出，企业承担社会责任既有来自企业内部的动力，又有外部力量的驱动，同时，积极、主动地承担社会责任，对企业发展具有重要意义。

一、企业承担社会责任的驱动因素

(一) 企业承担社会责任的外部驱动因素

企业承担社会责任的外部驱动因素主要来自政府、行业协会、外部顾客、法律法规、媒体等。作为以追求经济利益为核心目标的经济组织，企业不可能自动、自主地投入资源关注社会公共利益，除非这种投入能够给企业带来足够的经济利益回报。因此，企业承担社会责任首先是一种面对外部压力而不得不为的被动性行为。企业承担社会责任的外部驱动因素主要有以下几个。

1. 消费者

消费者对企业的影响力最强,是最主要的约束力量。消费者越来越关注企业的社会责任,他们更倾向于购买那些履行社会责任的企业的商品和服务,对那些不履行社会责任的企业则保持谴责态度。消费者对企业社会责任的关注和期望越来越高,这将对企业的经营和发展产生深远的影响。

2. 政府

从经济学的视角来看,政府干预是企业承担社会责任的外部强制力。政府通过制定相关政策和激励措施来推动企业承担社会责任,例如,给予符合一定标准的企业税收减免、优惠贷款或其他经济激励,激励企业积极承担社会责任。政府还可以通过对企业进行绩效考核,来衡量和评估企业的社会责任履行情况,对企业承担社会责任情况进行评判和奖惩。

3. 法律

作为推动和强制企业承担社会责任的正式约束,法律法规一方面为企业承担社会责任确定了明确的边界与范围,另一方面也为企业提供公平的竞争环境,从而杜绝企业通过放弃承担社会责任(如雇用童工、直接排放有害废弃物等)获得利益。

4. 非营利组织

非营利组织通常制定一些规范和认证标准,如环境保护、CSR(企业社会责任)等方面的标准,来推动企业承担社会责任。企业如果想获得认证或符合特定的规范,就需要履行相应的社会责任。非营利组织通过制定这些标准,间接地推动企业承担更多的社会责任。非营利组织普遍关注社会和环境问题,通过披露企业的不良行为或不负责任的做法,引发公众对企业的质疑和批评。这种舆论压力和公众影响力迫使企业更加重视社会责任,并采取积极的行动来回应社会关切。

5. 社会道德标准

企业迫于政府规制、行业规制及法律规范而承担社会责任仅仅满足了社会对企业最低限度的预期。企业仅仅在政府规制、行业规制及法律强制下承担社会责任显然难以满足公众对企业的要求。同时,政府规制、行业规制及法律规范等存在失灵、约束滞后等特点,从而为伦理道德规范约束企业行为提供了可能性和必要性。道德规范的非强制性特征使其在约束企业行为方面具有独特而不可替代的作用,其对经济主体和社会关系的调整比法律规范更为广泛和及时。

6. 社会舆论和媒体

社会舆论对企业承担社会责任不仅具有鼓励、监督等规制作用,还具有客观评价的作用,而且这种评价比来自政府和行业的评价更具客观性和公允性。媒体有巨大的信息放大效应，大众传媒是企业提升知名度、美誉度和和谐度最重要的传播媒介与载体。各种形式和内容的企业社会责任事件的报道，都会引起相关企业极大关注和行为改变，对企业履行社会责任产生巨大的推动力。

(二) 企业承担社会责任的内部驱动因素

企业承担社会责任的内部驱动因素主要包括企业的价值观，以及对成长能力和获利能力的追求。

1. 企业的价值观

企业社会责任价值观是构成企业社会责任内部驱动力的首要因素。随着社会责任运动的盛行及外力的驱动，企业需要强化社会责任意识，认识到企业的利益与环境、社会关系等不是分离的，而是相互促进、相互协调的。所以，企业越来越关注经济利益以外的其他方面，把社会责任价值观纳入企业价值观体系。

2. 对成长能力的追求

追求成长能力是促进企业履行社会责任的重要驱动因素之一。一般而言，发展势头较好即成长能力强的企业会更加注重树立企业形象，因此更愿意积极、主动地承担社会责任。同时，企业也需要通过采用"负责任"的方式获得长远发展的机会。

3. 对获利能力的追求

企业的获利能力影响其在社会责任方面的投入力度。当企业盈利能力强时，更有能力投入资源承担相关的社会责任，以满足社会需求和改善社会状况；反过来，企业积极承担社会责任也有助于提高未来的盈利能力。因为企业对社会责任的投入可以向市场发送其重视与利益相关者和谐发展的信号，从而获得商业伙伴、社会公众的好感，促进市场份额扩大；同时，主动承担社会责任会获得政府的支持，获得税收优惠或政策补贴，并有机会承担一些社会和环境改进项目，从而为企业带来新的盈利增长点。

二、新时代企业履行社会责任的重要意义

党的十八大以来，中国特色社会主义进入了新的发展阶段，企业社会责任逐步纳入全面深化改革大局。党的十八届四中全会首次提出"加强企业社会责任立法"；党的十八届五中全会进一步提出要"增强国家意识、法治意识、社会责任意识"；党的十九大报告强调"强化社会责任意识、规则意识、奉献意识"；2020年7月，习近平总书记主持召开企业家座谈会时指出，企业家要带领企业战胜当前的困难，走向更辉煌的未来，就要弘扬企业家精神，在爱国、创新、诚信、社会责任和国际视野等方面不断提升自己，努力成为新时代构建新发展格局、建设现代化经济体系、推动高质量发展的生力军；党的二十大报告指出，"国有企业作为社会主义市场经济的主体，在推进美丽中国建设，协同推进生态优先、节约集约、绿色低碳发展中责无旁贷，也必须发挥出不可替代的作用"。企业是我国

经济活动的主要参与者、就业机会的主要提供者、技术进步的主要推动者，在国家和社会发展中发挥着十分重要的作用。

(一) 积极、主动地承担社会责任，可以为企业赢得良好的社会信誉

随着交换关系日益复杂化和社会信息流动的不对称性，公平交易、诚实守信已成为社会交换活动的内在要求。实践表明，那些将企业社会责任纳入企业管理，在谋求经济利益的同时自觉对社会负责的企业，可以树立良好的社会形象，提高自己产品和服务的声誉，并为企业带来更多的经济效益。企业承担社会责任的重大价值，往往是通过企业声誉与企业形象、企业品牌及企业竞争力的作用而对长期经济效益产生影响的。企业社会责任与经营业绩之间存在明确的正相关关系。

(二) 积极、主动地承担社会责任，可以增强企业的竞争力

面对激烈的竞争，如何获得可持续的竞争能力，是摆在每个企业面前的重要问题。除了通过成本领先和差异化路径获得竞争力，如果能够注重企业社会责任的担当，切实履行对利益相关者的社会责任，也会使企业获得更广泛、更持续的支持，从而使企业的竞争力更持久。相反，即便通过低成本或差异化竞争路径取得了某些竞争优势，如果不能很好地履行相应的社会责任，甚至损害利益相关者的利益，员工、消费者等重要的利益相关者就会用脚投票远离企业，企业就会失道寡助，所谓的竞争力也难以为继。

美国学者普拉哈拉德和哈默尔提出，消费者对产品的价值取向具有动态性：在经济发展的不同时期，消费者对产品有不同的要求。一般来说，消费者对产品的价值取向是从低到高依次递进的，即从硬性价值到软性价值再到精神价值，消费者需求越来越趋向于高层次。消费者主要追求产品的硬性价值时，产品质量是企业竞争力的关键；消费者主要追求产品的软性价值时，树立品牌是企业竞争力的核心；消费者以追求产品的精神价值为主时，企业竞争力的重要来源就是企业对社会责任的履行。

(三) 积极、主动地承担社会责任，有利于赢得更广阔的国际市场和提升企业的国际影响力

随着全球化深入发展，社会责任已成为企业在国际市场与国际竞争中的主要竞争力之一。通过跨国企业的经营实践，人们意识到只关注传统意义上的技术、产品、资金已经不能满足提升企业国际竞争力的要求，企业国际竞争力的提升更需要在塑造良好的企业形象、对当地政府工作的支持、对弱势群体的关怀等方面做得更好。

企业履行社会责任对提升国际竞争力的作用主要表现在以下四个方面：第一，企业主动承担社会责任为自身创造了更广阔的生存空间，从而为竞争力的提高奠定了基础；第二，企业履行社会责任为企业树立了良好形象，产生潜在的广告效应；第三，企业承担社会责任可能赢得当地政府的支持，得到政策的优惠；第四，企业承担社会责任，可以增强企业的国际公信力和影响力。

(四) 积极、主动地承担社会责任，将促进企业可持续发展

企业承担社会责任的过程是推动企业可持续发展的过程。通过关注环境保护、促进社会公正、关爱员工和消费者等举措，企业可以建立起可持续的经营模式，实现长期的商业成功和社会价值。首先，企业通过承担社会责任可以提升自身的形象和声誉，有助于吸引更多的消费者和投资者，为企业带来更多的商机和增长机会；其次，企业在环境、社会和经济方面，通过关注环境保护、促进社会公正、关爱员工和消费者等举措，建立起可持续的经营模式，推动企业可持续发展。

复习思考题

1. 简述企业社会责任在美国的发展历程和特点。
2. 简述企业社会责任在欧洲的发展历程和特点。
3. 简述企业社会责任在日本的发展历程和特点。
4. 简述企业社会责任在中国的发展历程。
5. 企业承担社会责任的主要驱动因素有哪些？
6. 简述新时代企业承担社会责任的重要意义。
7. 案例分析：阅读以下案例材料，并回答问题。

同步练习

扫码答题

南方电网：积极履行社会责任 争创世界一流企业[①]

2022年，作为服务保障广东、广西、云南、贵州、海南及港澳地区电力供应的能源央企，南方电网公司坚持将全面履行经济责任和社会责任贯穿始终，努力为利益相关者创造最大的经济、社会和环境综合价值，加快建设世界一流企业，奋力谱写中国式现代化南方电网实践新篇章。

服务稳增长，彰显责任本色

南方电网公司始终牢记职责使命，以强烈的责任意识服务经济稳增长，确保落实国家战略见行动、见成效。

保障民生用电。2022年，南方电网公司打出电力保供"组合拳"。充分发挥大电网平台优势，全年共组织开展省间电力互济878次，最大限度补缺口、保安全，牢牢守住不发生拉闸限电底线。现代化电网建设提速，粤港澳大湾区直流背靠背工程、闽粤联网工程等建成投产，进一步提升保障供应能力。

服务实体经济。以服务经济稳定发展27条重点举措，助力中小企业纾困解难，降低用电成本10.2亿元。广东梅州、阳江抽水蓄能电站提前投运，拉动上下游产业链投资约300亿元，带动就业岗位约7.4万个。

服务国家战略。立足公司服务党和国家重大区域发展战略密集实施区域，全面融入和

---

① 南方电网：积极履行社会责任 争创世界一流企业[J]. 中国经济周刊，2023(21)：103.

服务粤港澳大湾区、海南自由贸易港、新时代西部大开发等建设。粤港澳大湾区供电可靠性达到世界主要湾区先进水平，持续向香港输送100%清洁能源，投运粤澳电力联网第三通道。同时，加快与周边国家电网互联互通，服务共建"一带一路"高质量发展。

服务乡村振兴。2022年度投入315亿元开展农网建设改造，独龙江乡35千伏联网工程建成投运。截至目前，建成"南网知行书屋"360间，直接惠及乡村儿童约36万名。

数字赋能，厚植绿色底色

南方电网公司全面推进绿色低碳转型，探索以数字化、绿色化协同推动构建新型电力系统和清洁能源体系。

构建新型电力系统。以数字电网为关键载体，加快推进35个新型电力系统示范区建设，创建南沙"多位一体"微能源网、阳江风光火储一体化、贵州六盘水柔性配网工程等示范工程。制定新型电力系统技术标准行动路线图。

构建清洁能源体系。坚定落实西电东送国家战略，2022年送电量达2156亿千瓦时，清洁能源占比达80.7%。南方区域电力市场启动试运行，标志着全国统一电力市场体系率先在南方区域落地。首创绿色电力认购交易机制，首次启动南方区域绿证交易。

共建绿色低碳社会。全面构建充换电服务生态，累计建成充电桩近10万支，并于2023年9月底实现经营区域内所有乡镇全覆盖。积极推广港口岸电、空港陆电、油机改电等电能替代技术。上线"低碳生活""绿电历""低碳用电账单""碳普惠"等服务，助力居民用户绿色低碳生活。

改革创新，彰显一流成色

南方电网公司致力于在服从服务现代化建设大局中推进一流企业建设、在培育壮大企业核心竞争力中推进一流企业建设、在聚焦高质量发展中推进一流企业建设。

以产品卓越支撑一流。秉承"解放用户"理念，基本建成现代供电服务体系。持续优化用电营商环境，提供"刷脸办电""一证办电""在线签约"等服务。

以品牌卓著彰显一流。推进品牌强企战略。在2022年度(第十九届)"世界品牌500强"排行榜中居第248位，居能源企业第9位、电力企业第2位。

以创新领先锻造一流。大力攻关战略性、引领性技术，打造国家战略科技力量。世界首台兆瓦级漂浮式波浪能发电装置提前开展下水调试，国内首款基于国产指令架构、国产内核的电力专用主控芯片获中国专利金奖。

以治理现代夯实一流。编制并推广应用《不同治理结构公司治理范本》。在国企改革三年行动2022年度考核中排名央企第一，"双百""科改"专项考核获"9个标杆、1个优秀"，位居央企第一。

案例分析问题：

(1) 分析南方电网承担社会责任的驱动因素有哪些？

(2) 通过南方电网案例，阐明企业履行社会责任的意义。

(3) 南方电网积极履行社会责任，对我国企业有哪些值得学习的经验？

第五章 企业经营中的社会责任

导言

在企业经营中落实企业社会责任,不仅能够获得更广大利益相关者的持续支持,也能提高企业的凝聚力,进而系统地提升企业的竞争力,使企业获得可持续发展的内在动力。

企业社会责任不能仅仅停留在思想和语言上,而是要与企业的生产经营实践的各个环节紧密联系,要在企业文化建设、企业战略管理、供应链管理、生产和物流管理、市场营销、研发管理和人力资源管理等活动中,切实落实企业对利益相关者的社会责任。

学习目标

掌握:企业在文化建设、战略管理、供应链管理、生产和物流管理、市场营销、研发管理和人力资源管理等各个环节应承担的社会责任。

应用:在深刻了解企业经营活动各个环节应当承担的社会责任的基础上,切实落实企业在经营活动中对利益相关者的社会责任。

第一节 企业文化建设中的社会责任

包括使命、愿景和价值观在内的企业文化建设,是企业发展的根基所在。能否在企业文化建设中充分贯彻和体现企业对社会责任的关注与重视,形成履行以社会责任为荣、背弃社会责任为耻的企业文化,对于坚持企业发展初心、规范企业员工的社会责任行为,意义重大。

企业社会责任的基本文化内涵主要有以下内容。

一、以人为本

以人为本要求企业要关注人、尊重人、满足人、提升人,发挥人的能力,保障人的权益，凝聚人的心气，使人与企业共同发展。企业应该为员工提供完善的福利制度，关心员工的生活和职业发展。例如，企业可以制定健康保险、住房公积金、带薪休假等福利制度，提高员工的生活质量。企业还应该在员工职业发展方面提供培训、晋升机会和良好的工作环境，促进员工的个人发展。企业尊重员工，员工也会以更强的凝聚力回报企业。

二、担当责任

企业的担当责任主要表现为：企业应当为社会提供优质产品和服务，推动社会进步，实现经济效益、社会效益和环境效益的和谐统一。员工应拥有符合社会道德要求的正义感和责任心，对客户负责，对企业负责，对个人行为负责。企业应当积极采取措施，减少生产过程中的环境污染，提高资源利用效率，推动绿色生产和可持续发展。企业应该积极参与公益事业，组织各种形式的慈善活动、捐款捐物、支持教育事业等活动，促进社会和谐发展。

三、诚实守信

诚实守信要求企业讲信用，守承诺，诚实不欺。企业应该秉持诚信、公平、透明的原则，履行商业道德和社会责任；要求员工品质优良，行为正派，不欺瞒，不作假，有良好职业操守和荣誉感；遵守法律法规，尊重消费者权益，不进行虚假宣传，不误导消费者；遵守商业伦理，维护市场秩序，推动公平竞争。

四、和合双赢

和合双赢意味着企业应从长远角度看问题，寻求互惠互利的解决方案，发挥潜能，优化资源配置，使得利益相关者都有满意的结果。在企业文化建设中，企业应该积极推动可持续性发展，例如可以采取措施降低能源消耗、减少废弃物排放、优化生产流程等。同时，企业还应该关注供应链的可持续性，与供应商合作，共同推动可持续性发展。

五、变革创新

变革创新要求企业培植创造素质和开拓能力，突破成规与局限，创造最佳业绩。企业要引导员工与时俱进，积极拥抱变化，深入了解消费者和社会潜在的、变化的需求，勇于创新，敢于开拓，不断形成企业新的竞争力，促进企业可持续发展。

通过白象食品和工银澳门两个案例可以发现，具有社会责任的企业文化对企业可持续发展的支撑作用显著。

案例5-1

"白象"爆红背后是对责任与品质的呼唤

市场经济时代，对利润的追求决不能突破对底线的坚守。追求利润最大化而罔顾底线的企业，最终会被消费者抛弃。始终坚持品质至上、坚守底线的企业，必然会受到消费者的厚爱，最近爆火的白象方便面就是这样一个典型。

白象食品股份有限公司(简称"白象食品")作为一家龙头级的综合性食品企业，不断完善企业制度，建设有核心竞争力和强烈社会责任感的企业文化，为企业长期、可持续发展奠定了坚实的基础。白象食品始终秉持"友好，负责任，实实在在"的企业价值观，不忘初心，真切关怀每一位员工的个人发展，把"至诚"的信念播撒到企业的每一个角落。

2022年"3·15"晚会曝光"土坑酸菜"事件后，不少方便面企业受到负面影响，品牌形象严重受损。对此，白象食品迅速回应"一句话，没合作，放心吃，身正不怕影子斜"，使其圈粉无数。网友们也不吝啬自己的钱包，选择用"真金白银"力挺白象，白象食品的销量骤增，全国各地的工厂启动紧急预案全力生产，仍然有供不应求之势，企业甚至不得不在电商平台上直接呼吁消费者理性消费。

在"3·15"晚会引爆的这场"土坑酸菜"泥石流中，"白象"很"白"，没有被泥水所染，成功火爆出圈。其实，这已经不是白象食品第一次在网上走红了。在此之前，白象食品就因冬残奥会上了热搜。据悉，白象食品多年来热心助残，坚持吸纳残疾人就业，并统一称呼为"自强员工"，与普通员工同工同酬，平等享受一切福利待遇。据公开报道，山东济宁的白象食品公司有在职残疾职工237人，占比30.15%；湖南分公司共有485名员工，安排残疾员工117人就业。这股就业市场的"清流"，让无数网友破防了。

正是白象食品高度的社会责任感，引爆了白象食品的这波走红，使其成为不少人心目中的"国货之光"。这波走红是对白象食品一直以来坚持良心办企业的褒奖与肯定。但从另外的角度看，白象食品如何利用这波走红，乘势而上，真正持久地增强品牌影响力，扩大市场份额，更是一个令人深思的问题。

正如白象食品在官方微博中说的，"好味道和好品质是白象25年坚持的初心和发展的宗旨，未来小象将继续为大家带来更多好味"。只要"白象"始终坚守初心、宗旨，做良心企业，市场和消费者，是不会让其吃亏的！

资料来源：朱国峰."白象"爆红背后是对责任与品质的呼唤.

案例5-2

文以化人，情满濠江——工银澳门深植企业文化，践行社会责任

中国工商银行澳门分行(简称"工银澳门")非常重视企业文化建设对企业发展的支撑。工银澳门提出，文化是一家企业的灵魂和内核，好的企业文化如同"大音希声，大象无形"，充满生命力。工银澳门坚持与时俱进，"责任感、归属感、使命感""爱国、爱澳、爱行""共创、共建、共享"的企业文化内核日渐形成。在这种文化氛围中，工银澳

门坚持以高度担当的精神服务澳门社会，积极组织和推进慈善、文教及文体事业发展，践行企业社会责任。

1. 兼收并蓄，求同存异

从尊重、包容本土文化着手，建设工银澳门特色文化，营造和谐进取的发展氛围。工银澳门注重以文化引导员工、鼓舞员工，深刻践行"工于至诚，行以致远"的工行文化，推行勤勉尽责、严谨规范的职业操守。同时，按照"ONE·ICBC"发展理念，注重兼收并蓄和求同存异，围绕"机构整合——人员磨合——文化融合"主线打造跨文化竞争力，推动深入融合；通过特色文化建设，实现以企业文化凝聚人、鼓舞人、激励人的目标。

2. 关心、关爱青年成长，培育员工爱国情怀

定期组织中高级管理人员赴高校开展企业管理课程培训和国情研修，提高员工对国家政治经济体制的认知，促进员工对国家历史传承、文化艺术和地方特色的了解，达到深化了解、增进认同、凝聚共识的目标。积极推动青年员工交流，发起"饮水思源·青春共建"港澳青年赴京交流活动，开展"文化工行""中国书架"文化宣传活动，增强了青年员工对国家历史、工行文化的认同，深化了与中国工商银行同进步、共成长的职业理想。

3. 情系民生，服务社会

积极参与公益慈善，奉献社会、回馈社会。多年来，工银澳门持续向同善堂等慈善机构捐赠善款，造福社群；持续加强同进步社团的联系与互动，扶危助困，在社会民生及福利改善等方面发挥了重要作用，做出了突出贡献。多次组织员工深入内地贫困山区捐资助教，组织开展"工银慈善跑""世界环境日——拾荒慢跑""青春工行——敬老爱老贺端阳"等多项公益文体活动，通过一系列身体力行的公益助捐进一步唤起大家热爱生活、参与公益的热情，以实际行动回馈社会。

2017年8月23日，第13号台风"天鸽"正面冲击珠三角地区，重创澳门。发生重大突发事件的关键时刻，工银澳门一方面积极恢复生产，保证对外金融服务；另一方面充分践行社会责任，舍小我顾大局，积极投入抗灾救灾活动。充分体现了工银澳门服务澳门的经营理念和主动担当的责任意识，得到社会各界及舆论的好评。

资料来源：文以化人 情满濠江——工银澳门深植企业文化和践行社会责任掠影[J].中国城市金融，2019(09)：12-14。

课程思政

习近平总书记两会金句

2023年3月6日，习近平总书记看望参加政协会议的民建工商联界委员时提出：

高质量发展对民营经济发展提出了更高要求。民营企业要践行新发展理念，深刻把握民营经济发展存在的不足和面临的挑战，转变发展方式、调整产业结构、转换增长动力，坚守主业、做强实业，自觉走高质量发展路子。有能力、有条件的民营企业要加强自主创新，在推进科技自立自强和科技成果转化中发挥更大作用。要激发民间资本投资活力，鼓励和吸引更多民间资本参与国家重大工程、重点产业链供应链项目建设，为构建新发展格

局、推动高质量发展做出更大贡献。要依法规范和引导各类资本健康发展，有效防范化解系统性金融风险，为各类所有制企业创造公平竞争、竞相发展的环境。

中国式现代化是全体人民共同富裕的现代化。无论是国有企业还是民营企业，都是促进共同富裕的重要力量，都必须担负促进共同富裕的社会责任。民营企业家要增强家国情怀，自觉践行以人民为中心的发展思想，增强先富带后富、促进共同富裕的责任感和使命感。民营企业要在企业内部积极构建和谐劳动关系，推动构建全体员工利益共同体，让企业发展成果更公平惠及全体员工。民营企业和民营企业家要筑牢依法合规经营底线，弘扬优秀企业家精神，做爱国敬业、守法经营、创业创新、回报社会的典范。要继承和弘扬中华民族传统美德，积极参与和兴办社会公益慈善事业，做到富而有责、富而有义、富而有爱。

资料来源：《人民日报》，2023年03月15日02版。

第二节　企业战略管理中的社会责任

在复杂多变、竞争激烈的环境中，企业能否生存、发展、活得好、活得久，需要企业通过科学的战略分析、战略决策和战略实施进行系统思考。因此，在战略分析中发现趋势，顺势而为，充分分析利益相关者诉求及诉求变化给企业带来的机会和威胁，客观、准确地认知自身的优势和劣势；在战略决策时充分考虑企业战略决策给利益相关者带来的冲击和影响，回应其合理诉求；在战略实施中及时与利益相关者沟通，不断优化战略实施流程，优化资源配置，对企业可持续发展、提升竞争能力至关重要。可见，战略分析、战略决策和战略实施都要充分考虑企业社会责任问题，才能使企业发展获得可持续性。

一、企业战略分析中的社会责任

企业战略分析包括对外部环境的知彼分析、内部资源能力的知己分析和企业使命、愿景、价值观的初心分析，核心目的是通过知彼分析发现外部环境给企业带来的机会和挑战，通过知己分析准确定位企业自身的优势和短板，通过初心分析防止企业误入歧途背离初心，三方面的分析为后续战略决策打好基础。

在外部环境的知彼分析中，要准确把握政策走向、经济发展趋势、社会发展方向、技术发展脉络，将影响社会可持续发展、影响技术可持续发展、影响环境可持续发展、国家倡导鼓励的方向等所产生的机会列入分析重点，从中找到企业下一步战略切入的视角，在实现企业发展的同时，解决社会关注，从而使企业走得更远。对于违背商业伦理、不利于社会责任履行、背离初心的所谓机会，要坚决排除，真正做到有所为，有所不为。

二、企业战略决策中的社会责任

战略决策是在战略分析的基础上,科学决策企业行业赛道选择,确定企业级战略、竞争战略和职能战略的决策过程。是否充分考虑了利益相关者的利益诉求,是企业战略决策的科学性、适宜性和可落地性的重要支撑。

战略决策时,是否慎重考虑了战略对各重要利益相关者的影响,是否充分了解了各利益相关者对战略的具体诉求,直接决定了企业战略决策是否靠谱,也决定了后续战略落地实施时的阻力大小。因此,企业进行战略决策时,不但要听取股东和管理层的意见及诉求,还要充分听取重要利益相关者的意见和诉求,充分考虑对其诉求的回应,认真承担相应的社会责任。

2006年,迈克尔·波特在《哈佛商业评论》发表了"战略与社会:竞争优势与企业社会责任的关系"一文,文中重新诠释了企业社会责任,使之与企业竞争优势紧密地捆绑在一起,从而彻底打破了社会责任与股东利益之间的藩篱,扭转了主流商业社会对企业社会责任的看法。迈克尔·波特将企业承担的社会责任分为两种类型:一种是反应型(如公益捐助、妥善处理废物排放),另一种是战略型(如有机绿色食品生产)。他认为履行反应型社会责任虽然能给企业带来竞争优势,但这种优势通常很难持久;而战略型社会责任则可以帮助企业寻找能为企业和社会创造共享价值的机会,实现企业发展和社会利益的双赢,从而使企业走得更远。企业只有对那些既能带来社会效益,又能带来经济效益的领域进行慈善投资,才能实现慈善和股东财富的双赢,也只有对该领域的投资才是战略型投资。

三、企业战略实施中的社会责任

战略实施即战略执行,是指整个企业运营等计划都按照既定的战略予以实施的全部活动过程。战略实施是战略管理过程的第三阶段,把战略决策阶段所确定的意图性战略转化为具体的组织行动,保障实现预定的战略目标。新战略的实施常常要求一个组织在组织结构、经营过程、能力建设、资源配置、企业文化、激励制度、治理机制等方面做出相应的变化和采取相应的行动。

战略实施时,在进行组织结构设计及调整、资源分配和调整、职能战略落地和调整、激励制度制定和调整的过程中,要充分重视组织内外部利益相关者的反应,深入了解其差异化和动态性的诉求,给予及时、准确的反馈,充分承担相应的社会责任,从而获得更多的助力。

案例5-3

顺应国家发展大战略——邢台根力多的发展之路

位于河北省邢台市威县的河北根力多生物科技股份有限公司成立之初只是一家化肥经销商,经销各种化肥产品。但是在经营中,企业创始人王淑平发现,化肥使用过程中存在土壤板结、营养单一、耕地质量不断下降等诸多问题，化肥对农业的可持续发展带来了比较大的隐患。

恰逢其时，国家提出生态发展的大战略。根力多顺应国家发展大战略，找准企业发展定位，勇于创新、积极探索，转型发展成为一家集专业从事生物蛋白系列肥料、微生物菌剂、植物营养特种肥、矿物质调理剂等产品的研发、生产、销售、服务于一体带来的高新技术企业，年销售收入超过十亿元。

根力多以"三好"理念助力企业持久发展。遵循"好产品、好服务、好收成"的"三好"理念，采用"讲给农民听，做给农民看，带领农民干"的科普服务模式，以客户需求为己任，优秀企业家引领企业三十年，以优质产品和精准服务赢得了客户的信任，取得了良好的发展态势。

根力多主动承担社会责任，助力精准脱贫和乡村振兴战略。投资1600万元，建立集观光农业、休闲采摘、示范引领、生态绿色为一体的现代农业示范基地，既吸纳了农村劳动力，为农民增收做了贡献，也实现了企业持续发展。

根力多专注土壤无害化研究，还开发了土壤治理的新业务，联合高校和科研机构，将解决农业安全的社会问题与企业发展战略相结合，为构建美丽安全乡村做了贡献，走出了一片新天地。

资料来源：根据对根力多公司调研资料整理。

案例5-4

解决养殖业痛点——河北鲲鹏饲料集团有限公司战略探索

河北鲲鹏饲料集团有限公司(以下简称"鲲鹏饲料")是一家饲料生产企业。近年来，饲料行业竞争激烈，原材料价格上涨压力巨大，为了摆脱困境，鲲鹏饲料的管理层重新梳理了发展战略。通过调研发现下游养猪业全周期利润率能够超过30%，因此尝试小规模向产业链下游进军，尝试加入养殖业。通过规模化、规范化养殖，同时解决了下游50%~60%的散养猪带来的病死率高和抗生素使用超标的养殖业痛点。

将企业发展战略同解决行业痛点相结合，既给企业带来新的发展机遇，也增加了社会福祉。将企业发展战略与承担社会责任有机结合在一起，通过一段时间的试运行，鲲鹏饲料取得了企业效益和社会效益的双丰收。

资料来源：根据对河北鲲鹏饲料集团有限公司调研资料整理。

课程思政

新论：企业家当勇担社会责任

习近平总书记在2020年7月的企业家座谈会上指出："企业既有经济责任、法律责任，也有社会责任、道德责任。"企业质量和生命力是一个经济体竞争力的微观基础，企业家才能及企业家精神是影响企业成长的重要因素。勇于承担社会责任，是企业家精神的重要内容。

改革开放以来，我国逐步建立和不断完善社会主义市场经济体制，市场体系不断发展，各类市场主体蓬勃生长。其间，一大批有胆识、勇创新的企业家茁壮成长，形成了具有时代特征、民族特色、世界水准的企业家队伍。企业家精神在创新驱动、机遇识别、风险承担、决策协调等方面起到了举足轻重的作用，有利于企业稳步增长，助推经济高质量发展。

对大多数企业而言，社会责任早已不是陌生概念，那些抱负远大、追求卓越的企业也在用实际行动积极践行自己的社会责任。近年来，越来越多企业家在创造就业机会、促进地方经济发展的同时，积极投身公益事业。疫情防控期间，广大企业家积极作为、主动担当，在物资捐赠、防疫物资供应、复工复产、稳定就业等方面做出了贡献，充分体现了责任感和使命感。应该看到，企业家们在经济发展、环境保护、诚信经营、社区服务、创造就业、员工成长、公益慈善等方面勇担公共责任，有力推动了我国经济社会健康可持续发展。

任何企业都存在于社会之中，都是社会的企业。因此，企业承担社会责任，是企业家精神的应有之义。与此同时，承担社会责任，也是企业孕育机会、推动创新和创造竞争优势的重要来源。世界银行和国家统计局曾对工业企业进行过一次调查，样本包括12个城市的1268家企业。我们对调查数据进行深入研究后发现，企业承担社会责任能够显著增加企业社会资本，有助于推动企业可持续发展。可以说，只有切实履行社会责任的企业和企业家，才符合时代要求，也才能真正得到社会认可。

由此不难理解，一个热心慈善公益的企业，更有可能树立良好的公众形象；一个对消费者负责的企业，更有可能赢得顾客与市场；一个诚实守信、保护环境的企业，更容易得到政府、投资方及消费者的支持。对企业家而言，企业承担社会责任意味着收获更好的经营环境和更多的资源支持，这是长远"投资"。

当前，在保护主义上升、世界经济低迷、全球市场萎缩的外部环境下，有必要营造有利于企业家施展才能的环境，进一步激活和发挥企业家精神，推动我国经济可持续发展。要充分发挥政府倡导、政策支持和行业协会的作用，积极引导并增强企业家承担社会责任的意识。企业家自身也要充分认识承担社会责任对建立友善外部环境、树立良好品牌声誉、赢得消费者信心的重要性。集中力量办好自己的事，坚定弘扬企业家精神，广大企业家就能在奋发有为、共克时艰中推动企业实现更大发展，为中国经济航船行稳致远做出新的更大的贡献。

资料来源：徐尚昆.企业家当勇担社会责任[N].人民日报，2020-08-06(05)。

第三节　供应链管理中的社会责任

随着全球化的不断发展，供应链管理已经成为企业运营的重要组成部分。供应链管理中的社会责任，主要体现在环境保护、劳工权益保障、可持续采购、道德经营、透明度与可追溯性，以及供应商合作与发展等方面。处理好供应商这一重要利益相关者的利益诉求，形成合作共赢、共同提升的态势，是企业供应链管理中需要考虑的内容。

一、环境保护

在供应链管理中，环境保护责任主要体现在减少环境污染、节约资源，以及鼓励环保技术的运用等方面。企业应当关注供应链中的环境影响，提高环保意识，优化物流方案，减少运输和包装过程中的碳排放，合理利用资源，确保废物减量化、资源化和无害化处理；积极采用环保材料和可持续性强的生产方式，降低产品全生命周期的环境负荷。

二、劳工权益保障

在供应链管理中，促进供应链及其关联企业履行劳工权益的保障责任，包括员工培训、福利保障及工会组织等方面。企业应当遵循国际劳工标准和道德责任，确保供应链中的企业员工获得公平待遇、安全生产和职业健康保障；提供必要的培训和教育，提高供应链企业员工的技能和素质，增强其员工的职业发展能力；促进供应链相关企业建立工会组织并健全工会制度，为员工表达诉求、参与决策提供平台和渠道。

三、可持续采购

在供应链管理中，企业应当关注可持续采购，包括供应商的选择、采购量与需求匹配，以及环保措施等。在供应商选择上，企业应遵循公平、透明、可追溯的原则，充分评估供应商的社会责任履行情况；合理规划采购策略，优化采购流程，减少资源浪费和环境负荷。在可持续采购过程中，企业还应推动供应商采用环保材料和技术，共同实现供应链的可持续发展。

四、道德经营

在供应链管理中，企业应当坚持道德经营原则，遵守商业伦理，打击腐败行为，注重品牌建设等；遵循诚实守信原则，与合作伙伴建立公平、公正的关系；严格遵守相关法律法规和国际准则，确保供应链的合规性；积极履行消费者权益保护责任，提高产品质量和服务水平，维护企业的良好声誉和品牌价值。

五、透明度与可追溯性

在供应链管理中，企业应当确保透明度和可追溯性，通过建立规范的流程和记录保留机制,确保供应链各环节的信息能够真实、完整地传递和追溯;及时披露供应链相关信息,提高透明度,加强公众监督。

六、供应商合作与发展

在供应链管理中,企业应当积极与供应商进行合作与发展,选择具有社会责任意识的合作伙伴,建立稳定的合作关系;建立沟通、协调机制,确保各方的信息能够及时共享和传递。在合作过程中,企业应关注创新发展能力的培养,共同推动供应链管理的持续改进和优化。

通过华为供应链社会责任管理的案例可以看到,优秀的企业正在尝试越来越多地在供应链管理中纳入社会责任的内容。

案例5-5

华为供应链社会责任管理

华为是全球领先的ICT(信息与通信)基础设施和智能终端提供商,致力于把数字世界带入每个人、每个家庭、每个组织,构建万物互联的智能世界。为此,华为支持联合国可持续发展目标(SDG)的实现,与供应链上下游的客户和供应商密切合作,共同履行企业社会责任(CSR),构建可持续的产业链。

华为公司参照《责任商业联盟行为准则》(RBA准则)和《全球电信企业社会责任联盟供应链可持续指南》(JAC指南),结合华为对供应商的CSR要求拟制了《华为供应商社会责任行为准则》,作为华为供应商CSR协议的重要组成部分,同时要求供应商遵守其经营所在国家/地区的所有适用的法律法规,将此作为与华为合作的前提条件。

华为公司鼓励供应商采用国际公认的行业标准和行业最佳实践,持续提升CSR管理水平。在合理通知的情况下,华为有权对供应商的现场进行审核,以评估供应商对准则遵守的情况。

华为承诺并致力于以负责任的方式采购产品中使用的锡、钽、钨、金、钴等矿产原料,并参照《经济合作与发展组织关于来自受冲突影响和高风险区域的矿石的负责任供应链尽职调查指南》《中国负责任矿产供应链尽责管理指南》(以下统称"指南")等要求,推动供应商制定政策以防范和降低其制造产品可能产生的社会风险,包括防范可能助长严重侵犯人权、严重危害环境、严重损害健康安全隐患、向严重腐败的团体提供资金或利益的风险,要求供应商对其采购的产品中使用到的矿产进行来源追踪和责任矿产尽职调查,并与客户分享尽责调查信息,以确保供应链政策与指南要求保持一致,逐步提高供应链透明度和供应链治理能力。

供应链的责任矿产尽责管理是一个持续改进的过程,需要企业、政府和非政府组织的承诺与合作才能解决。华为公司支持通过行业合作来处理矿产供应链中的社会责任问题,持续参与行业组织的活动,与客户和供应商一起寻求可持续的解决方案,推动供应链的可持续发展。

资料来源：华为公司官网，《华为供应商社会责任行为准则》《华为责任矿产禁止管理声明》。

第四节 生产管理和物流管理中的社会责任

一、生产管理中的社会责任

生产管理作为企业运营的重要环节，其社会责任的履行对企业的可持续发展具有重要意义。生产管理中的社会责任主要体现在保护环境、保障职业健康与安全、确保产品质量与安全、践行资源节约与循环经济等。

(一) 保护环境

企业应该采取环保措施，减少生产过程中的环境污染，提高资源利用效率，推动绿色生产和可持续发展。例如，企业可以采取节能减排措施、废弃物回收和再利用等生产手段，降低对环境的负面影响。同时，生产管理团队还应该遵守环保法规，以确保企业合法经营，严格将生产过程中的空气污染、水污染、噪声污染等控制在法律法规要求的范围内，尽量减少对社区的影响。

(二) 保障职业健康与安全

企业应该为职工提供安全、健康的工作环境，确保职工的生命安全和身体健康。例如，企业应该建立健全的劳动安全管理制度，配备安全设施和劳动保护用品，加强职业病预防和治理工作，保障职工的职业健康与安全。

(三) 确保产品质量与安全

企业应该建立健全的质量管理体系，从原材料采购到产品生产、销售全过程严格把控产品质量和安全。例如，企业应该制定严格的质量标准和检测制度，确保产品的安全性、可靠性和稳定性。同时，生产管理团队还应该关注市场反馈和消费者需求，不断优化产品设计和生产工艺，提高客户满意度；建立健全的风险管理和危机应对机制，及时发现并处理潜在风险和问题，避免危机扩大和蔓延。

(四) 践行资源节约与循环经济

企业应该采取有效措施，提高资源利用效率，减少能源消耗和废弃物排放，推动资源的循环利用。例如，采用先进的生产工艺和技术、优化生产流程等都是践行资源节约与循环经济的有效手段。同时，企业还应该关注资源的回收再利用，推广循环经济模式，为企业的可持续发展贡献力量。

二、物流管理中的社会责任

企业在物流管理中也要充分考虑企业的社会责任，既包括物流系统设计的环保责任和客户责任，如更合理的仓储地理布局等，也包括物流系统运行的环保责任和客户责任，例如选择排放更环保的运输工具，采用更合理的仓储布局以减小运输距离。

物流管理在履行企业社会责任方面具有举足轻重的地位，物流管理中的社会责任主要体现在以下几个方面。

(一) 保护环境

企业在物流过程中应采取有效措施，减少能源消耗和环境污染。例如，优化运输路线，选择环保型运输工具，公路运输改铁路运输，减少排放，采用可再生包装材料等。此外，企业还应推广绿色物流理念，推动绿色物流创新，减少碳排放；积极响应国家政策，参与多式联运和甩挂运输等低碳环保项目，引导行业向可持续发展转型。

(二) 供应链透明

物流管理需要确保供应链的透明度。企业应通过建立可靠的供应商关系、实施严格的库存管理和配送计划，保障供应链的稳定性、可追溯性；与供应商共同制定质量标准和环保要求，确保整个供应链的可持续性。

(三) 社会责任投资

物流管理应在社会责任投资方面发挥积极作用。企业应选择有良好社会责任记录的合作伙伴，同时积极投资可持续发展的基础设施，如绿色仓库、节能运输车辆等；运用物联网、大数据、人工智能等先进技术，提高运输效率、优化仓储布局。

(四) 紧急物流响应

在应对紧急事件时，物流管理应发挥其关键作用。企业应建立高效的应急物流体系，确保在灾害、突发事故、疫情等情况下，能够迅速组织救援物资的运输和分发，为受影响地区提供及时援助。

(五) 客户至上

物流管理应确保客户的权益和尊严。企业应提供优质的服务，包括准确、及时的配送，良好的客户服务等，尊重和保护客户隐私，确保信息安全。在此基础上，企业还应不断优化服务流程，提升客户满意度。

案例5-6

立足绿色物流，安能物流全方位致力低碳转型

上海安能聚创供应链管理有限公司(简称"安能物流")于2010年6月1日在上海成立，是国家AAAAA级综合服务型物流企业，以"物流创造无限可能"为使命，行业首创货运合作商平台模式，专注为客户降本增效，提供性价比更高、体验更好的运输服务。

作为零担快运行业的第一梯队，安能物流高度重视企业的社会责任实践，安能物流董事长王拥军表示，"在发展业务的同时，我们也深刻意识到环境、社会及管治的重要性，积极承担行业领袖企业责任，将ESG逐渐融入公司日常经营与管理的理念中"。

众所周知，零担快运是建立在车轮上的行业，而传统燃油车的能耗和碳排放都相对较高，因此低碳转型成为行业迫在眉睫的任务。为了严格管控车队能耗和温室气体排放，安能加大管理投入和技术投入，力求降低自身对环境及气候变化产生的影响。安能物流的ESG报告显示，2021年安能物流的柴油节油量达19 288吨；减少温室气体排放共计60 647吨二氧化碳当量，其中通过节油车辆更替减排量达36 727吨，通过现有车辆升级减排量达20 690吨，通过LNG车型更替减排量达2 287吨，通过线路优化减排量达943吨。与此同时，为了加快实现碳中和目标，安能物流还制定了长期的能源使用效益与温室气体排放目标，计划未来将持续增加可再生能源的使用，深挖运输车辆节能技术，努力降低温室气体排放，推动绿色发展。

2022年，安能物流温室气体总减排量达到63 450吨，比2021年增加约5%；百千米油耗28.5升，比2021年下降4.2%。通过电动叉车替换燃油叉车，目前集团分拣中心电动叉车占比已达96%，在绿色办公和水资源节约方面也取得了进展。

资料来源：根据安能物流官网资料及安能物流2022年ESG报告整理、提炼。

第五节　市场营销中的社会责任

对社会负责的市场营销对于防止企业过度消费导致环境破坏至关重要，即市场营销不仅要以利润为导向，而且还必须增强社会和道德价值，以造福公民和社会，实现可持续消费。著名营销管理学者菲利普·科特勒认为，有效的营销必须与强烈的道德感、价值观和社会责任感相匹配，在企业社会责任中扮演更积极、更具战略性的角色，不仅有利于客户、员工、社区和环境，也有利于股东。

对社会负责的营销理念有时被视为对企业社会责任概念的扩展。具体来看，市场营销中的社会责任主要体现在以下几个方面。

一、道德营销

道德营销是指企业在营销活动中应遵循道德准则,不进行欺骗、误导或伤害消费者权益的行为。企业应秉持诚实守信的原则,遵守商业道德和市场规则;与媒体、公众和消费者保持诚信沟通,树立良好的企业形象,提升品牌价值和市场竞争力;尊重消费者的知情权、选择权和权益,确保产品的真实性、广告的合法性和销售的公平性。

二、保护消费者权益

保护消费者权益是企业社会责任的重要内容之一。企业在市场营销中应关注消费者权益,提供质量可靠、价格合理的产品和服务;建立有效的消费者投诉、处理机制,及时解决消费者的问题和纠纷,维护市场秩序和公正竞争。

三、教育公众

企业应积极履行教育公众的责任,通过多种渠道和形式向公众传递正确的消费观念和价值观。例如,企业可以开展消费者教育活动,提高消费者的产品知识、消费技能和维权意识。

四、道德广告

道德广告是指企业在广告宣传中应遵循道德准则,不进行虚假宣传、不误导消费者,避免造成社会不良影响的行为。企业应确保广告的真实性、合法性和伦理性,避免传递不健康、不道德的广告内容;关注广告对环境和生态的影响,推广绿色广告和可持续消费观念。

五、负责任的数智营销

数字化智能营销越来越广泛地被企业所采用,数智营销系统可提供客群意向分析、客群营销分析、数据分析挖掘、智能营销工具、风险模型监测等功能。例如,为更好地实现端到端的精准营销触达,数智营销系统将金融机构客群全生命周期与客户经营全流程结合,针对合作机构自营产品特点,在数据合法合规的前提下,通过智能决策体系建设、营销体系建设对业务进行客群精准分析,为合作机构自营产品提供定制化智能营销策略和精准化营销渠道。但是在数智营销过程中,一些企业也存在利用大数据杀熟、滥用客户信息采集权、漠视对客户隐私的保护等问题,因此企业在享受数智营销带来的收益的同时,也要承担相应的社会责任,特别是在消费者隐私保护、数据安全和客户合法权益维护等方面。

通过友谊有限责任公司诚信经营的案例可以发现,负责任的市场营销才能使企业走得更稳、更久。

案例5-7

将质量与诚信蕴含于营销管理中 用"诚信"铸就铭牌

诚,信也;信,诚也。内蒙古自治区呼伦贝尔市的友谊有限责任公司(以下简称"友谊公司")认为,诚信是企业立业之本,是企业铸就品牌之基。这家在中国北疆草原腹地孕育并发展的企业,始终坚持义利并举,品格与行为共塑,为顾客至真至诚地服务,为社会和消费者创造价值。

一、没有永远的质量保证,就没有永远的友谊

良好的质量保障是企业在市场竞争中制胜的法宝。友谊公司将质量与诚信蕴含于所有的经营活动和管理方法中:公司特设商品部,建立供应商管理库,严格考察、甄选并验资后方能签约入场;下设纪监审中心,对供销存售后全流程进行审计监督,坚决杜绝贴牌套牌、以次充好的质量问题。与此同时,"自由退换货制度""质量先行赔付制""三级审核四级验收管理体系""质量计量管理制度""3、8、24投诉服务原则"等管理思想,在企业发展的各个阶段发挥了至关重要的作用。企业恪守全力为消费者负责、为社会负责的不二法则,以良好的商誉战胜各种困难,迎来今天的全面发展。在蓬勃发展之初,友谊公司曾购进一批最新款式的皮衣,一时间抢购一空。但半年之后,有人发现个别皮衣出现裂纹,时任董事长当机立断马上撤掉全部在售皮衣,并果断决定原价回收已售出的所有皮衣。"原价收回?我们会损失十几万元甚至几十万元啊!"面对员工的焦急与不解,董事长说:"没有永远的质量保证,就没有永远的友谊。要从保护消费者利益出发解决售后问题,再大的损失都必须由企业承担!"这句话也成为友谊公司发展至今一直传承的营销理念。当顾客用皮衣换回原价货款时,企业从消费者眼中看到了宝贵的信任与忠诚。在买与卖的市场里,友谊公司为商业文明竖起了一面诚信营销的旗帜!

二、把"诚信"镌刻在庄严的国门上

目前,友谊公司已在呼伦贝尔5个市、区、旗县发展了19家店铺,涵盖百货、超市、酒店、农贸市场、电商、物流配送等多种经营模式,是呼伦贝尔地区最大的百货商业集团。从一到多的每一步跨越都是对诚信的丈量与考验。满洲里市素有"亚欧大陆桥"的"桥头堡"之称,满洲里友谊商厦是友谊公司旗下的口岸明珠,深受当地消费者信赖与喜爱。在建店之初,凭借良好的企业形象、可靠与稳定的商品质量、童叟无欺的价格及优质的服务,构筑了扎实的口岸贸易市场基础,提高了国内商品信誉,深受俄罗斯等国客商喜爱,也把"诚信"二字深深镌刻在庄严的国门上。自此,友谊公司获得了持续扩张的发展之钥,不断塑造并传递商业正义的强大气场,将良好的商誉传播万里,并通过联营、加盟、配送等方式,在呼伦贝尔广布店网,把真情真品送到了千里沃野、万顷草原。

三、经营商业便是经营道德

自2010年起，友谊公司将每年的3月和8月确定为质量安全生产月，定期联合市场监管部门开展诚信经营、维权保护等宣讲活动，讲解典型案例，现场受理投诉，解读《消费者权益保护法》《食品安全法》等法律法规，不断营造"倡导放心消费，关注食品安全，销售放心食品"的良好营销氛围。友谊公司还建立了"三制六保"制度："三个制度"，即食品安全承诺制度、食品进货台账登记索证索票制度、量化分级管理和监督检查公示制度；"六个确保"，即确保亮照亮证经营、确保食品加工操作区域和设备设施分类标识、确保张贴关键环节操作指南、确保使用食品原料进货台账、确保管理健康证和培训合格证、确保食品安全示范区管理要求。通过长期严格的制度化管理，形成了"人人都是安全员、始终敬畏市场敬畏消费者"的诚信经营氛围。

四、诚信需要创建，更需要持之以恒

2017年起，友谊公司每年定期面向社会公开招募社会监督员，开展消费者座谈会，长期推出"投诉有理更有礼"及"神秘顾客暗访"活动，主动打破业内惯有的企业与消费者之间的隔阂，真诚倾听消费者心声，积极采纳消费者建议，不断完善企业诚信监督体系。2018年，郑重推出"十五项承诺"和"十免服务"，进一步明确消费者权益并深化诚信经营内涵。2019年，进一步践行社会责任，与地区法院联合建立非诉调解委员会，积极构建多元化纠纷解决机制。2021年全年共接待售后服务740起，服务满意度达99.2%；共处理投诉76起，投诉解决率100%，顾客满意度100%。

资料来源：中华人民共和国商务部网站，2022年全国诚信兴商典型案例。

第六节 研发管理中的社会责任

技术研发是企业实现差异化战略的重要支撑之一。研发管理中的社会责任主要包括以下内容：首先是研发人员的社会责任和研发技术选择的社会责任，譬如将解决消费者痛点、增进社会福祉作为研发初心，特别是在数智时代，选择能够促进人类和社会可持续发展的技术路线而不是相反，在企业技术研发过程中显得至关重要；其次是研发的环境责任，技术使用和提供的产品及服务应承担相应的环境责任；最后是研发的客户责任和研发的供应商责任，例如对供应商研发的系统支持等。

具体而言，负责任的企业在研发管理中应做到以下几个方面。

一、遵守道德规范

研发管理中遵守道德规范至关重要。在研发管理中，企业应该遵守公平竞争原则，不抄袭、不歧视、不垄断，推动行业的公平竞争；注重创新和差异化，不剽窃他人成果；研发推动社会进步、增进人类福祉的技术和产品，而不应该为了一己私利研发对社会有害的

产品或技术；积极参与行业标准的制定和推广，促进行业的健康发展。

二、重视用户安全

在研发管理中，企业应该关注用户安全。保护用户隐私、确保产品安全等都是至关重要的。在产品设计过程中，企业应该充分考虑用户需求和安全，采用先进的安全技术，确保产品的安全性和可靠性；建立完善的数据安全管理制度，保护用户隐私不受侵犯，例如企业要明确客户信息采集的边界，不滥用信息采集权。企业还要通过技术和设备投入，承担起对客户信息安全的责任。

三、秉承可持续发展理念

研发管理也应该关注可持续发展。企业应该关注后代教育、重视环保等，为未来的可持续发展贡献力量。例如，在产品研发过程中，企业要充分考虑资源和环境的承载能力，注重节能减排和资源循环利用，降低对环境的影响；优先采用环保材料和可再生能源，减少对环境的负面影响；强化企业产品的全生命周期管理，研发产品回收再利用的技术，加大再制造技术的研发和应用等。

四、关注公益事业

研发管理在公益事业中也有着重要的作用。企业应该积极参与慈善活动、支持公益组织，回报社会。例如，腾讯公司的搜狗输入法团队拟开展一件公益活动，就是帮助那些姓名中有生僻字的人，这些人在申请户籍、银行开户或者找工作的过程中，因为名字中的生僻字很难录入，不得不将生僻字改为可以录入的其他汉字，但这给当事人带来不便，同时也意味着汉语的损失、文化的损失。2022年6月，搜狗输入法团队联合多方发起"汉字守护计划"，在近一年时间里，他们收集了大量生僻字，并推动将它们写入国际协议，使得这些生僻字能够在计算机上打出来。有些金融机构知晓这项活动后，主动找到搜狗输入法团队，邀请他们有偿开发与企业系统配套的输入法工具，解决有些客户姓名难以录入的痛点。这个案例充分说明，企业在推动公益的同时，有时也能够取得意外的效益。

通过中国船舶集团有限公司社会责任研发案例可以发现，负责任的研发管理能够实现企业和社会双赢。

案例5-8

中国船舶集团有限公司：潜心科研攻关，突破发展瓶颈

随着环保理念日益深入人心，国际海事界组织(IMO)对大型远洋船舶的排放要求也更加严格，船用低速柴油机朝着绿色环保、低碳节能方向发展。中国船舶集团有限公司(简称"中国船舶")以承接超大型集装箱船为契机,着力攻克长期以来制约我国船舶工业发展的发动机难题,成功研制出世界最大船用双燃料低速柴油机,突破了我国船舶工业发展的瓶颈,有力推动了我国船舶工业产业链、供应链的安全和稳定。

1. 开展海外收购,弥补发展短板

一直以来,船用发动机研发能力缺乏是我国船舶工业发展的一大短板。中国船舶作为我国船舶工业的国家队、主力军,一直致力于弥补这一短板。2015年1月,中国船舶成功收购瓦锡兰低速柴油机业务70%的股权(后于2016年6月实现100%控制),使我国一举获得欧洲百年船用低速柴油机发展积累的海量工程试验数据库和专利技术,跨越式提升了我国船用低速柴油机自主研发能力,推动我国由多年的船用低速机柴油机专利引进国跃升为专利拥有国和技术输出国。

2. 以订单为牵引,勇于创新突破

近年来,绿色发展成为全球海事业发展的一个重要方向。绿色节能、低碳环保型船舶成为国际主流船东的不二选择。2017年,全球顶级船东法国达飞海运集团在中国船舶所属沪东中华和江南造船订造了9艘2万箱级以上超大型集装箱船,并要求使用液化天然气(LNG)作为主要燃料。由于我国在船用低速柴油机研发方面基础较为薄弱,要研制92DF主机的难度非常大。但对于中国船舶而言,成功研制这款主机,不仅是满足客户需求的要求,也是集团公司提升自主研发能力实现自主可控的重要途径。集团公司党组高度重视,抽调优势技术人才组成攻关团队,并在集团层面成立项目工作协调组,统筹、推进研制工作。

3. 汇聚各方力量,着力集智攻关

中国船舶坚持开放合作,广泛调动各方资源,集中各方智慧开展技术攻关。作为研发项目实施主体的Win·GD和中船三井更是投入精锐力量开展攻关。双方以"月会"的方式,每月定期讨论在研发和制造92DF双燃料主机过程中遇到的难点及时间节点,群策群力,用心造机。

2020年5月26日,由中国船舶自主研发的目前世界最大船用双燃料低速机正式向全球发布。该机的成功研制和发布,表明中国船舶顺应全球海事业绿色节能、低碳环保发展趋势,服务客户需求取得了里程碑意义的进展,也标志着我国船舶工业动力装备自主研制水平实现新的突破,对推动我国船舶工业产业链、供应链安全发展具有重要意义。

资料来源:中国船舶集团有限公司官网。

第七节 人力资源管理中的社会责任

企业的持续健康发展离不开可持续的人力资源管理,而人力资源管理的可持续性来源于人力资源规划、招聘与配置、培训与开发、绩效管理、薪酬福利管理、劳动关系管理各环节。人力资源管理不仅需要关注员工的人力资源价值，还需要关注企业应该履行的社会责任，特别是在保障员工合法权益、鼓励员工参与公益活动、推动绿色办公、开展职业培训、提高员工薪酬福利、营造良好的工作环境、重视员工健康和加强员工劳动关系管理等方面，要履行更明确的社会责任。

一、保障员工合法权益

保障员工的合法权益是人力资源管理的首要任务。企业应通过制定公平、公正的规章制度，确保员工的基本权益，具体措施包括提供合理的薪酬和福利待遇，建立有效的员工申诉机制，保障员工的劳动安全和健康等。特别是随着互联网经济和平台经济的快速发展，新业态的劳动者保护变得日益迫切。2021年7月，人力资源和社会保障部、国家发展和改革委员会、交通运输部、应急部、市场监管总局等八部门联合发布了《关于维护新就业形态劳动者劳动保障权益的指导意见》，首次明确平台型企业应当合理承担维护劳动者权益保护的责任，落实网约配送员、网约车驾驶员、电商主播等平台就业人员的合理权益保护责任。

二、鼓励员工参与公益活动

企业应积极参与公益活动，推动社会的可持续发展。通过组织员工参与志愿者活动、捐款捐物等方式，回馈社会，提高企业的社会形象。同时，企业应鼓励员工积极参与公益活动，培养员工的公民意识和社会责任感。

三、推动绿色办公

绿色办公可降低对环境的污染，已成为现代企业的必然趋势。企业应推行低碳、环保的办公方式，提高员工的环保意识，具体措施包括采用环保办公设备和技术，节约用水、用电，减少纸质文件使用，鼓励员工骑自行车或步行上下班等。

四、开展职业培训

职业培训是提高员工素质、增强企业竞争力的重要手段。企业应结合员工的职业发展需求，制订个性化的职业培训计划，具体措施包括提供专业培训课程，鼓励员工参加外部培训和认证，建立企业内部知识分享平台等。通过职业培训，可提高员工的职业技能和综合素质，为企业的长远发展奠定基础。

五、提高员工薪酬福利

合理的薪酬福利是激励员工积极工作的重要手段。企业应根据员工的岗位和能力，制定有竞争力的薪酬福利体系，具体措施包括提供有市场竞争力的薪资，设立绩效奖金和晋升机制，提供健康保险、年假等福利，以及开展丰富的员工活动等。通过提高薪酬福利，可吸引和留住优秀人才，增强企业的综合实力。

六、营造良好的工作环境

良好的工作环境对员工的身心健康和工作效率至关重要。企业应努力营造舒适、安全、健康的工作环境，具体措施包括提供安全的工作场所和设备，建立健康管理体系，关怀员工身心健康，营造积极向上的工作氛围等。通过营造良好的工作环境，可提高员工的工作满意度和忠诚度，进而提高工作效率和绩效。

七、重视员工健康

员工健康是企业持续发展的基础。企业应重视员工的身心健康，积极采取措施关怀员工健康，具体措施包括提供定期的员工体检和健康咨询服务，建立健康管理和预防体系，鼓励员工参加体育锻炼和健康活动等。通过重视员工健康，可降低员工的健康风险和医疗成本，提高员工的工作积极性和生产效率。

八、加强员工劳动关系管理

和谐的劳动关系对于企业和员工的发展至关重要。企业应与员工建立良好的劳动关系，维护双方的合法权益，具体措施包括签订公平、公正的劳动合同，建立有效的沟通机制和争议解决机制，实施员工激励机制等。通过加强员工劳动关系管理，可提高员工的归属感和忠诚度，增强企业的凝聚力和向心力。

通过胖东来和北汽集团在人力资源管理实践经验的总结可以发现，负责任的人力资源管理能够助力企业可持续发展。

案例5-9

胖东来商业觉醒之路

走进许昌胖东来时代广场，就能在醒目的位置看到一些标语，如"爱在胖东来""自由·爱""优秀的商业不只是规模，而是传承幸福和品质""培养健全的人格，成就阳光个性的生命""发自内心的喜欢高于一切""让城市更美好"等，这些标语令人怦然心动、神清气爽，自然也会引发人的好奇，想了解这到底是一家什么样的商场，竟会高举这些"阳春白雪"的理念，它们能落地吗？

眼见为实，去胖东来当一次顾客，就多少能领略到它的不同寻常。我最喜欢光顾胖东来的生鲜超市，尤其是加工食品柜台，琳琅满目、新鲜诱人，制作精心、口味上乘，远胜于一般超市自制的大路货。挤在柜台前的人潮里，就能直接体会到人们对胖东来的喜爱与拥戴。

当然，终端的服务和出品已是可见的结果，而背后的人、流程和组织(包括企业理念与文化)则是相对隐性但更为重要的。

首先得强调，胖东来深得人心与商业成功的基石是其独特、鲜明的文化理念。公司《文化理念培训大纲》中提到，胖东来的信仰是"自由·爱"，使命是"传播先进的文化理念"，愿景为"成就阳光个性的生命"。

"爱在胖东来"，爱自己、爱家人、爱员工、爱顾客、爱社会，把爱作为企业的基本信仰和价值观，这是创始人于东来基于自己跌宕的人生经历凝练出来的经商之道。只有让经营过程中涉及的所有利益相关者都受益，都感受到关爱，企业才能持续、稳定地发展，人生也才能更有意义、更加幸福！

由于胖东来希望把自身打造成样板，成为先进文化的传播者，也因此想找到解决各种事业、人生问题的根本解。彻底解决问题则是为了更美好——让员工更美好(更好地工作、生活)，让顾客更美好(有更好的消费体验)，让企业更美好(更良性、更稳定)，也能让国家和社会更美好(更和谐、更安定)。而这种对美好的期待，反过来又激励着胖东来人更加投入地工作，以更高的标准来要求自己。当企业的愿景和使命开始渗透到每个员工(甚至顾客、供应商等利益相关者)身上时，当每个人都意识到自己的工作不只是赚钱养家，还可以带来更多的美好时，个体的潜能和自主性就会被极大地调动起来。

从过去单纯追求速度和规模，到实现生活与事业的平衡、健康与财富的平衡、能力与成就的平衡，东来总不断真诚探索，逐步发展出自己独特的经营哲学和文化理念，并把它们转化成了可落地的机制和运营体系。

"胖东来学得会"，在表层的服务创新之外，胖东来受人喜爱并繁荣兴盛的底层逻辑是其相辅相成的文化理念、分配体制及运营系统，三者像三只飞轮，彼此咬合、相互带动，三轮并转，才外化出普通顾客看到的胖东来——一个提供极致服务、厚待员工、关怀社会和被称为商超业奇迹的胖东来！

特别难能可贵的是，慷慨的胖东来已经把文化理念、分配体制及运营系统这三件宝结晶成文，公之于众了。在其官网和微信公众号上，公众可以自由浏览胖东来集团的知识库，包括专业知识、实操手册、培训资料、规章制度、文化理念等大量文档。可以说，有心学习的创业者和企业家已近乎零成本地拥有了胖东来二十多年来日积月累的经营心得与运营知识体系。因此也可以说，胖东来是一所学校，对内要把普通人培养成适应企业高要求的员工，对外则期望以公开文化理念和经营知识体系的方式来推动行业与社会的进步，为更多的人带来福祉。

资料来源：陆维东.觉醒胖东来。

案例5-10

北汽集团人力资源管理中的社会责任

北汽集团及所属企业坚持"人才是第一资源"的理念，重视人才队伍建设，全面落实《中华人民共和国劳动法》等法律法规，建立了体系化的员工权益保障机制，在招聘录用、考核晋升、培训发展、薪酬福利、合理化建议等方面，持续完善各项规章制度，积极拓展多元化用工模式，关注职业发展和职业健康，持续推进员工关爱，激发员工潜力，促进员工职业生涯发展，连续多年荣获"中国年度最佳雇主"奖项。

1. 人才赋能，双通道发展

作为全国首批企业新型学徒制试点企业之一，2021年，北汽集团启动"万人新型学徒制项目"，组织10 744位员工参与新型学徒项目，主要为新能源、智能制造等急需紧缺类职业(工种)，创造北汽集团历史新高，居北京市首位。项目由企业与合作培训机构联合开展，校企双制、双师带徒、工学交替，集中培训与岗位训练相结合，强化技能人才培育。

北汽集团不断完善"管理+技术类"员工双晋升发展通道，针对各级各类人才进行定制化培养，打造多元化职场，携手每位员工，共同迈向美好未来。

2. 人才激励，榜样力量

北汽集团自主品牌体系制订"优才计划"，坚持正向激励；针对关键人才，实施技术、管理创新奖励和资金项目奖励；积极为员工争取北京落户指标；探索员工持股、期权、项目奖励等中长期激励；持续开展评优评先，创建职工创新工作室，树立先进典型。

凝聚榜样力量，展现员工风采。2021年，北汽集团持续大力弘扬劳模精神、劳动精神、工匠精神，鼓舞和激励员工创新创造、攻坚克难、掌握关键核心技术。

3. 关爱员工，丰富生活

北汽集团及所属各企业重点做好对困难职工、劳模先进、海外职工、常差旅员工及家属等特殊人群的关心与慰问。2021年春节期间，集团全系统投入送温暖资金2 362万元，慰问职工超81 000人；持续开展女性职工特色关爱，累计开展224场次线上瑜伽教学、心理解压等活动，持续推进妈咪屋标准化建设，升级和调整132个母婴关爱室；持续做好留京过节员工慰问、单身职工联谊等各类服务。

"工会进万家"活动累计投入帮扶资金25万元；持续推进互助保障工作，策划开展了北汽集团"职工互助保险宣传月"活动，举办"北汽职工+直播间"互助保险知识普及直播，参与人次42万次。

资料来源：2021年北汽集团社会责任报告。

复习思考题

1. 查找你感兴趣的一家企业，分析这家企业经营过程中社会责任承担方面的典型经验或者惨痛教训。

2. 请就企业经营的某个方面，谈谈你对企业在这方面履行社会责任的理解。

3. 案例分析：阅读以下案例材料，并回答问题。

负责任的晶澳太阳能科技有限公司

晶澳太阳能科技股份有限公司(以下简称"晶澳科技")是新能源发电解决方案平台企业，以硅片-电池片-组件的主产业链为主体，以光伏辅材和设备产业、光伏+应用场景解决方案为两翼，持续深入推进"一体两翼"战略，2019年完成在深交所A股上市(证券代码：002459.SZ)。晶澳科技秉持"开发太阳能，造福全人类"的发展理念，一边做大企业，一边积极承担社会责任，成为一家受人尊敬的公司。

晶澳科技在海外设立了13个销售公司，向全球135个国家和地区提供绿色光伏产品及服务，全球化布局优势明显，产品广泛应用于地面光伏电站及工商业、住宅分布式光伏系统。绿色技术、绿色电力的供应和使用，以及绿色工厂、绿色供应链、绿色办公和生活、绿色理念的传播，新时代下晶澳科技正以实际行动构建全方位"6+"绿色生态发展体系，助力全球生态建设。凭借持续的技术创新、稳健的财务优势和发达的全球销售与服务网络，晶澳科技备受国内外客户的认可，多年荣登"《财富》中国500强"和"全球新能源企业500强"榜单，2022年实现营业收入729.89亿元。

作为绿色清洁能源、光伏企业的领导者，晶澳科技以"建设世界级新能源企业，打造百年品牌"为长远目标，锚定高质量赶超发展，以项目建设为依托，深化转型升级，优化业务布局，推进智能制造，公司产品竞争力持续提升；核心技术始终处于行业领先地位，是工业和信息化部公布的第一批符合《光伏制造行业规范条件》的企业。

晶澳科技之所以能够取得以上成就，一方面与其锐意进取，与时俱进，科技创新引领有关，另一方面也与其在经营过程中积极履行各项社会责任密切相关。晶澳科技在以下几方面很好地履行了利益相关者的社会责任。

一是构建了负责任的企业文化体系。如何培育晶澳的企业文化，如何让晶澳的基业常青，靳保芳董事长有自己独特的构思和成功的实践——牢守初心，依道而行。一个伟大的企业、一名伟大的企业家，必须与国家同频共振，与国家战略同频共振，才能在实现中华民族伟大复兴的事业中找准方向。靳保芳坦言，是党和国家把我培养长大，我最大的心愿就是报效祖国、回报党恩，这也是我一生干事创业的动力源泉。正是这样的初心，激励着靳保芳一路带领晶澳科技奋发前进。晶澳科技坚定实业报国的初衷不改，抱定实业兴国的信念不移，全神贯注发展光伏产业，英勇奋战在波涛汹涌的光伏产品市场。为子孙谋福积善，企业文化要彰显公司对社会责任的担当。如图5-1所示，晶澳科技的企业愿景、企业使命、企业精神、企业信念和核心价值观是其积极承担企业社会责任的内在动力。

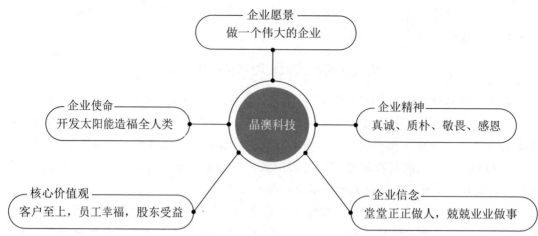

图5-1 晶澳科技负责任的企业文化体系

二是积极履行环境责任，助力可持续发展。2022年晶澳科技围绕联合国可持续发展目标，提出了"Green to Green，Green to Grow，Green to Great(共建绿色循环，共谋绿色发展，共创绿色未来)"的可持续发展理念、战略和愿景。晶澳科技在经营中践行建设绿色工厂，制造绿色产品，生产绿色电力，共创绿色地球的可持续发展观。公司倡导以绿色低碳理念为指引，重塑企业经营模式，推动全产业链生命周期实现绿色循环。加大绿电应用，减少化石能源消耗是实现绿色发展的关键途径，秉持着"稳健增长，持续盈利"的经营理念，晶澳科技不仅向全球提供绿色发电产品，也积极践行社会责任，积极携手上下游合作伙伴，构建"零碳"生态圈。

三是积极履行供应链管理中的社会责任。晶澳科技积极履行对供应商的责任，推动供应商改善与提升。晶澳科技以"互惠互利、共同发展"为原则，持续推进供应商风险管控能力提升，携手供应商共同发展。识别供应商风险后，晶澳科技以项目制模式对供应商改善过程进行监督与管理。一方面，成立专项小组，对供应商质量问题改善实施情况进行现场验证，协助供应商解决生产过程中出现的质量问题。另一方面，及时跟踪质量投诉，定期组织召开质量分析会，建立数据信息共享机制，形成供应商管理流程的计划、执行、检查、处理(PDCA)管理循环，促使供应商绩效和质量持续向好、向高发展。同时，晶澳科技不断提升供应商可持续发展水平，积极鼓励供应商进一步建立并完善沟通渠道，在其开展社会责任内部贯宣的同时，要求供应商对其外部供应链(即二级供应商)提出健康、安全、环境、社会责任、可持续性发展等履责要求，推进全价值链的可持续发展。此外，晶澳科技还持续开展供应商RoHS8、REACH9调查，推进负责任采购。2022年，晶澳科技对所有主材供应商的材料开展RoHS、REACH调查，其所有主材供应商提交的RoHS测试报告均满足RoHS2.0指令的要求。

四是认真履行员工责任，助力员工持续健康发展。晶澳科技高度重视人才培养与发展，以人才战略为公司战略的核心，持续聚焦光伏领域人才发展，建立健全人才发展模型，从平等雇用与权益保护、员工发展、员工关爱与沟通、职业健康与安全等方面，全面搭建人才体系，促进人才成长。晶澳科技构建了以专业技术、管理两条路线为主线的长效培训机制，通过不同专业、不同层级的培训目标和课程设置，使包括光伏科技、工艺制程、设备机台、技术升级等领域在内的高技能人才培养、技术技能传授等方面的工作实现了薪火传承。2023年2月，晶澳科技荣获由全国工商联、人力资源和社会保障部等联合颁发的"全国就业与社会保障先进民营企业"称号。晶澳科技秉持"外引内育"的人才战略，在不断扩充人才库、识别与储备增量人才的同时，面向存量人才，为员工构建清晰、灵活的多元化职业发展通道，多维度打造"岗位胜任力评估模型"，对员工进行赋能与评估。同时，在员工职业健康安全方面，晶澳科技职业健康安全管理体系员工覆盖率100%，健康与安全培训覆盖员工累计362 732人次，职业病发病人数为0。积极履行员工责任，极大地增强了晶澳科技的凝聚力。

五是积极履行社会公益和慈善责任。晶澳科技在经营好企业的同时，不遗余力地投身社会公益慈善事业，积极承担社会责任，通过光伏扶贫、慈善捐赠、救灾助学等多种形式，惠及海内外各方，为实现环境、气候、社会、经济多赢贡献力量，共同创造人类绿色美好未来。大力实施捐建百所希望小学助教工程、资助万名贫困学子助学工程、救助万名贫困白内障患者光明工程等三大惠民工程，累计为捐资助教、市政工程、环境保护、弱势群体等捐款超亿元，带动更多社会力量参与慈善公益事业。在新职业教育法颁布实施的背景下，晶澳科技筹建的河北省首家新能源领域高等职业学院已经成功列入河北省"十四五"高等学校设置规划。学院将以"双碳"目标下新技术发展为引领，服务产业发展为需求，传承优秀地方文化为责任，全面实施产教融合、工学结合。学院建成后可容纳6 000名在校学生，不仅将成为晶澳集团的"黄埔军校"，也将成为新能源行业的人才智库，冀南大地的职教新城。

资料来源：根据晶澳太阳能科技股份有限公司官网资料整理。

案例分析问题：
(1) 晶澳科技为什么要积极履行企业社会责任？
(2) 晶澳科技在哪些方面履行了企业社会责任？
(3) 你认为企业在经营过程中，应如何更好地履行社会责任？

4.案例分析，阅读以下案例材料，并回答问题。

企业正确履行社会责任，助力共同富裕

2021年8月17日，习近平总书记主持召开中央财经委员会第十次会议时强调："共同富裕是社会主义的本质要求，是中国式现代化的重要特征，要坚持以人民为中心的发展思想，在高质量发展中促进共同富裕。"

在迈向共同富裕的过程中，企业将起到关键作用。我国经济分配政策已经从"效率优先，兼顾公平"转向"有效统筹效率和公平"，企业履行社会责任是发挥第三次分配作用的重要途径，尤其是要引导资源向资源贫乏的群体转移。提高资源贫乏群体的收益正是解决收入分配不公、建立资源分配公平体系、实现共同富裕的关键所在。

共同富裕强调关注所有社会群体(不仅仅是利益相关者)的诉求，并且要重点满足弱势群体(如不掌握对企业有价值资源的利益相关者)的诉求。然而，"股东至上"导向的企业

社会责任的功利性显著，企业必然持续将资源投向能进行资源交换的利益相关者，从而产生慈善资源向利益相关者集中，而资源本就贫乏的社会群体却始终被企业忽视，"峰"与"谷"的势差在第三次分配的过程中持续扩大，加剧了资源分配的不公平，与共同富裕的理念背道而驰。由此可见，"股东至上"视角下的企业社会责任1.0不再适用于实现共同富裕的目标。

在迈向共同富裕的过程中，企业作为市场主体，要转换社会责任履行的逻辑，升级社会责任履行的方式。企业履行社会责任要顺应这种趋势，从"股东至上"转向"社会至上"，将社会财富最大化作为企业长远发展的目标。企业要立足于共同富裕的视角构建企业社会责任2.0战略，淡化其利己的工具性，强化其利他的功能性，将资源贫乏的社会群体也识别为企业利益相关者之一，引导企业履行社会责任时的资源分配方向，真正助力共同富裕的实现。

资料来源：刘慧，贾明. 迈向共同富裕需要企业正确履行社会责任[N]. 每日经济新闻，2021-08-31(4)。

案例分析问题：
(1) 共同富裕目标对企业社会责任提出了怎样的新要求？
(2) 企业社会责任1.0为什么无助于实现共同富裕？
(3) 企业应该履行哪些社会责任，从而推进实现共同富裕的目标？
(4) 结合本案例和本书第二章的内容，说明企业的目标为何要由"股东至上"转为"社会至上"？

第六章
企业社会责任标准与沟通

导言

经济发展的全球化趋势逐渐增强，人类面临越来越紧迫的可持续发展问题，联合国及一些国际组织不断探索和规范企业履行社会责任的模式，逐渐形成了一些共识，达成了一些标准。中国同样面临可持续发展的问题，规范中国境内企业的经营行为，推动其履行必要的社会责任刻不容缓，国家和地方政府陆续出台了适合我国国情的企业社会责任标准。

企业社会责任的履行效果，不能单方面依靠企业的努力，还需要企业与社会责任承担对象进行有效沟通。只有如此，才能使企业社会责任的担当不是简单的重复，而是根据利益相关者反馈进行的螺旋式改进和提升。

学习目标

掌握：国内外企业社会责任的主要标准，企业社会责任沟通的内容和形式。

应用：在深刻了解国内外企业社会责任标准的基础上，引导企业更好地掌握社会责任沟通的形式和内容，持续改进和提升企业社会责任担当能力和水平。

第一节 国际企业社会责任标准

随着经济的发展，社会对企业履行社会责任的要求与内容越来越具体和全面。因此，建立企业履行社会责任的规范、标准和管理体系势在必行，有关国际组织提出了一系列企业履行社会责任的倡议和原则，为企业承担和履行社会责任提供了明确导向和指南。

目前，国外已发布的企业社会责任相关倡议和标准，按照使用用途来划分，主要分为以下三类：第一类是全球性、区域性或行业性的指导原则，例如联合国全球契约、国际劳工公约、温室气体议定书、赤道原则、OECD(经济合作与发展组织)的《跨国公司行为准则》等；第二类是全球企业社会责任业绩的认证和审验工具，例如SA8000、ISO14001、ISO26000等；第三类是社会责任报告编制的指导性工具，例如全球报告倡议组织编制并发布的《可持续发展报告指南》等。可以看出，企业社会责任有关倡议或标准具有多样性的特点。其中，ISO26000是整个社会责任领域最基础、最通用的社会责任国际标准。

一、联合国全球契约和《2030年可持续发展议程》

(一) 联合国全球契约

1995年，世界社会发展首脑会议提出"社会规则"和"全球契约"(Global Compact)的设想。1999年1月，达沃斯世界经济论坛年会上提出了全球契约计划，倡导企业遵循包括人权、劳工标准和环境三个方面的九条原则。2000年7月，全球契约计划在联合国总部正式启动。2004年6月，第一届联合国全球契约领导人峰会期间，增加了反腐败的内容，至此，全球契约主要涉及四个社会责任核心主题或议题，分别是人权、劳工、环境和反腐败，形成了目前十条原则的架构，如图6-1所示。

图6-1 联合国全球契约架构

(二)《2030年可持续发展议程》

2015年9月，"联合国可持续发展峰会"在联合国总部召开。会议开幕当天通过了一份由193个会员国共同达成的成果文件，即《改变我们的世界——2030年可持续发展议程》(简称《2030年可持续发展议程》)，于2016年1月生效。该纲领性文件包括17项可持续发展目标和169项具体目标，将推动世界在之后15年内实现3个史无前例的非凡创举——消除极端贫穷、战胜不平等和不公正，以及遏制气候变化。该议程呼吁各国采取行动，为之后15年实现17项可持续发展目标而努力，目标具体内容见表6-1。

表6-1 《2030年可持续发展议程》的17项可持续发展目标

可持续发展目标	具体内容
目标1：消除贫困	在全世界消除一切形式的贫困
目标2：消除饥饿	消除饥饿，实现粮食安全，改善营养状况和促进可持续农业
目标3：保障健康	确保健康的生活方式，促进各年龄段人群的福祉
目标4：优质教育	确保包容和公平的优质教育，让全民终身享有学习机会
目标5：促进性别平等	实现性别平等，增强所有妇女和女童的权益
目标6：清洁饮水和卫生设施	为所有人提供水和环境卫生，并对其进行可持续管理
目标7：负担得起的能源价格和可持续供应	确保人人获得负担得起的、可靠的和可持续的现代能源
目标8：确保经济和就业的可持续	促进持久、包容和可持续的经济增长，促进充分的生产性就业和人人能获得体面工作
目标9：包容、可持续发展的工业	建造具备抵御灾害能力的基础设施，促进具有包容性的可持续工业化，推动创新
目标10：消除不平等	减少国家内部和国家之间的不平等，实现经济的可持续性和包容性发展
目标11：构建人类和城市的协调发展	建立可持续的城市发展目标，需要更为完善的分解目标；城市的选址与社会、经济及环境等方面的协调；建立可量化的人居环境评价指标体系
目标12：可持续的消费和生产方式	需要制订详细的消费和生产计划及评价指标；建议设定可以量化的资源使用目标和资源使用效率标准；到2030年普及可持续发展知识，使得人人具有可持续发展的意识和能力，并且参与可持续发展
目标13：采取紧急行动来应对气候变化及其影响	对于渐进性气候变化带来的影响，需要详细的评估指标和衡量标准；在这一目标中，需要确切的地理尺度，而不仅仅以国家作为范围
目标14：保护海洋和海洋资源的可持续发展	到2025年，减少30%来自陆地的塑料、海洋碎片和营养污染等，防止出现新的海洋污染；2025年要建立一个完整的应对海洋酸化的海洋生态保护系统
目标15：保护陆地生态系统和生物多样性	保护、恢复和促进可持续利用陆地生态系统，可持续管理森林，防治荒漠化，制止和扭转土地退化，遏制生物多样性的丧失
目标16：构建包容、和平、可持续的社会环境	创建和平、包容的社会，以促进可持续发展，让所有人都能诉诸司法，建立有效、负责和包容的机构
目标17：加强全球合作和伙伴关系	加强执行手段，重振可持续发展全球伙伴关系

二、社会道德责任标准

社会道德责任标准(Social Accountability 8000，SA8000)是社会责任国际(Social Accountability International，SAI，总部在纽约)根据《国际劳工组织合约》《世界人权宣言》《联合国儿童权益合约》制定的全球第一个道德规范国际标准，于1997年10月公布，其宗旨是确保供应商所供应的产品皆符合社会责任标准的要求。SA8000标准适用于世界各地、任何行业、不同规模的公司。与ISO9000质量管理体系和ISO14000环境管理体系一样，SA8000是一系列可被第三方认证机构审核的国际标准。

SA8000的条目与主要内容见表6-2。

表6-2　SA8000的条目与主要内容

SA8000的条目	主要内容
童工	反对雇用童工
强迫性劳工	反对强迫性劳动
健康与安全	保障员工健康与安全
组织工会的自由与集体谈判的权利	保障员工结社自由及集体谈判权利
歧视	反对工作中的歧视
惩戒性措施	限制惩戒性措施，确保可申诉有限的惩罚
工作时间	限制延长工作时间
工资	合理的报酬标准与保障
管理体系	企业要制定切实可行的管理体系

三、《社会责任指南》

为了满足国际社会对社会责任规范化和统一化的需求，国际标准化组织(International Standard Organization，ISO)于2004年启动了ISO26000《社会责任指南》的制定工作，2010年11月1日正式发布，为所有组织(不仅限于企业，但不包含国家立法、执法和司法机关)提供一个全球普适的履行社会责任的框架性指南。

ISO26000描述的重点是社会责任七项原则和七个核心主题。

(一) 社会责任七项原则

ISO26000社会责任七项原则及其内涵见表6-3。

表6-3　ISO26000社会责任七项原则及其内涵

社会责任的七项原则	社会责任原则的内涵
承担义务	组织应对社会及环境负责任
透明度	组织应将其会影响社会和环境的决策及活动透明化
道德行为	组织应时刻遵循道德行为规范
尊重利益相关者	组织应尊重、考虑及回应利益相关者所有关注事宜
尊重法规	组织应尊重及遵守法规要求
尊重国际行为标准	组织应尊重国际行为标准
尊重人权	组织应尊重人权并认知其重要性与普及性

(二) 七个核心主题

评价一个组织是否尽到了社会责任，不能局限于其本身的活动，还要考虑其影响力所能达到的范围，这个范围涵盖了部分甚至整个价值链，其中包括合作伙伴甚至竞争对手。社会责任有7个核心主题，涉及45个议题，见表6-4。所列的主题和议题并不能全部适用于任何组织，但每个组织都要以整体的眼光来看待核心主题，考虑它们之间的关系。

表6-4　ISO26000的核心主题及议题

核心主题	主题内涵	包含的议题
组织治理	组织在建立和实施决策中应考虑法规及要求，组织应该定期检查其决策机制及架构，确保组织治理考虑社会责任的担当	①创造提高透明度、道德操守、问责、守法、照顾利益相关者的环境 ②善用财务、天然及人力资源 ③确保在管理高层有合适比例的各式代表 ④平衡组织及其利益相关者的需要 ⑤成立长期与利益相关者的双向沟通机制 ⑥鼓励员工参与社会责任相关的决策 ⑦平衡员工权限、职责和能力水平 ⑧跟踪决定的执行，记录正面和负面结果的责任人 ⑨定期评审和评估组织的治理过程
人权	组织在其影响力下尊重和支持人权，对人权所持的价值便是文明程度的指标	①尽力而为 ②人权风险状态 ③避免同流合污 ④处理申斥 ⑤不可歧视弱势社群 ⑥民权及政治权利 ⑦经济、社会及文化权利 ⑧保障基本工作权利
劳工惯例	组织内涉及劳工工作的所有政策及准则，要确保对劳工的社会责任	①促进就业及雇佣关系 ②工作条件及社会保障 ③保持社会对话 ④顾及工作安全及健康 ⑤参与人类发展和现场培训
环境	组织应以融合手段来降低负面环境影响，确保环境责任的承担	①预防污染 ②可持续资源的使用 ③缓和及适应气候变化 ④保护及恢复自然环境
公平营运实践	组织应基于道德行为守则与其他机构洽谈，确保对公平责任的承担	①反贪污 ②参与政治 ③公平竞争 ④在势力范围内推广社会责任 ⑤尊重产权
消费问题	组织应对顾客及消费者的产品和服务负责，承担对消费者的责任	①按照公平营销、信息透明和遵守合同的方式对待消费者 ②保护消费者安全及健康 ③可持续消费 ④提供消费者服务、支持投诉及纠纷的排除和解决 ⑤保护消费者数据及个人隐私 ⑥保障享用服务权 ⑦教育及意识

核心主题	主题内涵	包含的议题
社区参与和发展	组织应与当地社区建立关系并促进其不断发展，承担对社区可持续发展的责任	①社区参与 ②教育及文化 ③创造就业和技能发展 ④科技发展和途径 ⑤创造财富和收入 ⑥推广健康 ⑦社会投资

ISO26000标准是通用性标准，可以应用于所有的组织，包括中小企业，因为90%以上的企业都是中小企业，无论是中国、日本，还是欧洲都是如此。所以必须解决推广和普遍应用的问题，即怎样能使ISO26000标准能够为各种规模的组织所使用，并且不仅能给发达国家带来好处，而且使发展中国家也能从遵守ISO26000标准的过程中获得好处。

四、《可持续发展报告指南》

全球报告倡议组织(Global Reporting Initiative，GRI)成立于1997年，是由联合国环境署(United Nations Environment Programme，UNEP)和美国的一个非政府组织"对环境负责的经济体联盟"(Coalition for Environmentally Responsible Economies，CERES)联合发起的，总部设在荷兰的阿姆斯特丹，旨在帮助企业和政府机构透明地报告其对经济、环境和社会的影响。GRI通过提供全球通用的标准化报告框架，为企业提供清晰的ESG(环境、社会和治理)披露指引，帮助组织透明地披露其在经济、环境和社会方面的绩效，满足投资者和利益相关方的需求。GRI标准是全球首个可持续发展标准，也是全球使用最广泛的可持续发展报告标准。

GRI的标准体系经历了多个版本的更新和发展。2000年，GRI发布了第一版《可持续发展报告指南》(简称G1)，为可持续发展报告提供了初步框架，在全球产生了广泛的影响。2002年，GRI从CERES剥离，正式成为一个独立的国际组织，并以UNEP官方合作机构的身份成为联合国成员。同年，GRI正式发布《可持续发展报告指南》第二版(G2)，G2提供了更详细的指导和指标；2006年，GRI发布《可持续发展报告指南》第三版(G3)，进一步完善了报告框架，增加了更多的披露要求和指标，提高了报告的透明度和可比性；2013年5月，GRI发布《可持续发展报告指南》第四版(G4)，强调了实质性议题的识别和报告，要求企业识别和报告对其业务和利益相关方具有重大影响的可持续发展议题。2016年，GRI从提供指导方针转变为制定第一个可持续性报告的全球标准，即GRI Standards(GRI标准)，取代了之前的GRI指南。GRI标准(2016)包含"GRI 101基础""GRI 102一般披露""GRI 103管理方法"共3项通用准则，以及"GRI 200经济议题披露""GRI 300环境议题披露"与"GRI 400社会议题披露"等议题标准，为企业提供议题披露内容及方法。

2021年10月，GRI发布了GRI标准(2021)，该版标准于2023年1月1日正式生效，具体架构如图6-2所示。2021版标准的重大变化之一是增加了"行业标准"(Sector Standards)版块，使得报告更加针对特定行业的特点和影响。GRI标准(2021)是由相互关联的多套标准组成的模块系统，分为通用标准、行业标准和议题标准三个系列。通用标准适用于所有组织，涵盖与公司对经济、社会和环境影响相关的核心可持续发展问题；行业标准适用于特定行业，根据行业特性列举了该行业可能涉及的实质性议题，企业在报告时能更准确地反映其行业特点和对经济、环境和社会最重大的影响，包括对人权的影响。GRI 预计将推出40个行业标准，目前已发布石油和天然气、煤炭、农业、水产养殖业和渔业、采矿业等行业标准。议题标准是与特定领域相关的披露内容。

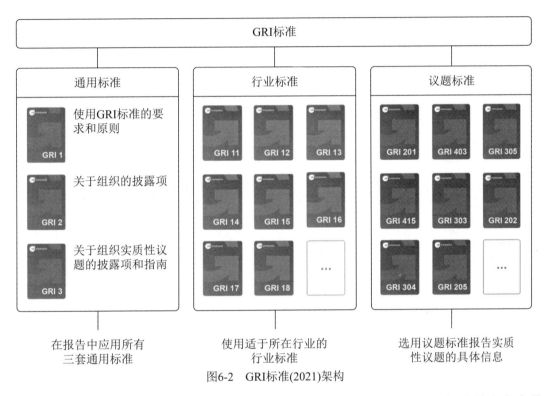

图6-2　GRI标准(2021)架构

GRI行业标准是报告组织必须选择和遵循的，报告组织可参照行业标准结合自身的内外部环境识别自己的实质性议题，组织一旦采用GRI标准编制报告，必须遵守通用标准GRI 1中的所有九项要求，才能声称符合GRI标准编制的报告。

第二节　中国企业社会责任标准

中国从国家层面和地方层面制定与实施的社会责任标准主要包括国标36000、《关于中央企业履行社会责任的指导意见》、行业性倡议与标准、国内交易所上市公司社会责任指引和企业社会责任管理体系地方标准等，在中国境内经营的企业和组织必须加以了解、掌握和执行。

一、国标36000

自2016年1月1日起施行的社会责任国家标准(简称国标36000)包括《社会责任指南》(GB/T 36000—2015)、《社会责任报告编写指南》(GB/T 36001—2015)和《社会责任绩效分类指引》(GB/T 36002—2015)。社会责任国家标准是我国社会责任领域首个国家层面的标准,其基本框架见图6-3。

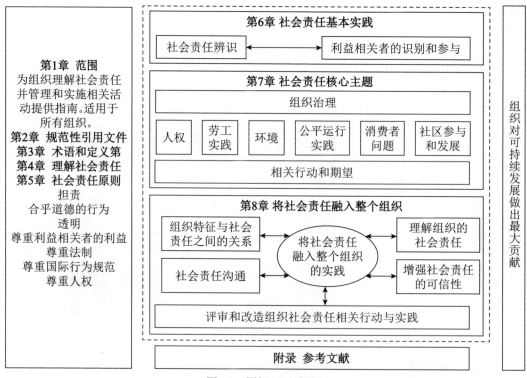

图6-3 国标36000框架

国标36000中,关于社会责任的三个要点如下。

第一,谁是社会责任的主体,或者说社会责任应该由谁来履行。国标36000明确,社会责任的主体是组织。组织是一个大于企业的概念,它不仅包括企业,还包括政府、军队、学校、医院,以及一切社会团体。换言之,无论是以营利为目的的组织还是不以营利为目的的组织,都需要履行社会责任。

第二,责任客体是什么,或者说组织对什么负责任。国标36000明确,组织对"影响"负责任,即为自己决策与活动对社会和环境产生的影响负责。所谓影响,既包括实际影响和潜在影响,也包括正面影响和负面影响。组织要处理实际影响,管理潜在影响,强化积极影响,避免、减轻和消除负面影响。

第三,履行责任的方式,或者说组织如何对影响负责。国标36000指出,组织做出的、影响到社会和环境的任何决策与活动,既要透明又要合乎道德,要通过透明且道德的行为对影响负责。透明就是要让受到影响的一方知情,不搞暗箱操作;合乎道德是指符合法律法规、行为规范及伦理道德,符合可持续发展理念,充分考虑利益相关者的利益等。

二、《关于中央企业履行社会责任的指导意见》

国务院国有资产监督管理委员会于2008年1月印发了《关于中央企业履行社会责任的指导意见》，明确了中央企业履行社会责任的重要意义、指导思想、总体要求、基本原则、主要内容和主要措施。中央企业要增强社会责任意识，积极履行社会责任，成为依法经营、诚实守信的表率，节约资源、保护环境的表率，以人为本、构建和谐企业的表率，努力成为国家经济的栋梁和全社会企业的榜样。

《关于中央企业履行社会责任的指导意见》的核心内容包括三大基本原则和八项基本责任。

(一) 三大基本原则

(1) 坚持履行社会责任与促进企业改革发展相结合。把履行社会责任作为建立现代企业制度和提高综合竞争力的重要内容，深化企业改革，优化布局结构，转变发展方式，实现又好又快发展。

(2) 坚持履行社会责任与企业实际相适应。立足基本国情，立足企业实际，突出重点，分步推进，切实取得企业履行社会责任的成效。

(3) 坚持履行社会责任与创建和谐企业相统一。把保障企业安全生产，维护职工合法权益，帮助职工解决实际问题放在重要位置，建立和谐劳动关系，促进职工全面发展，实现企业与职工、企业与社会的和谐发展。

(二) 八项基本责任

(1) 坚持依法经营，诚实守信。严格遵守法律法规和社会公德、商业道德及行业规则，及时足额纳税，维护投资者和债权人权益，保护知识产权，忠实履行合同，恪守商业信用，反对不正当竞争，杜绝商业活动中的腐败行为。

(2) 不断提高持续盈利能力。完善公司治理，科学民主决策。优化发展战略，突出做强主业，缩短管理链条，合理配置资源。强化企业管理，提高管控能力，降低经营成本，加强风险防范，提高投入产出水平，增强市场竞争能力。

(3) 切实提高产品质量和服务水平。保证产品和服务的安全性，改善产品性能，完善服务体系，努力为社会提供优质、安全、健康的产品和服务，最大限度地满足消费者的需求。保护消费者权益，妥善处理消费者提出的投诉和建议，努力为消费者创造更大的价值，取得广大消费者的信赖与认同。

(4) 加强资源节约和环境保护。认真落实节能减排责任，带头完成节能减排任务。发展节能产业，开发节能产品，发展循环经济，提高资源综合利用效率。增加环保投入，改进工艺流程，减少污染物排放，实施清洁生产，坚持走低投入、低消耗、低排放和高效率的发展道路。

(5) 推进自主创新和技术进步。建立和完善技术创新机制，加大研究开发投入，提高自主创新能力。加快高新技术开发和传统产业改造，着力突破产业和行业关键技术，增加技术创新储备。强化知识产权意识，实施知识产权战略，实现技术创新与知识产权的良性互动，形成一批拥有自主知识产权的核心技术和知名品牌，发挥对产业升级、结构优化的带动作用。

（6）保障生产安全。严格落实安全生产责任制，加大安全生产投入，严防重、特大安全事故发生。建立健全应急管理体系，不断提高应急管理水平和应对突发事件能力。为职工提供安全、健康、卫生的工作条件和生活环境，保障职工职业健康，预防和减少职业病和其他疾病对职工的危害。

（7）维护职工合法权益。依法与职工签订并履行劳动合同，坚持按劳分配、同工同酬，建立工资正常增长机制，按时足额缴纳社会保险。尊重职工人格，公平对待职工，杜绝性别、民族、宗教、年龄等各种歧视。加强职业教育培训，创造平等发展机会。加强职代会制度建设，深化厂务公开，推进民主管理。关心职工生活，切实为职工排忧解难。

（8）参与社会公益事业。积极参与社区建设，鼓励职工志愿服务社会。热心参与慈善、捐助等社会公益事业，关心、支持教育、文化、卫生等公共福利事业。在发生重大自然灾害和突发事件的情况下，积极提供财力、物力和人力等方面的支持与援助。

三、行业性倡议与标准

除了社会责任国家标准，我国还有行业性质的标准倡议，例如《中国纺织服装企业社会责任管理体系总则及细则》《中国工业企业社会责任管理指南(2015)》《中国银行业金融机构企业社会责任指引》《关于加强银行业金融机构社会责任的意见》《中国有色金属工业企业社会责任指南》《中国对外承包工程行业社会责任指引》《中国皮革行业社会责任指南》《直销企业履行社会责任指引》等。

四、《上市公司社会责任指引》

2006年9月，深圳证券交易所为落实科学发展观，构建和谐社会，推进经济社会可持续发展，倡导上市公司积极承担社会责任，根据《公司法》《证券法》等法律、行政法规、部门规章，正式发布《上市公司社会责任指引》，将社会责任引入上市公司，鼓励上市公司积极履行社会责任，自愿披露社会责任的相关制度建设。《上市公司社会责任指引》明确提出，上市公司作为社会成员之一，应对职工、股东、债权人、供应商及消费者等利益相关者承担起应尽的责任。上市公司在经营活动中应当遵纪守法，遵守商业道德，维护消费者的合法权益，保障劳动者的健康和安全，并积极承担保护环境和节约资源的责任，参与社会捐献、赞助等各种社会公益事业。

2008年5月，上海证券交易所发布了关于加强上市公司社会责任承担工作暨《上海证券交易所上市公司环境信息披露指引》的通知，指出各上市公司应增强作为社会成员的责任意识，在追求自身经济效益、保护股东利益的同时，重视公司对利益相关者、社会、环境保护、资源利用等方面的非商业贡献。公司应自觉将短期利益与长期利益相结合，将自身发展与社会全面均衡发展相结合，努力超越自我商业目标。

2021年12月24日，全国人大公布了《公司法》修订草案，公开征询意见。这个草案增加了社会责任的相关要求：公司从事经营活动，应当在遵守法律法规规定义务的基础上，充分考虑公司职工、消费者等利益相关者的利益及生态环境保护等社会公共利益，承担社会责任；国家鼓励公司参与社会公益活动，公布社会责任报告。2022年1月7日，上海证券交易所、深圳证券交易所分别更新了上市规则，提出"公司应当按规定编制和披露社会责任报告"，全面要求上市公司发布企业社会责任报告。可见，加强公司社会责任建设日益重要，编制社会责任报告将成为大企业和上市公司的普遍实践。

五、地方政府关于企业社会责任的要求

各地方政府也越来越关注企业履行社会责任的情况，并推动辖区内企业负责任发展，以促进当地经济、社会和环境可持续发展。为了规范企业在辖区内承担社会责任，各地纷纷提出企业履行社会责任的地方标准和要求。

以河北省为例，2015年12月31日，中共河北省委办公厅、河北省人民政府办公厅发布关于印发《河北省促进企业履行社会责任的指导意见》的通知，指出坚持企业主体作用，充分发挥企业经营者和职工的积极性和能动性，把履行社会责任作为接轨国际市场、实现企业价值的重要内容。切实转变政府职能，完善激励政策，引导企业积极履行对职工、消费者、客户、社会、政府等利益相关者的社会责任，重点构建推进企业履责的长效机制，避免政府对企业的不合理干预。《河北省促进企业履行社会责任的指导意见》主要从转型发展和绿色环保、安全生产和质量保证、守法经营和公平诚信、保障权益和关爱员工、社会公益和慈善事业五个方面提出了对企业履行社会责任的具体要求。2017年5月7日，河北省质量监督管理局发布了企业社会责任管理体系要求的河北省地方标准DB13/T 2516—2017(该标准由河北省工业和信息化厅、河北省标准化院及河北省企业社会责任促进会共同起草)，并于2017年8月1日起正式开始实施。自此，在河北省从事生产经营活动的企业开展社会责任工作有了可遵循的地方标准。

2023年，上海市文明办发布了《文明单位社会责任报告指标体系(2023年修订版)》，规范指导在上海从事生产经营活动的各类主体的社会责任行为。国内其他地区也先后出台了企业履行社会责任的地方标准和要求。

课程思政

国务院国资委成立科技创新局社会责任局
更好推动中央企业科技创新和社会责任工作高标准高质量开展

为切实推动中央企业科技创新和社会责任工作，经中央机构编制委员会批准，国务院国资委成立科技创新局、社会责任局，并召开成立大会。国资委党委书记、主任郝鹏出席会议并讲话强调，要深入学习贯彻习近平总书记关于强化企业科技创新和社会责任的重要指示精神，贯彻落实党中央、国务院决策部署，进一步统一思想、汇聚力量，更好地组

织、指导中央企业深入实施创新驱动发展战略、积极履行社会责任，坚定不移做强做优做大国有资本和国有企业，加快打造世界一流企业。

会议认为，党的十八大以来，习近平总书记对国资央企科技创新和社会责任工作多次发表重要讲话，做出一系列重要指示，为做好国资央企科技创新和社会责任工作指明了方向、提供了根本遵循。近年来，国资委坚决落实党中央、国务院决策部署，扎实推动中央企业科技创新和社会责任工作取得了重要进展和明显成效。国资委成立科技创新局和社会责任局，是深入学习贯彻习近平总书记重要指示精神，坚决做到"两个维护"，进一步完善国资监管体制机制，更好发挥监管效能，建设世界一流企业的重要举措，有利于更好地推动中央企业强化科技创新，履行社会责任，加快实现高质量发展。

会议强调，要提高政治站位，把准职责定位，聚焦主责主业，抓紧抓实国资央企科技创新和社会责任重点工作任务。要突出抓好重大科技专项任务落地，着力推动国有企业打造原创技术策源地；突出抓好强化企业创新主体地位，加快推动中央企业建设创新型领军企业；突出抓好科技生态优化，更好激发中央企业创新创造潜能；突出抓好中央企业两化融合和数字化转型，大力推进中央企业创新链产业链深度融合。要突出抓好中央企业碳达峰碳中和有关工作，"一企一策"有力有序推进"双碳"工作；抓好安全环保工作，推动企业全过程、全链条完善风险防控体系；抓好中央企业乡村振兴和援疆援藏援青工作；抓好中央企业质量管理和品牌建设，打造一批国际知名高端品牌；抓好中央企业社会责任体系构建工作，指导推动企业积极践行ESG理念，主动适应、引领国际规则标准制定，更好地推动可持续发展。

资料来源：王莉.国务院国资委成立科技创新局社会责任局 更好推动中央企业科技创新和社会责任工作高标准高质量开展，国务院国有资产监督管理委员会新闻中心，2022(3)。

第三节 企业社会责任沟通

20世纪90年代末期之前，企业就其社会责任进行的沟通相对零散和随机，且主要作为一种危机公关手段，旨在降低负面事件对企业的影响。1998年，荷兰壳牌石油公司发布了具有标志性和表率意义的第一个企业社会责任报告，企业社会责任沟通迅速在欧美的跨国企业中普遍化和常态化，并逐步扩散到中小企业和发展中国家。自21世纪起，企业界和学术界都更加重视企业社会责任沟通，将其视为一项可以有效地在公众和利益相关者中建立正面的企业和品牌形象的工具。

一、企业社会责任沟通的意义

随着实践和研究的不断深入，近年来，学术界和企业界逐渐形成共识，认为企业社会责任沟通有以下意义。

(一) 提升企业声望和形象

企业社会责任、企业沟通及市场营销等研究领域普遍认为，企业社会责任沟通的首要作用是建立一个统一、自洽且可信的负责任的企业形象，进而提升社会对企业的好感和认可度。

(二) 增进企业合法性和可问责性

企业社会责任沟通更深层次的作用在于建立、保持或者恢复企业在公众中的合法性。通过向公众展示企业在环境、社会等方面行为的正当性和积极作用，不仅确立了特定企业的合法性，也传递了整个行业及现有社会经济制度的合法性。

(三) 进行利益相关者管理

通过提供信息及建立沟通渠道，企业社会责任沟通可以有效地赢得不同的利益相关者对企业目标的认可并与其建立互利互惠关系。

(四) 改变利益相关者的态度和行为

企业社会责任沟通能够对利益相关者的态度和行为产生切实影响，比如可以提升消费者的购买意愿和品牌忠诚度，对企业员工行为具有积极影响等。

二、企业社会责任沟通的内容

(一) 做了什么(告知、传播)

对企业履行社会责任的具体行动进行陈述，让利益相关者了解企业履行社会责任的具体内容。

(二) 做得怎么样(效果评估、监督)

公布企业履行社会责任的绩效评估情况，即到底取得了哪些成绩和绩效。例如对员工这一重要利益相关者，通过一系列社会责任的承担行动，在员工成长、员工满意度、员工忠诚度和企业凝聚力等方面取得了哪些成效。

(三) 还能做什么(潜在诉求和诉求变化)

分析重要利益相关者的潜在诉求和诉求变化，动态调整社会责任的内容和工作重点，满足利益相关者的各类诉求。

(四) 如何做得更好(持续改进)

复盘企业社会责任承担行动，总结经验、教训和利弊得失，持续改进社会责任承担工作，形成良性循环。

三、企业社会责任沟通的要点

(一) 提炼主题框架

社会责任沟通必须提炼要表达的主题框架,明确告知利益相关者企业的社会责任关注点是什么。例如,阿里巴巴集团的责任沟通主题是"用商业模式演绎可持续发展",具体框架包括"让天下没有难做的生意"的理念、"内生于商业模式的社会责任"的管理,以及"以公益的心态,商业的方式来做事"的行动。阿里巴巴集团的责任沟通主题非常明确,表明自己要通过改变商业模式承担社会责任。

(二) 简化沟通方式

简化沟通方式,利用更简单、更直观的沟通方式,将需要与利益相关者沟通的内容加以呈现,便于利益相关者理解和记忆。例如"一张图读懂恒丰银行环境责任绩效"(见图6-4),恒丰银行用一张图清晰、形象地展示了节能减排的具体情况,快速赢得利益相关者的支持。

图6-4　一张图读懂恒丰银行环境责任绩效

图片来源:恒丰银行股份有限公司环境·社会·治理(ESG)报告(2022)。

(三) 传递情感价值

企业若要提升其在受众中的亲和力,塑造"有趣、有温度、有人情味"的企业形象,还要关注责任沟通中的人文元素,以文化人、以情动人。比如设计企业拟人化形象和昵称,并在从事社会责任工作时以此自居,强化自身可亲可敬的形象。

以阿里巴巴集团旗下以数据和技术驱动的新零售平台盒马鲜生为例,盒马鲜生在2020年初新冠疫情爆发期间,除了全力以赴保障门店物资供应、主动"借用"多家餐饮品牌员工在盒马店内上岗等种种负责任举措,还主动支援动物园里因为疫情而遭遇食物匮乏的动物。此事件引发广大网友的一致好评,盒马鲜生的企业微博账号也因此获得了自己的昵称"盒马君"和自己的形象——一只圆头圆脑、憨态可掬的蓝色河马(见图6-5)。疫情期间,盒马鲜生的微博账号一直在线,除了发布资讯,还扮演协调、沟通的角色,汇报各种援助的最新近况,配上暖心的文案风格,让盒马与消费者更贴心。

图6-5　盒马君

图片来源:盒马鲜生官网。

四、企业社会责任沟通的方式

(一) 网络专栏

社会责任网络专栏是企业在网络主页设立的栏目,是披露履责信息的重要窗口,是其开展社会责任沟通的重要渠道。具有良好沟通效果的网络专栏一般具有以下特点。

一是社会责任沟通信息的完整性。企业应保证在专栏中披露的信息是完整的,还要在显著位置设置下载链接供人下载和查看。

二是社会责任沟通信息的动态化。企业应安排专门的责任部门和人员及时上传最新的社会责任事件,向公众宣传、解释、说明企业近期的履责行为,绝不能用陈旧的信息敷衍塞责。

三是社会责任沟通信息的可互动性。要提供企业社会责任工作人员的联系方式,使利益相关者能够就相关问题和企业进行交流。

四是网络专栏界面友好。企业应提供清晰的导航设计和符合当前公众使用习惯的信息检索功能,最好能借助图表、图片等提升信息的可读性,进而强化责任沟通的效果。

五是专栏信息的国际化视野。跨国运营的企业要提供英文版网页及企业海外主要运营地的其他语言版网页,实现与国外利益相关者的责任沟通。

(二) 企业社会责任报告

企业社会责任报告是企业为了向利益相关者表达自身的履责行为,以企业的履责实践为基础,依据责任标准编制而成的重要文件。社会责任报告是外界认知和了解企业社会责任工作的重要渠道与载体,企业也因此能与利益相关者进行更加全面、系统和深入的沟通。

编制和发布企业社会责任报告是企业开展社会责任工作的重要突破口。许多企业都是从编制第一份社会责任报告开始深入理解企业社会责任的。在编制报告的过程中,企业的社会责任理念得以持续提炼,社会责任培训得以高质量开展,利益相关者得以精准明确,企业的重要社会责任议题得以系统梳理,这些都强化了企业的责任沟通行为。除此之外,编制和发布社会责任报告也能促使企业社会责任正式进入高管的视野,促使企业高管加强企业社会责任的内部沟通。

社会责任报告的形式丰富多样,可以是常规报告、简短报告、专题报告、国别报告,也可以是非常时尚的H5报告。

(三) 其他沟通方式

企业社会责任沟通除了网络专栏、企业社会责任报告,还有一些其他的方式。企业社会责任内部沟通是宣传社会责任管理理念、提升员工责任意识,以及全面、深入了解企业各方面社会责任实践的重要机制,主要沟通手段包括召开社会责任交流会议、开展社会责任实地调研、制作社会责任内部交流刊物、电话访谈等。企业社会责任的对外沟通方式还有入户调查、热线电话、问卷调查、社交媒体互动、网络舆情监测等。

无论企业社会责任沟通方式如何变化,只有充分调动多方利益相关者参与,建立良性的沟通机制,方可逐步达到企业和利益相关者都满意的"双赢"局面。

复习思考题

1. 你对哪个社会责任标准印象深刻?为什么?
2. 企业为什么要进行社会责任沟通?
3. 企业社会责任沟通主要包括哪些内容?
4. 企业社会责任沟通的要点包括哪些?
5. 企业社会责任沟通的方式有哪些?请结合实际加以说明。

同步练习
扫码答题

第七章
企业社会责任报告编制

导言

企业社会责任报告是企业与利益相关者进行全面沟通和交流的重要载体。对企业而言，规范、科学地编制企业社会责任报告并定期发布报告，不仅起到与利益相关者有效沟通的作用，也是对社会责任活动的梳理和复盘，有助于促进企业不断提升履行社会责任的能力和水平。

学习目标

理解：企业社会责任报告的作用和原则。

掌握：企业社会责任报告编制的流程和主要内容。

应用：在深刻理解企业社会责任报告的基础上，引导企业更好地履行编制社会责任报告的相关职责，向外部利益相关者披露更多的社会责任信息。

第一节 企业社会责任报告的作用和编制原则

一、企业社会责任报告的作用

企业社会责任报告是企业非财务报告的一种，起源于企业环境报告，亦称企业可持续发展报告、企业公民报告，是企业就其履行社会责任的理念、内容、方式和绩效所进行的系统信息披露，是企业与利益相关者进行全面沟通和交流的重要载体。

编制和发布企业社会责任报告可以起到以下作用。

(1) 增进组织内部和外部对其社会责任战略、目标、计划和绩效，以及所面临挑战的了解；

(2) 表明企业对社会责任原则的尊重；

(3) 有助于实现利益相关者的参与；

(4) 促进与利益相关者的对话；

(5) 满足有关社会责任信息披露的法律法规要求;

(6) 展现组织当前如何履行社会责任承诺,并对利益相关者的利益和社会的普遍期望有所回应;

(7) 提供组织活动、产品和服务的影响信息,包括这些影响随时间推移而变化的详情;

(8) 有助于促进和激励员工及其他人员支持组织的社会责任活动;

(9) 促进同行之间的比较,从而激励组织改进社会责任绩效;

(10) 提高组织在对社会负责任的行动、透明度、诚信和担责方面的声誉,以增强利益相关者对组织的信任。

二、企业社会责任报告的编制原则

企业在编制社会责任报告时,应遵循以下原则。

(一) 利益相关者参与原则

识别与企业自身活动相关的利益相关者,考虑利益相关者的合理期望和利益,采取适用的方式与利益相关者进行沟通和交流。

(二) 完整性和平衡性原则

保证社会责任信息覆盖的完整性、信息内容的全面性,不能选择性隐瞒消极影响,要披露全部活动过程和活动绩效,除非涉及商业秘密及个人隐私。既要公布企业履行社会责任的成效和成绩,也要明确表达企业在社会责任承担方面的不足,甚至主动承认企业的失误,分析原因并给出改进措施,从而保证社会责任报告的平衡性,呈现更真实的社会责任履行情况,增强报告的可信度。

(三) 客观、准确、清晰原则

披露的信息应客观,也就是不主观、不带偏见;准确,也就是不捏造、不歪曲;清晰,确保信息与事实相符。

(四) 明确回应原则

报告要及时回应利益相关者所关切的议题,并主动处理利益相关者以前的反馈。

(五) 及时可比原则

企业社会责任报告应有较强的时效性和可比性。报告内容必须是报告时间段内发生的,报告要有纵向自我对比内容,还要有与业内标杆进行横向对比的内容。

(六) 易读易懂原则

企业社会责任报告应使利益相关者易读易懂。例如采取通俗易懂的大众化语言进行表述，专业术语要有说明；要坚持读者友好，譬如给老年读者提供大字号版，使其能够看得见、读得懂，还可以针对视障人士发行盲文版和有声版。

(七) 获取方便原则

企业社会责任报告应便于利益相关者获取，如发布纸质版、电子版、互联网交互网页等多种版本。

高质量的企业社会责任报告应符合金蜜蜂中国企业社会责任高质量报告模型"三好报告"的要求：第一，一份好的报告应该能够完整地呈现基础信息，即具有完整性；第二，一份好的报告应该能够很好地回应各利益相关者的关切，即具有实质性；第三，一份好的报告应遵循一些基本报告原则，包括报告的可读性、可信性、可比性和创新性。如果在完整性、实质性、可读性、可信性、可比性和创新性六个方面都能做好，这就是一份高质量的企业社会责任报告。

第二节 企业社会责任报告的主要内容和编制流程

一、企业社会责任报告的主要内容

根据《社会责任报告编写指南》(GB/T 36001—2015)的要求，企业社会责任报告的主要内容有三大部分。

(一) 理念

理念部分具体包括以下内容：企业概况；企业的使命、愿景、核心价值观、发展理念；企业最高管理者的社会责任观；具有社会责任的战略决策，更高标准的社会责任，人财物的社会责任投入；企业社会责任战略规划、企业对各利益相关者的识别和沟通，特别是弱势群体的关注。

(二) 行动

行动部分具体包括以下内容：企业社会责任规划和计划、企业社会责任实践活动、企业对各利益相关者期望的响应和反馈。

(三) 结果

结果部分应包括绩效、企业所有活动对各利益相关者带来的实质性影响等内容。

另外，企业社会责任报告还要明确企业社会责任报告的地域范围，以及社会报告发布的频次。

华为公司2022年可持续发展报告的主要内容见表7-1。

表7-1　华为公司2022年可持续发展报告的主要内容

板块	内容
关于华为	华为公司介绍
关于报告	向利益相关者披露华为的可持续发展状况，促进华为与利益相关者之间的了解、沟通与互动，提升企业透明度
董事长和CSD委员会主任致辞	核心领导者对可持续发展和社会责任的认知
可持续发展管理	2022年可持续发展荣誉与奖项、2022年华为可持续发展重要事件、可持续发展管理体系、利益相关者参与
数字包容	科技助力公平优质教育、科技守护自然、科技促进健康福祉、科技推进均衡发展
安全可信	网络安全与隐私保护、开放透明、保障人们通信畅通、业务连续性
绿色环保	持续推进节能减排、加大可再生能源使用、促进循环经济、绿色环保相关认证
和谐生态	员工关爱、商业道德、供应责任、社区责任
附录	可持续发展目标和绩效、GRI内容索引、缩略语表、外部验证声明

资料来源：华为公司官网。

二、企业社会责任报告的编制流程

企业社会责任报告的编制需要按照科学的流程进行，主要步骤如下。

(一) 组建报告编制小组

除了安排核心小组成员负责具体事务性工作，还要吸纳组织关键部门的成员参与，如营销、生产、研发、财务等部门相关人员，这样便于协调与各部门之间的关系，同时更有利于收集各部门关键信息，用于报告编制。

(二) 制订工作计划

要制订详细的工作计划，确定目标和分工，并将工作内容、协同关系、时间进度等问题梳理、落实好，保证工作的推进。

(三) 策划报告内容

通过内部沟通以及与外部重要利益相关者沟通，规范地策划报告的主要内容，例如客户隐私保护、碳排放和环境可持续发展等，以回应各方的关切。

(四) 确定重点和议题

随着企业的发展和利益相关者关注点的转移，及时、准确地确定每期社会责任报告关注的重点和议题。

(五) 撰写报告

通过图片、视频、文字等表现报告内容，科学设计报告的版式和样式，更好地呈现给各利益相关者。

(六) 发布报告

召开新闻发布会，采用纸质版、电子版、交互网页、公众号等方式发布报告。

(七) 收集反馈信息

收集各利益相关者对报告的意见和态度。

(八) 工作总结复盘

总结经验，查找不足，提出改进意见，从而使下一轮工作能够得到改善和提升。

第三节 中国企业社会责任报告现状及存在的主要问题

一、中国企业社会责任报告现状

(一) 企业社会责任报告发布数量

2006年3月，我国本土企业的第一份社会责任报告——《国家电网公司2005社会责任报告》正式发布。2006年中国企业发布的社会责任报告只有32份，不到全球报告总数的1%，2019年这个数字已经达到近2 000份，超过全球报告总数的10%。《2020中国企业发展数据年报》显示，2020年我国共有4 457.2万户企业，然而，当年发布社会责任报告的企业却只有不到2 000家，社会责任报告发布率不足五万分之一。如图7-1所示，从2009年开始，发布社会责任报告的企业数量有了较大幅度的提高，被第三方进行评估的报告数量也有所提升，越来越多的企业意识到社会责任报告的重要性，可以预见，随着相关行业协会和上市平台对企业社会责任报告发布从提倡逐渐转变为要求，未来还将有更多的企业加入发布企业社会责任报告的行列。

如图7-2所示，2018—2022年，中国500强企业发布社会责任报告的比例从2018年的31.80%，提升到2022年的53.60%，增长幅度明显。但是从世界范围来看，中国500强与世界500强企业相比，社会责任报告发布比例之间还有较大差距。

图7-1 2009—2022年中国企业社会责任报告情况

数据来源：殷格非，管竹笋，林波.金蜜蜂中国企业社会责任报告研究[M].北京：社会科学文献出版社，2022：3。

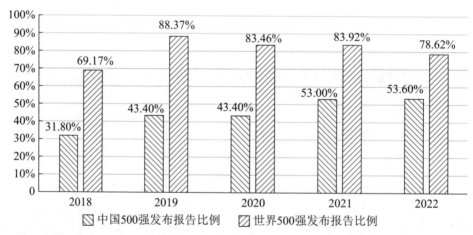

图7-2 2018—2022年中国500强和世界500强企业社会责任报告发布情况

数据来源：殷格非，管竹笋，林波.金蜜蜂中国企业社会责任报告研究[M].北京：社会科学文献出版社，2022：11。

(二) 企业社会责任报告的名称和主要议题

金蜜蜂智库成立于2008年，是中国企业社会责任和可持续发展领域的专业化、研究型平台组织。根据金蜜蜂智库官网统计，国内企业发布社会责任议题的名称主要以"企业社会责任报告"为主，2020年有70.40%的企业以此命名，其次有22.66%的企业以"环境、社会及管治"来命名，还有5.14%的企业用"可持续发展报告"来命名。随着可持续发展理念逐渐深入人心，越来越多的企业使用"环境、社会及管治报告"和"企业可持续发展报告"来命名，2022年两者合计占比达到44.39%，但仍有53.35%的企业以"企业社会责任报告"命名，且前两类报告的核心内容与企业社会责任报告基本一致。

随着社会的发展，特别是大数据和人工智能技术的快速发展与应用，国内企业社会责任报告关注的议题也有所变化。如图7-3所示，2022年，27.34%的社会责任报告开始关注客户隐私保护问题。此外，降污减排和捐赠救灾也被越来越多的企业提及。

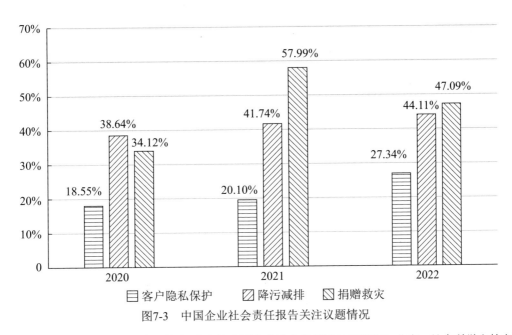

图7-3 中国企业社会责任报告关注议题情况

数据来源：殷格非，管竹笋，林波. 金蜜蜂中国企业社会责任报告研究[M]. 北京：社会科学文献出版社，2022：39-45。

(三) 发布企业社会责任报告的企业的性质

2018年，在发布企业社会责任报告的企业中，国有及国有控股企业占57.57%，是社会责任报告发布的主体，民营企业只占30.59%。但到2022年，在发布社会责任报告的企业中，民营企业已经占到43.61%，首次超过国有及国有控股企业(38.22%)。这说明国有及国有控股企业一直重视企业社会责任问题，同时越来越多的民营企业也开始重视并开展企业社会责任履行工作。目前发布企业社会责任报告的企业还是以上市公司为主体，2021年超过八成的社会责任报告发布企业是上市公司，在2022年发布的企业社会责任报告中，上市公司发布的占比超过93%，非上市企业仅占6.3%。

(四) 企业社会责任报告关注的内容

越来越多的企业在社会责任报告中不仅仅关注出资者的利益，还开始对员工、客户、供应商、社区和环境等加大了关注力度。

在企业必尽责任信息、应尽责任信息和愿尽责任信息披露方面，国内企业社会责任报告也有所改善。必尽责任是指根据法律法规要求，企业必须承担的最基本责任，如守法经营、主动纳税等。应尽责任是指利益相关者普遍期望企业应该履行的责任，如晋升公平、不扰乱周边社区正常生活等。愿尽责任是指企业从追求长远利益、实现可持续发展的角度自愿承担的更高层面的责任，如公益行动等。

(五) 企业社会责任报告的质量

如图7-4和图7-5所示，近年来国内企业社会责任报告总体质量呈上升势头，企业社会责任报告优秀率有所提升。

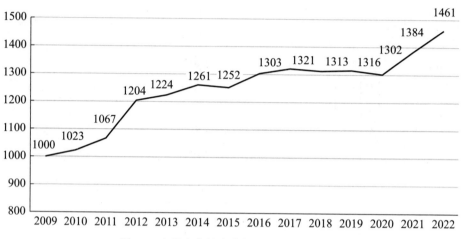

图7-4 中国企业社会责任报告质量综合指数

数据来源：殷格非，管竹笋，林波. 金蜜蜂中国企业社会责任报告研究[M]. 北京：社会科学文献出版社，2022：61。

图7-5 中国企业社会责任报告优秀率

数据来源：殷格非，管竹笋，林波. 金蜜蜂中国企业社会责任报告研究[M]. 北京：社会科学文献出版社，2022：61。

从具体指标来看，国内企业社会责任报告在负面信息披露、信息来源标注、利益相关者评价等方面都有所改善，使得报告的可信性得以提高。在相关数据和事实的纵向比较、横向比较，甚至跨行业比较方面，国内企业社会责任报告也有提升，从而提高了报告的可比性。

二、中国企业社会责任报告存在的主要问题

综合来看，国内越来越多的企业开展了企业社会责任报告发布工作，既包括国有及国有控股企业，也包括民营企业；既包括上市公司，也包括非上市公司，而且国内企业社会责任报告总体质量逐年提升。但是，目前国内企业在社会责任报告编制和发布工作中还存在以下突出问题，应引起重视：①报告普遍缺乏对实质性议题管理过程的信息披露；②不到1/3的企业披露社会责任管理架构和公司高层参与社会责任管理情况，较少报告能够将社会责任理念和企业的发展战略相结合；③超过40%的中国500强企业从未发布过社会责任报告；④内地在港上市公司报告质量高并连年提升，显著高于沪深上市公司报告水平；⑤报告对政府和员工履责的信息披露程度较高，对媒体、同行、社会组织、金融机构的信息披露程度较低；⑥开展企业社会责任报告编制和发布工作的企业总体比例较低。

复习思考题

1. 请查找一家企业的社会责任报告，分析其报告的亮点和不足之处。
2. 如果让你编制一家企业的社会责任报告，你将按照怎样的流程撰写报告？你认为哪个环节比较重要，哪个环节难度比较大？

第八章
企业社会责任管理及实践

导言

习近平总书记在企业家座谈会上指出:"企业既有经济责任、法律责任,也有社会责任、道德责任。"本书主要探讨企业的社会责任。

企业社会责任的本质是企业有效管理其决策和活动所带来的经济、环境与社会影响,是提升企业社会责任竞争力,最大化地为利益相关者创造经济、环境和社会综合价值的过程,是对企业管理理念、管理目标、管理对象和管理方法等的重新塑造。实践证明,只有那些切实履行了相应责任的企业,才能在激烈的市场竞争中生存下来;也只有那些积极、主动、高质量履行责任的企业,才有机会走得更远、飞得更高,获得更广阔的发展空间和更持久的生命力。

学习目标

理解:企业社会责任管理的属性及特征。

掌握:企业社会责任管理的概念及内容、企业社会责任管理实践。

应用:在深刻理解企业社会责任管理的概念及内容的基础上,参照企业社会责任管理的优秀实践,引导企业更好地探索企业社会责任管理之道。

第一节 企业社会责任管理概述

一、企业社会责任管理的概念

企业社会责任管理是一种有目标、有计划、有执行、有评估、有改进的系统性开展企业社会责任实践活动的过程。

具体而言,企业社会责任管理是企业先根据外部形势要求或自身发展需求来制定企业社会责任目标,再将企业社会责任目标与企业当前和未来的业务及经营管理模式相结合,最终将企业社会责任融入企业的战略和日常经营管理方方面面的管理过程。企业通过制定考核评价制度，对社会责任履行效果进行监督、审核并进行持续改进，最终达到经济社会与环境共赢的管理形态，以实现企业的可持续发展。

二、企业社会责任管理的内容

2011年出版的《企业社会责任蓝皮书：中国企业社会责任研究报告》中提出了企业社会责任管理六维框架，主要包括制定责任战略、实施责任治理、实现责任融合、考核责任绩效、开展责任调研、进行责任沟通等内容，最终形成一个不断完善的动态过程(如图8-1所示)：在责任沟通和责任调研中逐渐识别出利益相关者，然后研究、分析适合企业具体情况的战略方向和议题类型，进而提出本企业的责任战略，明确责任治理、责任融合路径，并实施责任绩效考核，再通过责任沟通和进一步的责任调研对之前的相关工作计划进行修订，并不断改进和完善。

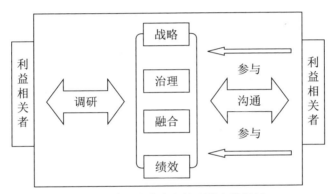

图8-1　企业社会责任管理的六维框架

(一) 制定责任战略

企业制定责任战略是指企业应当在精研自身业务，深度了解自身发展对经济、社会和环境的影响，以及密切关注利益相关者需求的基础上提炼出社会责任理念、社会责任议题和社会责任规划等，并将其与企业的定位、发展愿景、业务模式相结合，最终融入企业发展战略的过程。

(二) 实施责任治理

社会责任治理是指通过建立组织体系、制度体系和责任体系等三个体系来保证企业的社会责任管理理念、规划、议题和目标得以贯彻与实施。其中，社会责任管理组织体系主要解决"谁来管"的主体问题，社会责任管理制度体系重点关注"怎么管"的尺度问题，社会责任管理责任体系则主要强化并落实具体的责任分工。

(三) 实现责任融合

责任融合是指企业将社会责任管理理念融入企业经营战略并贯穿日常经营之中,也涵盖结合企业业务的社会责任危机管理、专题实践和慈善公益活动,包括融入战略、融入日常运营、融入供应链管理、融入CSR危机管理和融入慈善公益活动等。例如选择低碳清洁技术和绿色生产方式,确保产品质量和生产安全,按时向员工发放薪酬、劳保福利等。

(四) 考核责任绩效

除了在日常经营管理中融入社会责任理念,还需要通过合理的考核评价制度来约束与规范管理者和员工的思想及行为,使之真正重视社会责任并将其落到实处。

企业社会责任管理绩效考核需要明确具体的考核内容并制定相应的奖惩制度。企业应建立一整套不同于财务指标的、体现可持续发展性的责任管理绩效年度考核指标体系,以确保社会责任管理目标的实现。

(五) 开展责任调研

责任调研是企业针对自身履行社会责任过程中的相关情况组织并开展的调研实践活动。为此,企业应精准识别利益相关者,深度探索其实际诉求,以此梳理和确定企业的责任议题。除此之外,责任战略、责任治理、责任融合、责任绩效和责任沟通等方面的工作成效也需要通过调研来深入了解。

(六) 进行责任沟通

责任沟通是指企业就自身社会责任工作与利益相关者开展交流,进行信息双向传递、接收、分析和反馈,通过企业的制度安排和资源保障,构建企业和利益相关者之间的沟通与监督机制,促使企业深入了解利益相关者的需求,从而通过沟通形成双赢。责任沟通一般包括利益相关者参与、企业社会责任网络专栏、发布企业社会责任报告和内部企业社会责任沟通等方面。

三、企业社会责任管理的属性

(一) 企业社会责任管理是对企业决策和活动所致实质性影响的管理

企业的决策和活动必然会对社会,特别是社会的可持续发展带来各种实质性影响,因此企业进行社会责任管理时,管理的客体就是企业决策和活动对社会可持续发展产生的实质性影响。

为了顺利通过生产和交换活动获得盈利,企业必须注重产品的质量管理,也就是要关注产品的质量、成本交货期及客户满意度等方面。但是从社会责任管理角度来看,企业必须在从产品开发到产品消费的全过程中，全面考虑、综合平衡客户、供应商、上下游企业、产学研联盟等利益相关者的诉求：既要关注客户成本期望，也要考量供应商的期望；既要尽量获取利润，又要协同带动上下游企业和产学研各方获得相应收益。企业在产品开发过程中应着重使产品设计、产品生产、产品营销和销售，以及产品的售后服务全程均满足社会可持续发展的要求；在满足顾客需要的基础上，尽量响应弱势群体的诉求，既要满足客户的效用要求，还要引导客户进行责任消费和可持续消费。

(二) 企业社会责任管理是提升企业责任竞争力的管理

随着时代的发展，全球市场竞争规则从单纯地追求价廉物美阶段，经由对环境负责的价廉物美阶段，逐渐发展到追求对利益相关者负责的价廉物美阶段。与之相对应，企业核心竞争力也逐渐从质量竞争力、环境竞争力转移到责任竞争力上。企业责任竞争力的提升是以对利益相关者负责为前提的，因此企业社会责任管理的目的不是简单的责任履行，而是要实现对各利益相关者责任履行和提高市场竞争力的统一。

据不完全统计，截至2022年末，从联合国层面的商业人权原则、联合国全球契约、联合国责任投资原则，到多利益相关者层面的ISO 26000社会责任国际标准、全球可持续性报告倡议GRI Standards 2021，再到全球众多行业层面的社会责任行为守则、倡议、指南指引，一直到大型企业层面的供应商社会责任守则，等等，各类有关社会责任的规则已经多达数百个。仅从全球贸易和采购的市场估计，这些规则影响的市场交易和竞争行为就是一个以万亿美元为单位计算的规模。另外，由国际标准化组织制定的一系列社会责任领域的次生标准可以看出，企业社会责任课题逐步进入管理阶段，并且也会越来越强化社会责任对市场竞争规则和企业竞争力的影响。企业责任竞争力的重要性越来越受到重视，这既凸显了新时代企业管理的新理念，也顺应了社会发展的新趋势；既是实现社会可持续发展的必然选择，也是体现社会进步的更高标准。

(三) 企业社会责任管理是创造综合价值的管理

企业社会责任理论与实践的发展历程从一定意义上来说就是一个持续深入探索企业价值问题的过程。经历了最初以财务价值、股东价值为中心的狭隘工具论和以社会价值为目标的泛功能论，当前对企业价值的认识已经逐渐发展到经济价值、环境价值和社会价值多方协调、平衡的综合价值论的阶段。

综合价值是经济价值、社会价值和环境价值之和，反映了个体与整体的经济与非经济的多元需求。企业的价值不仅是为股东创造利润和为社会创造经济价值，企业也不仅应减少对环境的负面影响，还应成为环境正面价值的创造者，并通过培养员工、缴纳税金、公益慈善等创造更多社会价值。企业应通过社会责任管理而成为优秀的综合价值创造者。

企业承担着推动社会文明进步的重要使命，应该以创新的思维、担当的精神和理性的行动增进自身对经济、社会、环境的积极影响，最大限度地创造综合价值，促进社会福利的改善。综合价值创造理念的核心要求包括最大化积极影响、强调价值平衡性、突出增量价值。综合价值创造也已成为当今时代企业履行社会责任的一种新的思维方式、行为准则和核心内容。

(四) 企业社会责任管理是适应和引领可持续发展时代方向的管理

管理学大师彼得·德鲁克认为，管理的实质是创造一种新的事业。从这一思路出发，企业社会责任管理就是创造一种有利于经济、社会和环境可持续发展的新事业，最大限度地促进全世界的可持续发展。以解决大众出行难题的滴滴和共享单车等为例，这种新事业一是能够提高大众出行需求与供给的匹配度，更好地满足大众现实需求；二是能够解决资源闲置以及由此衍生的各种问题，盘活社会资源、保护生态环境；三是能够带动解决更多人的就业问题。这种企业社会责任管理，其任务不仅仅是创造更多解决方案，还要管理好这些解决方案所带来的经济、社会和环境的影响，使这种共享的商业模式在发挥共享经济效用的同时，尽可能降低其给社会和环境带来的潜在负面影响。

四、企业社会责任管理的特征

(一) 各有所求：管理目标多元等同化

最初，企业发展模式往往是一元的，一般只以经济效益的最大化为发展目标。随着时代发展和社会进步，英国学者约翰·埃尔金顿(John Elkington)提出了"三重底线"理论，认为企业社会责任追求的应该是经济、社会、环境的单重底线之上的目标综合平衡，不仅要考虑经济价值最大化，还应当同时考虑社会和环境价值最大化，最终实现经济、社会、环境综合价值最大化的目标。当今的企业更关注经济、社会、环境等各方面的价值，在综合平衡的基础上实现多元利益主体的共同发展，这就是企业社会责任管理的目标多元化。

多元等同化指企业进行社会责任管理时，应将经济、社会、环境等效益目标放在同等重要的位置上综合考量。不能将社会、环境效益视为约束企业经济效益的限制因素，而应将这三者视为相互促进、协同共生的有机整体：社会、环境效益的提升自然能够推动经济效益的提升，而经济效益的提升也能反哺社会、环境效益。因此，企业的社会责任管理应围绕企业发展目标，综合吸纳并积极回应来自社会和环境的多元利益诉求，服务于企业和社会的共同可持续发展。

一些先进企业已经开始探索并实施对经济、社会和环境的等同化管理。如表8-1所示，中国移动公司的可持续发展框架基于经济可持续、社会可持续、环境可持续，将企业自身发展与利益相关者需求统筹考虑，追求实现企业自身可持续发展的同时，推动社会、环境整体可持续发展。

表8-1 中国移动公司可持续发展战略

主要内容	经济可持续	社会可持续	环境可持续
普遍要求	鼓励经济增长，不仅重视增长数量，更追求改善质量、提高效益，改变传统的生产和消费模式，实现清洁生产和文明消费	以改善和提高生活质量为目的，与社会进步相适应，创造一个保障人们享有平等、自由、教育和其他各项基本权利的社会环境	以保护自然为基础，与资源和环境的承载能力相适应，控制环境污染、改善环境质量，以可持续的方式使用可再生资源
社会议题	• 实施创新驱动发展战略 • 推动战略性新兴产业发展 • 加快传统产业转型升级 ……	• 城乡一体化发展 • 合理配置教育资源 • 提高医疗与社会保障水平 • 加强和创新社会管理 ……	• 绿色发展 • 循环发展 • 低碳发展 ……
企业回应	不断增强企业自主创新能力，在实现自身发展转方式、调结构的同时，助力加快工业化与信息化深度融合，贡献于更加可持续的宏观经济发展	努力以发展成果回馈社会，以创新性信息化解决方案助力解决农村发展、教育普惠、医疗保障等关键社会议题，有力支持和谐社会建设	严格管理企业运营产生的环境影响，并发挥信息通信技术的杠杆作用，开发具有环境效益的服务与应用，助力社会整体生态文明建设

资料来源：根据中国移动公司官网资料整理。

(二) 各就其位：管理对象相关扩展化

早期的企业只需要关心股东、客户、供应商、合作伙伴及员工等价值链上的核心利益相关者的诉求和利益，如今的企业除了上述核心利益相关者，还需要重视诸如竞争对手、子孙后代、生态环境、社会秩序等方方面面的利益相关者。企业需要关注的利益相关者更多了，社会责任管理的对象范畴自然也就更广了。例如，招商局集团《2014年社会责任报告》中披露的利益相关者名录显示，从社会责任的角度披露出来的企业利益相关者包括政府、客户、员工、股东和其他投资者、社团、社区、媒体、合作伙伴，明显多于企业财报。此外，从对利益相关者需求的回应范围来看，社会责任报告反映出企业要回应来自社团、社区、媒体、合作伙伴等方面的有关情感、利益和价值等的需求，而企业在财报中一般只需要向股东或投资人回应企业是否盈利的问题。

利益相关群体的增加以及各方对利益诉求的拓展，要求有社会责任感的企业必须管理好自己与各利益相关者的关系，并以此为基础来获取各方在情感关系、利益关系、价值关系等方面的认同。其中，情感关系是相关者对公司行为的情感反应，利益关系则是相关者对公司利益分配的意见，价值关系则是相关者对公司价值理念的态度。对于情感关系、利益关系、价值关系，可以通过责任来界定管理的内容，通过责任实践过程来达成关系管理的目的，通过是否认同来最终评价利益相关者管理的好坏和管理水平的高低。

(三) 各司其职：管理过程多方参与化

管理过程多方参与化是指企业通过不断加强对利益相关者的沟通及与其的关系管理，创造更多的形式让更多的利益相关者参与公司的重大决策和企业生产运营的各个环节。

以众筹拍电影为例，筹资人在网络平台发起众筹项目，有意参与的人只需要通过网络平台进行投资，就可以参与电影拍摄。与传统电影拍摄模式不同的是，众筹拍电影的利益相关者范围更广。传统电影拍摄一般只涉及投资人、编剧、演职员等，而众筹模式还需要有总筹策划者，以及一大批从社会公开招募的对电影摄制或演员职业感兴趣的人。这些人基于不同的利益诉求参与电影的筹划和拍摄，同样也是电影摄制项目的利益相关者。为了吸引更多人的投资和参与，筹资人会把这些利益诉求进一步细化，再把这些诉求设计成不同的参与方式来支撑电影的目标。如此一来，在电影拍摄的过程中，利益相关者的诉求实现了，电影目标也就实现了。这种范式改变了原来电影拍摄的运营方式，非常契合企业社会责任管理"通过不断加强对利益相关者的沟通及其关系管理，创造更多的形式让更多的利益相关者参与公司的重大决策和企业生产运营的各个环节，来共同完成企业筹资、生产经营过程"的模式，这就是管理过程的多方参与化。

(四) 各享其成：管理成果过程分享化

优质的企业社会责任管理能够吸引更多群体加入利益相关者阵营，如员工等内部利益相关者和政府、股东、客户、供应商、分销商、同行、社区、媒体、社会组织，以及环境等外部利益相关者。这些相关者共同参与企业的经营管理，势必也会要求分享企业在社会责任管理全过程中产生的一系列利益和成果。管理成果的过程分享化就是指企业与利益相关者既要在企业运营过程中实现成果过程分享，还要在管理结果上实现利益的均衡共享。

对企业来说，与更多的群体分享利益，企业自身也会相应获得更多的发展动力。因为这样的分享既能够降低企业的运营风险和运营难度，也能够通过更有效的资源整合和更有力的成本控制实现资本积累，增加企业的聚合力和吸引力，满足多方需求，最终保障企业可持续运营和发展。

在前述的电影众筹拍摄项目中，电影的整个拍摄过程和全部销售成果都要与所有利益相关者分享。有些利益相关者，比如想看剧本的人、追星者和想当群众演员的人已经在电影拍摄过程中分享了成果，满足了期望，这就是"过程分享"；还有一些利益相关者，比如电影角色冠名的人、投资电影制作的人，他们都是在电影上映、获得票房之后才获得相关分红，这就是"成果分享"。

企业在社会责任管理过程中产出的可供利益相关者分享的成果包含经济、社会和环境等三类。经济方面，利益相关者可以分享市场价值。企业优化了产品质量，提升了服务水平，消费者和客户就能从中获取更大的效用和更好的体验；消费者和客户的积极反馈又提升了产品和企业的品牌形象，企业也会因此而开辟更大的市场并持续扩大生产规模。如此一来，经销商能从中分享市场拓展带来的销售份额上升和经营利润增长，供应商也能从中分享来自企业生产规模扩大而新增的订单。社会方面，企业在物资、技术、人才、教育等方面的援助和支持可以改善社会公平，地区也能够从企业的稳定发展中获得更多就业机会和税收，这就是利益相关者能够从社会方面分享的公共效益。环境方面，利益相关者可以享受更宜居的环境，企业减少污染气体的排放可以有效减少雾霾天气的发生，有助于整个社区乃至世界的长期健康发展。

五、企业社会责任管理体系示例

(一) 国家电网"一鼎双心"社会责任管理模型

国家电网公司立足国情和电网企业实际，积极探索科学的企业社会责任观，致力于从管理变革入手推进企业社会责任实践，坚持走有中国特色的社会责任管理创新之路，公司的"一鼎双心"全面社会责任管理模型是其中的重要内容。

如图8-2所示，上部的心形展示公司使命、价值观、可持续发展战略和管理方式；下部的心形展示公司全面社会责任管理的具体领域；中部联结双心的是圆形的持续改进平台，展示领导力、治理结构、社会责任推进管理，是公司全面社会责任管理的引擎，平台外圈的决策、流程、制度、绩效管理是公司全面社会责任管理的保障；两侧的立柱是全面社会责任管理的两大外部驱动力，展示公司积极发挥社会环境和利益相关者的驱动作用，凝聚内外合力，共同推进可持续发展。

模型系统诠释了国家电网公司全面社会责任管理的四大模块和二十一项构成要素。一是管理目标模块，包括坚持以科学的企业社会责任观为指导、优化公司使命、丰富企业价值观、实施可持续发展战略、实现社会责任管理的"全员参与、全过程覆盖、全方位融合"五大要素。二是管理机制模块，包括责任领导力、公司治理结构、社会责任推进管理、优化决策管理、优化流程管理、完善制度建设、完善绩效管理七大要素。三是管理内容模块，包括优化业务运营、优化职能管理、优化运行机制、公司公益管理、企业文化建设、利益相关者管理、公司沟通管理七大要素。四是管理动力模块，包括充分发挥利益相关者驱动作用和充分发挥社会环境驱动作用两大要素。

国家电网公司以"试点先行、务求实效、根植基层、创造经验"为路径，通过总部、网省公司、地市公司、区县公司直至基层班所的全面社会责任管理层级贯穿，自上而下层层指引，让全面社会责任管理落地。经过十余年的不断探索，国家电网公司"双向驱动、示范引领"型社会责任管理推进之道渐次清晰，为特大型企业引入社会责任管理方式提供了借鉴，也为国家电网公司"建设具有中国特色国际领先的能源互联网企业"战略注入了负责任的可持续发展动力。

(二) 华润集团的使命引领型社会责任管理模式

在承担历史使命、履行社会责任的过程中，华润集团逐步走出了一条以使命为引领的履责之路，并有意识地将社会责任融入企业战略，塑造责任文化，开展责任管理，推动责任践行，实现了承担历史使命、履行社会责任和推动企业可持续发展的有机统一。

通过逐步推动社会责任管理系列举措，华润集团逐步确定了包括经济责任、员工责任、客户责任、环境责任、伙伴责任和公共责任等在内的六大履责领域，建立了一套行之有效的社会责任管理组织体系、制度体系和融合机制。社会责任制度体系包括基础管理制度、责任落实和考评制度。其中，基础管理制度包括华润集团社会责任工作管理办法、华润集团慈善公益活动管理办法、华润慈善基金管理制度手册、华润希望小镇项目管理制度手册等多项制度；责任落实和考评制度则包括华润集团社会责任管理关键绩效指标体系。华润集团通过执行部门，将这些制度贯彻落实到各下属单位的日常运营中，形成了社会责任闭环管理。

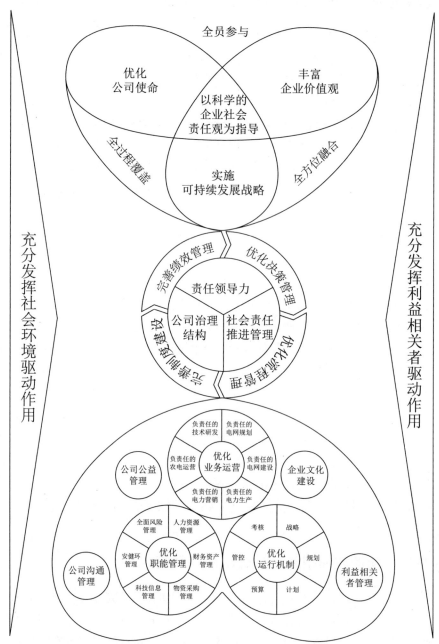

图8-2　国家电网"一鼎双心"社会责任管理模型

资料来源：国家电网公司官网。

在使命引领型社会责任管理模式1.0的基础上，华润集团对重点领域、重点工作及落地路径等进行升级，形成了以"责任文化、责任管理、责任践行"为框架的使命引领型社会责任管理模式2.0模型(如图8-3所示)。此模型包含三大圈层，其中内部圈层以"引领商业进步,共创美好生活"的企业使命为核心,引领华润集团的社会责任工作方向;中间圈层构建起"责任文化、责任管理、责任践行"的履责框架,以"文化引领管理、管理促进融合、融合升华文化"为实施驱动,提出"责任管理""希望小镇""定点帮扶""香港公益"等四项重点工作,明确了社会责任重点领域及管理机制;外部圈层以"与股东共创、与员工共进、让客户满意、与环境共生、与伙伴共赢、与公众共享"为落地路径,明确社会责任管理目标。

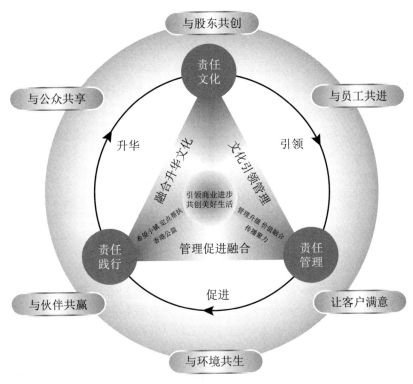

图8-3 华润集团使命引领型社会责任管理模式2.0模型

资料来源:华润集团官网。

华润集团通过履行经济责任,为股东创造最优企业价值,成就价值华润;通过履行员工责任,为员工打造卓越成长平台,成就人本华润;通过履行客户责任,为客户提供优质产品服务,成就满意华润;通过履行环境责任,为环境探索持续发展之路,成就绿色华润;通过履行伙伴责任,为伙伴创建合作共赢局面,成就共赢华润;通过履行公共责任,与公众共享企业发展成果,成就和谐华润。

课程思政

推进企业社会责任建设
(二○○七年一月十五日)

古人有语:"落其实思其树,饮其流怀其源。"现代企业是社会的细胞,社会是孕育企业成长的母体。所以，企业在自身发展的同时，应该当好"企业公民"，饮水思源，回报社会，这是企业不可推卸的社会责任，也是构建和谐社会的重要内容。

大量事实证明，只有富有爱心的财富才是真正有意义的财富，只有积极承担社会责任的企业才是最有竞争力和生命力的企业。重经济效益、轻社会效益的企业，甚或只顾赚取利润、不顾安全生产的企业，终究难以持续。可喜的是，在落实科学发展观和构建和谐社会的今天，企业社会责任建设已越来越成为企业界乃至全社会的共识。

企业社会责任建设需要各方合力推进。政府要进一步强化企业约束机制，健全相关法律法规，完善诚信体系，落实监管职责，充分发挥税收调节作用，使价格形成机制真正反映资源稀缺程度和付出的环境代价，引导企业切实承担起社会责任。社会各界要做好企业社会责任的监督员，努力形成全方位的监督企业承担社会责任的舆论环境。广大企业要自律自重，树立科学经营理念，理顺内外部关系，争做负责任的"企业公民"，使企业的发展壮大真正走上和谐健康的轨道。

资料来源：习近平.之江新语[M].杭州：浙江出版联合集团，浙江人民出版社，2007：25。

第二节　企业社会责任管理实践

企业社会责任管理包括责任调研、利益相关者识别、责任议题判断、责任规划、责任战略制定、责任治理、责任融合，责任绩效和责任沟通等九个步骤。因责任调研、利益相关者识别、责任议题判断等在实践中结合紧密，故将其合并，本节从以下七个方面介绍我国企业进行社会责任管理的相关实践。

一、有关责任调研的企业实践

通过责任调研来清晰识别众多不同利益相关者，深入了解其诉求，进而在此基础上确定企业的责任议题，这是企业社会责任管理的首要步骤。

责任议题是指企业主要经营业务中涉及企业履行社会责任相关内容的分析。社会责任议题的清晰确立，直接关系企业未来的业务选择和经营模式选择，也为责任战略的制定提供基础，因此，议题应着重关注与企业运营相关，对利益相关者、社会、环境具有重大或潜在影响的实质性内容。例如矿产资源领域的矿业、冶金等企业，其责任内容应紧密集中于环境保护和社区维护等范畴。这类企业既要在矿石勘探、开采等过程中时刻秉持可持续发展的重要理念，坚持保护性开发的第一原则，关注生态环境和自然资源的承载量，保护环境、节约资源，又要注意避免由于不恰当的勘探、开采等行为所引致的地面坍塌、道路损毁、房屋破坏、河流污染、垃圾噪声等一系列危害周围社区居民的情况出现。为此，企业必须开展调研了解情况，听取利益相关者的诉求，这样才能更好地确定责任议题。

数智时代，对于涉足电子商务领域的企业来说，用户信息安全无疑是最需要关注的责任议题之一。若企业无法有效保证客户的信息安全甚至出现信息泄露，就会极大地危害客户和企业自身的利益。例如近年来频频出现的知名连锁酒店集团泄露巨量住客入住信息、大型物流企业的用户信息数据在网上被出售等事件，这些被无意泄露或者被恶意售卖的私密信息中包含诸如身份证号、家庭住址、电话号码、银行卡号等重要私密信息。信息的泄露给客户带来巨大困扰，也给公司的声誉、评价和利润等造成不可估量的深远影响，甚至还会引发商业模式、经营范式等方面的更新，从而给全行业带来剧变。

二、有关责任规划的企业实践

企业在责任调研、责任议题判断的过程中，也逐渐确定了自身的使命、愿景和价值观，逐渐形成了自身独特的社会责任理念。社会责任理念要真实客观、通俗易懂且富有意义，还要通过宣贯和培训，让社会责任理念成为全体员工的共识。

确定了企业的责任理念并明确了企业的责任议题后，接下来就要做好实施企业社会责任管理实践的规划。企业社会责任规划属于企业的中长期发展计划，是企业立足可持续发展思想，为满足利益相关者和社会、环境等的要求而提出的整套行动方案。企业社会责任规划由背景、核心理念的梳理和升华、目标与行动计划、支撑和保障措施等内容组成。

三、有关责任战略的企业实践

社会责任战略如同其他战略一样，既要考虑企业外部的环境因素，也要考虑企业内部的条件因素，将内外部环境进行有效结合，以形成具有本企业特点的企业社会责任战略。责任战略的制定有规范的程序和方法，一般要经过环境扫描、分析和规划等一系列过程。在分析和规划阶段，企业应将自身的社会责任战略目标、能力和自身状况进行综合分析，确保能突出自身的特色，能培育企业的核心竞争优势。在此过程中，企业根据已确定的社会责任理念和社会责任议题对企业发展战略进行修订、升级，逐步形成企业社会责任战略，并将其融入未来的日常经营。

中国移动的核心价值观是"正德厚生，臻于至善"，即以"正身之德"而"厚民之生"。由此价值观出发，中国移动本着对经济、社会和环境三重责任的兼顾提出了"以天下之至诚而尽己之性、尽人之性、尽物之性"的企业责任观。其中，"尽己之性"是指中国移动对自身应当承担的经济责任(如有利于国民经济、有利于利益相关者等)的态度；"尽人之性"是指中国移动对自身应当承担的社会责任(如推进国民经济信息化发展、助力共同富裕事业的扎实推进、促进社会和谐发展等)的态度；"尽物之性"是指中国移动对自身应当承担的环境责任(如环境保护、资源节约、环保宣传等)的态度。基于企业社会责任理念，中国移动设置了数字鸿沟跨越行动、气候变化应对行动、信息应用惠民行动、特殊群体关爱行动、责任通信保障行动、可持续能力提升行动等六大责任战略措施，以实现企业社会责任的落地。

四、有关责任治理的企业实践

社会责任治理是指通过建立必要的组织体系、制度体系和责任体系,保证企业社会责任理念得以贯彻。其中的社会责任治理的组织体系建设是重点,只有责任体系构建起来,制度和分工的实施才会顺利进行,否则将出现碎片化及执行差的问题。

(一) 社会责任治理的组织体系

社会责任治理的组织体系一般由总部工作领导机构、总部工作执行机构、下属机构工作执行机构等三个层级组成。其中,总部工作领导机构通常以企业"一把手"亲自挂帅的社会责任委员会为主;而总部和下属机构的执行机构主要是新设立的社会责任工作专职部门或指定的社会责任归口管理部门。2022年12月20日,国务院国资委发布的《中央企业社会责任蓝皮书(2022)》显示,2021年,67.03%的中央企业设立了以社会责任工作领导小组或社会责任管理(工作)委员会为主要形式的社会责任领导机构。例如,中国石化是首家在董事会设置社会责任委员会的中央企业,委员会主要负责统筹公司社会责任工作、制定相关政策及审阅相关文件等。对于一些中小企业来说,可以不新设专职部门,仅指定一个相关职能部门具体落实责任工作,但是一定要指定专门部门负责。

(二) 社会责任治理的制度体系

社会责任治理的制度体系主要包括工作制度和专业制度。其中,工作制度主要包含社会责任组织管理办法、社会责任沟通管理规定、社会责任报告编制发布制度等;专业制度则是将社会责任理念融入企业生产经营活动的研发、采购、生产、市场、服务、人力资源管理等专业活动的社会责任管理相关制度。

(三) 社会责任治理的责任体系

社会责任治理的责任体系涉及每一个部门和每一个岗位,明确各组织在社会责任管理推进、日常运营中肩负相应的责任,确保从管理层到执行层每一个员工均有职责落实公司的责任理念和工作安排。

五、有关责任融合的企业实践

企业责任融合是指企业将社会责任理念融入企业运营的方方面面,调动企业各级各部门的全体员工,使之以高度的使命感和自觉性参与其中。为此,企业首先要通过高频次、高质量的宣传活动来深化全员对企业社会责任理念和价值的正确认知与深刻理解,由此获得全员的共同认可和强烈意愿,使之在思想上做好充分准备。在此基础上,将社会责任理念融入日常运营、融入供应链管理、融入危机管理、融入慈善公益。

(一) 融入日常运营

企业应充分考虑自身对利益相关者和自然环境的影响，在梳理各部门和各岗位的工作职责及流程的基础上，不断优化管理手段和管理方式，在生产管理、营销管理、人力资源管理、财务管理等各个方面，帮助员工将社会责任理念融入日常工作，实现公司经营的经济、社会、环境综合价值最大化。

(二) 融入供应链管理

随着劳动分工日益细化和经济发展的一体化，企业之间的联系日益密切，企业与其所在供应链上的其他企业成为关系更加紧密的共同体。在社会责任履行方面，如果同一条供应链上的其他企业出现社会责任事件，企业也很独善其身。为此，作为供应链核心的主导企业，应通过发挥其对所在供应链的领导力和带动力，推动供应链成员接受和支持社会责任原则，对合作伙伴进行恰当的尽责审查和监测；供应链上的节点企业也应通过契约(如收入共享契约)来协调链上企业共同承担社会责任。

(三) 融入危机管理

一般认为，企业危机管理应当包含危机的预防、准备、反应和恢复等四个方面。罗伯特·希斯在《危机管理》一书中提出了危机管理的 4R 模型，即危机缩减、危机预备、危机反应、危机恢复。大量事实证明，企业爆发危机的根源多是缺乏责任意识这一核心价值理念，这不仅直接引致问题爆发，而且在危机出现后，责任意识的缺失也会持续将企业拖向深渊。由此可见，社会责任是企业有效危机管理的核心。同时，社会责任还是企业规避危机、减少损失及风险修复的关键。

企业将社会责任理念融入危机管理的一般做法是：首先，梳理自身经营可能对经济、社会、环境产生负面影响的风险点，以及利益相关者的期望与企业现状存在显著差异的风险点；然后，在此基础上设置危机预警机制、组建应急领导团队、制定危机处理机制，在危机出现后积极实施企业形象重塑的策略，将危机给企业社会责任带来的负面影响降至最低。

(四) 融入慈善公益

参与慈善事业是企业发展到一定程度后回馈社会的主流做法。当前大多数企业参与慈善事业的方式仍然集中于"做点好事"的层面，如捐款、捐物等。这种慈善捐赠的理念具有明显的局限性，也未能充分发挥慈善事业应该具备的巨大价值。改变这一现状的有效策略就是将社会责任理念融入企业的慈善事业，即尝试在坚持慈善事业公益属性的同时兼顾企业的经济利益。只有这样，企业才能有更多的积极性为社会创造更多的财富和提供更多的就业岗位，在提升核心竞争力的同时持续参与公益事业，促进公益事业可持续发展，并吸引更多企业自觉投身于公益事业，共同促成公益事业的正循环。

为此，负责任的企业应当确立企业慈善发展的理念与战略，采用良好的公益运作模式，将慈善行为与企业的核心业务、核心竞争力及核心盈利点等有机结合起来；发挥自身特点和优势，开展受众乐于参与的慈善公益活动；在经费预算、决策程序、运作方式上做到公开、透明。根据企业实际情况开展活动，做好策划，使其具有较好的社会效益，同时提升企业形象，凝聚员工。

六、有关责任绩效的企业实践

企业履行社会责任重在落实，如何全面、系统、公正地评价企业社会责任工作的绩效，并以此为契机提升企业社会责任工作的质量和效率成为企业亟待解决的关键问题。为确保社会责任目标的实现，企业应建立非财务可持续发展指标体系对企业社会责任措施进行绩效考评，具体包括社会责任指标体系和考核评价两个方面。

构建企业社会责任指标体系可以分为五个步骤：定义重要议题、识别并筛选关键指标、建立指标衡量方法和标准、形成指标体系、指标体系试运用并不断完善。社会责任指标体系既要突出企业自身能力建设，又要强调与外部利益相关者和环境的协调发展。

社会责任考核评价是社会责任工作推进落实，实现闭环改进的核心。通过将社会责任指标纳入企业已有的业绩考核体系，同行业内领先企业开展对标、定期开展社会责任优秀评选等方式，不断提升企业社会责任的工作水平。

2021年9月18日，由国务院国资委主办、中国社会责任百人论坛承办的"责任创造价值，责任引领未来——中央企业社会责任报告集中发布活动(2021)"在京召开。数据显示，超七成的中央企业进行了社会责任工作绩效考核，其中，将社会责任工作绩效考核纳入个人年度工作绩效考核的企业占比为23.46%，纳入部门年度工作绩效考核的企业占比为55.56%，纳入公司关键绩效考核指标的企业占比为33.33%。

七、有关责任沟通的企业实践

企业社会责任沟通是由利益相关者共同参与完成的。做好企业社会责任内外部沟通，通过制度安排和资源保障构建企业与利益相关者之间的沟通、监督机制，促使企业深入了解利益相关者的需求，从而通过沟通形成双赢，是企业社会责任管理的重要方面。

通过以上步骤，可以逐步将责任管理融入企业的日常生产经营活动中，从而使企业全面履行社会责任，充分发挥其"内促管理、凝聚人心；外树形象、打造品牌"的作用，推进企业健康可持续发展，使企业基业长青。

课程思政

正向激励引导企业积极履行社会责任

企业是社会中的企业，社会是企业家的舞台，企业发展与社会责任履行相辅相成。正如习近平总书记所强调的，"社会是企业家施展才华的舞台。只有真诚回报社会、切实履行社会责任的企业家,才能真正得到社会认可,才是符合时代要求的企业家。"有了企业家的"头羊效应",企业才能更全面地履行社会责任,回馈社会,致力于富民强国。

由多部门联合举办的"义利天下·2023江西社会责任企业(企业家)"推选活动,向社会全方位展示了众多"走在前、勇争先、善作为",热心公益事业、有责任担当、无私奉献的江西企业的义行善举。这项活动以正向激励引导广大企业自觉承担和履行社会责任,既有利于推动企业完善社会责任体系的建设,更有助于激发企业家精神,并在全社会形成"争做爱国敬业、守法经营、创业创新、回报社会的典范企业"的良好氛围,为推进中国式现代化进程凝聚更广泛的力量。

企业是社会责任的重要载体。无论是生产更多、更优质的产品,不断满足人民对美好生活的需求,还是面对自然灾害时敢于迎难而上,引领行业树立发展信心,抑或是投身扶贫事业,帮助贫困地区的人们脱贫致富,都离不开广大企业扛起社会责任、挺起奉献担当。企业家肩负着领导企业在激烈的市场竞争中创新成长、健康发展的重任,是推动企业履行经济责任、法律责任、社会责任、道德责任的关键力量。一直以来,社会各界都对企业家更好地发挥作用、创造更大的经济社会价值抱有良好的期望。江西省广大企业家应当明确自身的角色与定位,大力培育弘扬企业家精神以及"厚德实干,义利天下"的新时代赣商精神,主动引领企业承担社会责任,积极回应社会期待。

引导和支持企业积极履行社会责任、展现良好形象,应当增强与舆论的互动,努力营造正确认识、充分尊重、积极关心企业家的良好社会氛围。为此,我们要加大对企业家社会责任宣传、普及的工作力度,帮助更多企业家认识、了解其社会责任的内容与要求,形成自觉履责的思想理念。要形成促进企业家履行社会责任的社会化、市场化的激励约束机制,让积极履责的企业家得到尊重与回报。要深入推进企业家社会责任相关问题的研究与探索,为企业家在复杂多变的国内外经济社会环境下明确发展方向、清晰履责重点提供切实有效的方法指导与支持。

资料来源:本报全媒体评论员. 以正向激励引导企业积极履行社会责任[N]. 江西日报,2023-12-05(002)。

复习思考题

1. 企业社会责任管理包括哪些环节的内容?
2. 什么是企业责任竞争力?你如何看待娃哈哈的企业责任竞争力?
3. 企业社会责任管理应该包括哪些步骤?
4. 企业应将社会责任理念融入企业运营的哪些方面?
5. 请结合具体企业的实际情况,为其明确社会责任议题。

同步练习
扫码答题

第三篇　数智篇

第九章
数智时代的商业变革

导言

在数字技术背景下,各行各业都在全面推动新技术与商业的快速融合,全力驱动商业变革。科技快速发展,数智化的发展体现的是社会与经济向新范式的根本转变,这种转变为企业带来的是现代基础设施体系、科技人才培育体系与社会发展治理模式等方面的商业变革。数智经济是大数据与人工智能驱动的新经济,因此,数智时代的商业变革主要由两方面的因素驱动,一是大数据,二是人工智能。了解数智时代的特征、大数据和人工智能对数智经济的驱动作用,对实现商业变革具有重要意义。

学习目标

理解:数智时代的特征及商业变革趋势。

掌握:大数据驱动的商业变革及人工智能驱动的商业变革的特点与表现形式。

应用:针对数智时代的特征和要求,在大数据和人工智能技术驱动下,基于数字经济和平台经济,企业如何实现商业变革。

第一节 数智时代已到来

一、人类科技变革的历程及其影响

(一) 各历史时代生产要素的变革

历史上,每一次技术进步都会带来生产要素的变革,而生产要素的变革又引发了经济形态的变革。人类经历了原始时代、农业时代、工业时代、信息时代,现在进入了数智时代。如图9-1所示,原始时代,社会经济的生产要素是人力,人数越多,部落拥有的决定权和话语权越大。农业时代,主要的生产要素是土地和人力。工业时代,煤、石油、电成为新的生产要素。随着发电机、电动机和内燃机的出现,以及在工业生产中的广泛应用,能够实施工业化大生产的石油公司、制造企业等凭借其规模优势成为社会经济的主体。信息时代,算力首次取代自然资源成为新的生产要素,互联网企业凭借其优势条件成为新生经济力量。数智时代,数据成为最重要的生产要素。数智时代与信息时代的根本区别在于是否颠覆原有的生产模式。信息时代在线上形成工作记录或者流程,原本需要在线下完成的工作可以在线上完成,提高了工作效率,延伸了人类的能力;而数智时代则是利用信息技术颠覆传统,形成虚拟数字空间,在虚拟数字空间重构和创造新的生产生活方式。

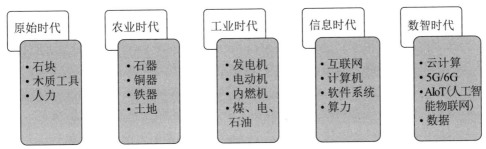

图9-1 各历史时代生产要素的变革

(二) 数字化发展阶段与数智时代的到来

回顾数据发展的整个过程可以发现,数据已经成为当代的战略性资源。20世纪40—80年代,由于计算机昂贵、体积大、能耗高,因此仅应用于国防、气象、科学研究的一些领域。20世纪80—90年代中期,进入信息技术1.0时代,也称为IT时代,这一时期是以单机应用为主要特征的数字化阶段,数字化办公和信息管理系统逐渐代替纯手工处理数据,此时的数据仅限于办公等信息。信息化1.0阶段的特征是数据信息描绘(映射)现实。

20世纪90年代中期到2015年,进入信息技术2.0时代,也称"IT+"时代,这一时期是以互联网应用为主要特征的网络化阶段。互联网的兴起加速了数据的传播、流通和汇聚,数据呈现海量性、多样性、时效性、低价值密度等一系列特征。信息化2.0阶段的特征是数据信息改变现实。

2015年以后,人类进入了真正意义上的数据时代,这一时期是以数据的深度挖掘和融合应用为特征的智能化阶段。在人、机、物三元融合的大背景下,以"万物均需互联、一切皆可编程"为目标,数字化、网络化和智能化呈融合发展新态势。信息化新阶段开启的一个重要表征是信息技术开始从助力社会经济发展的辅助工具向引领社会经济发展的核心引擎转变,进而催生出一种新的经济范式——数字经济。

随着社会发展及技术进步,以大数据(big data)、人工智能(artificial intelligence,AI)为代表的数智技术越来越多地应用到各个行业中。大数据是一种规模大到在获取、存储、管理、分析方面大大超出传统数据库软件工具能力范围的数据集合,具有海量的数据规模、快速的数据流转、多样的数据类型和价值密度低四大特征[①]。大数据技术的战略意义不在于掌握庞大的数据信息,而在于对这些有意义的数据进行专业化处理,从而实现数据的增值。人工智能是计算机用于模拟、延伸人的思维和适应环境能力的一门创造性的技术,随

---

① Shin,Dong-Hee. Demystifying Big Data: Anatomy of Big Data Developmental Process[J]. Telecommunications Policy,2016,40(9): 837-854.

着大数据技术的不断发展，人工智能从输入的数据中学习、分析、预测并做出合理输出，逐渐具备实现决策、思考和情感交互等复杂任务的能力(吴心钰等，2021)。在大数据和人工智能的驱动下，一种新的经济模式——数智经济应运而生。数智经济是数据经济与人工智能经济的复合体，是大数据与人工智能的"并集"，由大数据和人工智能催生的各种新产业、新业态与新商业模式，均属于数智经济的范畴。

数智经济、数智时代的核心是数智化。数智化是数字智慧化与智慧数字化的合称，有三层含义：一是数字智慧化，相当于云计算的算法，即在大数据中加入人的智慧，使数据增值，提高大数据的效用；二是智慧数字化，即运用数字技术，把人的智慧管理起来，相当于从"人工"到"智能"的提升，把人从繁杂的劳动中解脱出来；三是把这两个过程结合起来，形成人机的深度对话，使机器继承人的某些逻辑，实现深度学习，甚至能启智于人，即以智慧为纽带，人在机器中，机器在人中，形成人机一体的新生态(余芸，2022)。数智化可以简单理解为"数字化+智能化"，是在数字化基础上的更高诉求。

数智化的本质是智联万物。第一层次是连接，第二层次是数据价值提炼，第三层次是效率应用赋能，数据的价值落地到应用场景。数智技术不仅在改变企业的经营模式，也在改变人类的生产生活方式，推动人类进入数智时代。

二、数智时代的特征

数智时代有五大核心特征，分别是软件定义、万物互联、数据驱动、平台支撑、智能主导。

(一) 软件定义

所谓软件定义，就是用软件定义系统的功能，用软件给硬件赋能，实现系统运行效率和能量效率最大化。软件定义本质上就是物理世界运行规律在数字空间的模型化、算法化、代码化、工具化，软件不仅可以定义产品结构和功能，而且可以定义生产流程和生产方式，从根本上优化产品服务、业务流程、企业组织和产业生态。软件早已不再是过去的软件业，而是产业的软零件、软部件和软装备。数智时代，软件和算法成为云、网、端的核心，在数以百亿计的各种处理器上日夜运行的软件代码已经成为驱动这个世界正常运转和向前发展的最为重要的力量。人的智力通过软件和算法快速向外延伸，极大地提高了各行各业的智能化程度和整个社会的智能化水平。

(二) 万物互联

万物互联是将人、流程、数据和事物结合在一起，使得网络连接变得更加相关、更有价值。通信网络的升级、软件系统的推广、智能终端的普及，以及各类传感器的使用，促进人、机、物的泛在连接，使得产品与生产设备之间、不同的生产设备之间，以及数字世界和物理世界之间能够实时联通、相互识别和有效交流。万物互联将信息转化为行动，给国家、企业和个人创造新的功能，并带来更加丰富的体验和前所未有的经济发展机遇。随着越来越多的事物、人、数据和互联网联系起来,互联网的力量正呈指数级增长。

(三) 数据驱动

数据驱动是指通过互联网或借助其他相关软件采集海量的数据,将数据进行组织形成信息,之后对信息进行整合和提炼,在数据的基础上经过训练和拟合形成自动化的决策模型。简单来说,数据驱动就是以数据为中心进行决策和行动。数智时代,几乎所有生产装备、感知设备、联网终端,甚至生产者本身都在源源不断产生数据,数据正成为一种新的资产、新的资源、新的生产要素。承载着信息和知识的数据,沿着价值导向自由流动的同时,带动资金、技术、人才等资源要素的优化配置。随着数据的指数级增长、算力提升和AI技术的不断发展,数据的驱动作用日益增强,正在以数据为核心不断催化和重构生产要素,促进以物质生产、物质服务为主的经济发展模式向以信息生产、信息服务为主的经济发展模式加速转变,从而大幅提升全要素生产率。

(四) 平台支撑

数智时代,互联网是基础、是平台,互联网通过实现"人与人""人与物""物与物"的高速连接促进信息的自由流动,提高了交易效率和生产效率,催生了新模式、新业态,是价值的创新过程。同时,互联网赋予企业配置全球范围内研发资源和劳动力资源的能力,使基于网络的协作式分工成为可能,推动生产关系产生变革,支撑基于数字空间的产业生态构建。互联网平台成为全要素、全产业链和全价值链连接的载体与枢纽,有助于降低空间和时间对社会生产的限制,有助于提升资源配置、产业分工、价值创造的共享协同水平,有助于构建资源富集、多方参与、创新活跃、高效协同的开放共赢产业新生态。

(五) 智能主导

数智时代,智能化将成为经济各领域的主要运行模式。人工智能等新技术通过状态感知、实时分析、科学决策、精准执行,实现了对生产、交换、消费中隐性数据的显性化和技术、技能、经验等隐性知识的显性化,推动形成了"数据—信息—知识—决策"的数据智能流动闭环,逐步形成从局部向系统再向全局,从单环节向多环节再向全流程,从单企业向产业链再向产业生态的智能运行体系。未来,人工智能将在各个领域得到广泛普及与应用,在此过程中,人工智能通过与新一代信息技术、大数据、云计算、物联网、工业互联网、无人驾驶等的融合发展,可以极大地提高社会的劳动生产率,促使社会经济飞速发展。

> **课程思政**
>
> **我国发展数字经济的优势与机遇**
>
> 我国数字经济发展具有独特优势、面临难得的历史机遇。我国有14亿多人口,网民规模达10.32亿,拥有世界上最为完备的产业体系,制造业规模、货物出口规模等重要经济

指标均位居世界前列，人力资源丰富且素质不断提高，超大规模市场带来的海量用户和丰富应用场景为数字经济发展提供了极为有利的条件。我国信息通信产业发展迅速，国际竞争力较强，建成了全球规模最大、性能先进的网络基础设施体系，为数字经济发展提供了坚实物质基础。我国经济发展由高速增长阶段转向高质量发展阶段，产业升级、消费升级对数字经济发展产生巨大需求。我国有条件、有能力把握以数字技术为核心的新一代科技和产业变革历史机遇，加快发展数字经济，促进数字经济和实体经济深度融合，以信息化培育新动能，用新动能推动新发展，形成引领未来发展的新优势。

资料来源：党的二十大报告学习辅导百问[M]. 北京：党建读物出版社，学习出版社，2023：72-73。

第二节　数智时代的商业变革趋势

数智经济是大数据与人工智能驱动的新经济，因此，数智时代的商业变革主要由大数据和人工智能两方面的因素驱动。

一、大数据驱动的商业变革

（一）数据与信息

加拿大统计局将数据定义为"已转化为数字形式的观察"。美国学者图灵和冯·诺伊曼将数据定义为可以被编码为一系列0和1组成的二进制序列的信息，既包括数字化的音乐、影像、资料和专利等，也包括统计数据和交易记录。前者可被看作以数据形式存在的产品和服务，后者则更多地被看作为了生产知识而进行的投入。

数据和信息是两个既有联系又有区别的概念，两者很容易混淆。信息是关于世界、人和事物的抽象的客观的描述；而数据是已转化为数字形式的观察，是信息的表现形式和载体。数据是一种人造物，可能被篡改和伪造。当然，从前文美国两位学者对数据的定义可以看出，数据是被标准化了的信息，换言之，信息是数据的内涵，没有信息的数据并没有太多意义，只是数据在大多数情况下是标准的，绝大多数都可以按照二进制的方式进行存储和编码。

（二）数智经济的两种发展模式及其驱动的商业变革

在数智时代，数据不断地产生、计算、分析、应用、迭代……构成了一个真正意义的网络，网络空间成为自海、陆、空、天之后人类的第五大生存空间。而在这个第五大生存空间中，数据扮演了重要的角色，成为网络空间源源不断流淌的"血液"，成为继物质、能源之后又一种重要的生产要素和战略资源。数据进一步变成了驱动现实的一种方式，特别是随着数字孪生技术的发展，可以进一步描述现实，进而改变现实。从未来发展趋势看，数据要素已成为重要的发展驱动，大数据及其应用引发了一系列新的商业变革。

数智经济有两种发展模式：一种是以虚拟知识的创造为主的生产模式，即新知识经济，与之相对应的企业可以被称作数据密集型企业，这类企业生产过程中的核心要素是大数据和人工智能；另一种是实体经济的数智化，这类企业在生产过程中仍以传统实体生产要素(如劳动力和物资资本)为主，大数据与人工智能更多地发挥协助传统要素发挥作用、提高传统要素整合效率等方面的作用。

1. 数据密集型企业引发商业领域系统性变革

5G、大数据、云计算、物联网、区块链、人工智能等新兴技术是数智时代的重要技术支撑，以这些技术为产品和服务的数据密集型企业可以分为两类：平台型企业和平台型科技公司。

平台型企业是指基于数字技术，由数据驱动，使相互依赖的多边主体在特定载体提供的规则和撮合下交互，以此共同创造价值的商业组织形态。淘宝、拼多多、饿了么等都是平台型企业的代表。平台型企业将数量众多的用户聚集在同一个平台上，通过促进平台用户之间的互动，最终达成交易。同时，平台型企业不仅为用户群体提供交易撮合与供求匹配的信息服务，更通过构建和运营一个虚拟空间(如淘宝网)或实体的场地(如"京东·京选空间"实体店)所形成的平台市场，使买卖双方在同一个平台上达成交易。

平台型科技公司，既包括以数据收集和分析为主要业务的大数据公司与金融科技企业，还包括为其他企业提供数据相关基础设施和服务的云企业等。

数据价值正在引发商业领域发生系统性变革，大数据成为公司竞争力的主要来源之一。数据的真实价值就像漂浮在海洋中的冰山，露出水面的只是冰山一角，冰山的绝大部分则隐藏在水面之下(维克托·迈尔-舍恩伯格，肯尼思·库克耶，2013)。数据的价值体现为其潜在价值，创新型企业通过挖掘数据背后隐藏的价值获取巨大的经济利益。

大数据价值链包括数据生成、数据采集、数据储存及数据分析四个阶段。在大数据价值链中，能为企业提供价值的包括数据本身、数据分析技能和数据分析思维三个方面(维克托·迈尔-舍恩伯格，肯尼思·库克耶，2013)。数据密集型企业充分利用上述三个方面的能力为自身带来利益：①通过采集、保留和分析数据，向公司决策层解释用户行为数据与商业价值之间的关系，助力决策层根据数据分析结果做出科学、合理的决策，从高质量的生产和服务中获利；②通过出售数据给其他有数据需求的公司直接获利；③通过为其他企业或机构分析、挖掘数据潜在价值获利。

2. 实体经济数智化，推动传统产业升级提效

传统产业利用5G、大数据等技术进行数字化、智能化升级，从而提高生产效率，改变传统的生产服务方式和商业运作模式。例如，利用数据有效预测顾客行为，生产更高质量、更契合用户需求的产品；对消费者类型进行更精细的划分，实现产品定位多元化；利用数据优化生产或交付流程，提升企业的综合生产效率；通过数据分析提供有针对性的广告和个性化的推荐来改善企业营销，使企业能更快地将产品和服务推给目标客户，以及提供个性化定制产品或服务；准确捕捉市场上的尾端需求，并将个性化产品聚集起来，聚少成多，最终实现盈利，等等。

二、人工智能驱动的商业变革

(一) 人工智能的概念及发展

人工智能，按照其创始人之一约翰·麦卡锡(John McCarthy)的理解，就是"制造智能机器的科学与工程"，通俗地说，就是用人造手段制造的机器设备，而这个机器设备具有看起来跟人的智能相类似的能力。

1956年8月，人工智能之父约翰·麦卡锡、信息论之父克劳德·香农(Claude Shannon)和人工智能专家马文·明斯基(Marvin Minsky)等一批科学家在美国的达特茅斯学院举办了一次夏季研讨会，探讨如何用机器模仿人类学习，形成了人工智能的早期研究思路。这次会议上同意使用由麦卡锡提出的新术语：人工智能，标志着人工智能学科的诞生。从那以后，研究者们发展了众多理论和原理，人工智能的概念也随之扩展。

20世纪80年代至今的人工智能建立在神经网络基础之上，均以机器学习为主要发展方向和实现路径。人工智能在这40多年的发展可总结为以下三条主线：①有监督的机器学习。人工智能所做的最主要工作就是建立数据内容和标签之间的逻辑联系。②无监督的机器学习。数据不会被贴上标签，也没有特定的结果。学习模型需要自行推断出数据所具有的内在结构，增加了学习的难度和犯错概率。③强化学习。与前两条主线相比，其逻辑更加简单粗暴，它依靠确定的实例训练集，并通过与所在环境的直接交互提高性能。简言之，就是让机器一直做一件事情，通过不断犯错积累经验，最终成为某个领域的高手。21世纪后，人工智能的三条主线开始汇聚、交叉，标志着这项技术发展到了新水平，深度学习也应运而生。

2006年，"神经网络之父"杰弗里·埃弗里斯特·辛顿(Geoffrey Everest Hinton)提出了深度学习(deep learning)的概念，并开发出深度神经网络。采用逐层训练的方式，解决深层次神经网络的优化问题，通过逐层训练为整个网络赋予较好的初始权值，使网络只要经过微调即可达到最优解，从而为深度学习提供了一个基础模型。深度神经网络可以被用于人工智能的三条主线当中的任何一条，它通过组合低层特征形成更加抽象的高层表示属性类别或特征，以发现数据的分布式特征表示。研究深度学习的动机在于建立模拟人脑进行分析、学习的神经网络，它模仿人脑的机制来解释数据，例如图像、声音和文本等，其最终目标是让机器能够像人类一样具有分析、学习能力，识别文字、图像和声音等数据。与非深度学习相比，深度学习更类似于人类大脑的学习方式，包括多层贝叶斯推理，能够分析更加复杂的问题和数据，能够发展数据集中未表现出来的隐藏变量。

2022年11月30日，美国 OpenAI 公司发布了其研发的聊天机器人程序ChatGPT

(generative pre-trained transformer，生成性预训练变换模型)，标志着完成了机器学习算法发展中自然语言处理(NLP)领域的历史性跨越，即通过大规模预训练模型，形成人工智能技术理解自然语言和文本生成能力。ChatGPT能够通过学习和理解人类的语言进行对话，还能根据聊天上下文进行互动，真正像人类一样聊天、交流，甚至能完成撰写文本、视频脚本、文案、翻译、代码等任务。2023年3月，万众瞩目的ChatGPT-4又一次引爆全网，ChatGPT-4在之前轰动世界的版本的基础上又有了大幅升级，是一个超大的多模态模型，"可以在5分钟之内写一个短篇小说，也可以在瞬间修改1万字的程序文档中的bug"。不仅可以输出文字，还可以输出图像，更是大胆放出狂言"在各种专业和学术基准上与人类相当"。

美国时间2023年12月6日，谷歌宣布推出其自认为规模最大、功能最强大的AI智能模型Gemini。此次谷歌发布的Gemini模型是基于Transformer decoder构建的多模态模型，这种技术能够处理视频、音频和文本等不同内容、不同形式的信息。谷歌表示，在根据行业标准进行的一系列测试中，Gemini Ultra版本的表现超过了OpenAI的ChatGPT-4技术。

(二) 人工智能四要素及其驱动的商业变革

数字经济的三类核心竞争力为大数据、算法和算力，这也是人工智能的三要素。除此之外，人工智能还有一个要素是场景。数据的概念见前文，大数据强调数据的量，也就是要有海量的数据，这样才能支撑AI的训练。算法，从字面意义看，就是用于计算的方法，通过该方法可以达到预期的计算结果。在计算机科学中，算法是一系列解决问题的清晰指令，算法代表用系统的方法描述解决问题的策略机制，即能够对一定规范的输入，在有限时间内获得所要求的输出。算力，是衡量在一定网络消耗下生成新块的单位的总计算能力。能够处理的数据量越大，也就意味着算力更大。算力是每个企业、机构和组织分析与处理数据的基础能力，也是使用大数据与人工智能这两个生产要素的基础设施。大数据、算力、算法作为输入，才能在实际的场景中输出，才能体现出实际的价值，因此，场景是将数据、算法、算力这一切应用于实际问题的舞台。场景定义AI技术的应用范围，决定AI的实际用途和效果。

人工智能四要素对商业活动的影响有所不同，但它们相辅相成，相互促进，共同构成人工智能发展的基础。大数据是人工智能发展的基石，算力是支撑AI运行的动力，算法是实现智能的核心，场景则是AI技术落地的关键。人工智能的发展速度和应用效率在很大程度上是由一个国家或机构的算力所决定。而面对海量电子数据，合理运用算法形成数据分析产品是人工智能的优势。因此，智慧商业的三个关键点为数据、算法和产品。换言之，算力的提高能够大大促进人工智能的发展速度和应用效率，而在算力一定的情况下，企业之间的竞争主要体现为是否能够准确识别AI应用场景，进而合理运用算法进行数据价值挖掘，形成适用于特定场景的数据分析产品。

随着人工智能的发展，人工智能的商业价值呈现爆发式增长态势。认识到人工智能的商业价值，世界各国的商业资本纷纷进入人工智能领域，积极布局人工智能发展战略，抢占人工智能产业发展的制高点。人工智能的商业价值主要表现在客户体验(customer experience)、新增收入(new revenue)和成本降低(cost reduction)三个方面(Lovelock & Tsai，2018)。人工智能从决策、生产、客户体验等方方面面引发了新的商业变革。

1. 决策支持与增强

传统的管理决策分析从理性经济人假设出发，认为决策的目标是企业利益最大化。西蒙提出了有限理性决策假说，认为人不可能做到决策理性，只能选择相对满意的决策。因为在高度不确定和极其复杂的现实决策环境中，人的知识、想象力和计算力是有限的。数智时代，一方面，信息爆炸使得决策者利用海量信息做出快速的理性分析非常困难；另一方面，人工智能拥有强大的自动化数据收集与处理能力，同时能准确预测各种不同因素对企业经营管理的影响，并形成数据分析结果，进而对企业经营管理决策起到支持或增强作用。因此，面对复杂业务问题，人工智能依据数据和算法所做出的自动化行为决策往往会优于人类。在海量数据被生产和存储的今天，传统的以人为分析主体的经验分析与统计推断已难以充分释放数据动能，基于人工智能尤其是深度学习的复杂数据分析已经逐渐成为主流，这一过程当中，人的角色从"分析者"蜕变为"规则制定者"和"监督者"。由此，人机协作的决策场景将越来越普遍，即企业经营管理者提供管理思想，人工智能协助企业经营管理人员实现其管理思想。

2. 生产经营服务活动自动化

人工智能、机器人的广泛应用使企业经营管理活动中的重复任务实现自动化，能够更快速、经济地完成基础工作任务，如智慧财务、智慧物流、生产过程的全自动化、自动售货机、餐厅机器人送餐等。因此，人工智能的应用在促进生产率提升的同时，也会加速自动化进程。可以预测，随着人工智能的发展和广泛应用，未来无须人类介入的智慧商业场景将越来越多。

案例9-1

"工业元宇宙"先行者——东方日升未来工厂

2013年，德国人提出的工业4.0中，虚实融合仿真技术被认为是智能制造的核心。通过将CPS(信息物理系统)、数字孪生与5G引发的AR、VR、AI计算机视觉、低时延远程控制等应用按照元宇宙的概念有机整合，即可构建"工业元宇宙"。

东方日升未来工厂是宁波市"工业元宇宙"的先行者。在这个未来工厂里，5G技术打开了元宇宙的大门，让虚拟和现实的两个工厂紧密联系起来，实现绿色智能生产。东方日升打造了5G网络全场景覆盖的基地级、车间级及设备级元宇宙环境，对跨基地的生产设备、软件平台等数据实现全要素数字孪生，并将12 000多套终端，通过30多种数采协议精准传输。

通过将元宇宙应用到工厂，实现生产、运维可视化，在东方日升宁波宁海总部，管理人员可通过手机、计算机查看各地生产基地的情况，辅助企业快速决策，生产效率大幅提升。

"如今，我们每天的5G终端上传数据将近100T，已实现生产效能全链监控。"东方日升公司相关负责人介绍。目前通过日升大脑MetaFactory+5G八大创新应用，东方日升未来工厂已实现设备故障处理时间减少70%、OEE效率提高50%、缺陷漏检率<0.2%。

资料来源：东南财金．规模超2000亿元！浙江发布元宇宙计划 宁波准备好了吗？中国宁波网，2022-12-16。

3. 客户交流虚拟化

在数智时代，传统商业中由企业员工完成的客户交流将有相当一部分被人工智能取代，尤其是那些常规性的交流和普遍性问题。这种虚拟代理机器人不仅可以大幅提高工作效率，而且可以规避员工情绪对客户造成的伤害，进而让客户体验得到大幅提升。例如阿里巴巴集团在2015年7月发布的一款人工智能购物助理虚拟机器人——阿里小蜜，其能够帮助买家和卖家解决很多问题，工作效率大幅提升。2019年"双11"当天，淘宝天猫平台97%的在线服务由阿里小蜜完成，共提供了3亿次在线咨询服务，相当于8.5万名人工客服的工作量。与人工客服相比，阿里小蜜不需要等待，而且是一对一的专属服务，这是很多用户比较喜欢的。另外，人工智能客服还可以借助大数据、云计算等自动识别客户身份，根据客户消费数据提供个性化服务，同时将客户消费数据自动传递到企业数据库，进一步扩大企业的数据规模，带来潜在的商业价值。

课程思政

如何理解加快发展数字经济，促进数字经济和实体经济深度融合

习近平总书记在党的二十大报告中指出，"加快发展数字经济，促进数字经济和实体经济深度融合，打造具有国际竞争力的数字产业集群"。

数字化能够有效率引生产和服务体系智能化升级，促进产业链价值链延伸拓展、融合发展，是实体经济转型升级的必然选择。我国实体经济规模庞大、门类齐全，但供给结构和效率不适应需求升级的问题还很突出，迫切需要通过数字化带动生产制造、分销售后等环节全面优化升级，提高满足国内外市场需求的能力。必须加快推广数字领域新技术新业态新模式，加快推动各领域数字化优化升级，实现数字经济与实体经济深度融合，打造经济发展新引擎，以数字化转型整体驱动实体经济质量变革、效率变革、动力变革和生产方式变革。要提高数字技术基础研发能力，加快解决数字领域关键核心技术受制于人问题，加强新一代数字技术产业布局，抢占未来竞争制高点。培育壮大新兴数字产业，提升通信设备、核心电子元器件、关键软件等相关产业发展水平。加快建设新一代移动通信、数据中心等数字基础设施，提升数据处理水平，促进信息高效联通和开发利用。全面推动产业数字化，推动数据全产业链协同转型，加快发工业互联网和物联网，推动服务业数字转型，推进农业生产经营和管理服务数字化。发挥我国市场规模、人力资源和金融体系优势，充分发挥市场机制和企业主体作用，支持数字企业发展壮大，打造具有国际竞争力的数字产业集群。加快构建数据基础制度体系，完善数据产权、交易、监管等机制，促进平

台经济规范健康持续发展。深化数字经济国际合作，积极参与数据流动、数字货币、数字税等国际规则制定。协同推进数字经济、数字社会、数字政府建设，以数字化促进民生改善和治理水平提升。提升数据安全保障能力，提升全民数字素养，为数字经济发展营造良好发展环境。

资料来源：党的二十大报告学习辅导百问[M].北京：党建读物出版社，学习出版社，2023：73-74。

复习思考题

扫码答题

1. 什么是数智经济？"数智化"的具体含义是什么？数智经济有哪两种发展模式？

2. 数智时代有哪些特点？

3. 数智时代的商业变革主要由哪些因素驱动？举例说明数智时代的商业变革表现在哪些方面。

4. 什么叫人工智能？人工智能包括哪三个要素？

5. 人工智能在哪些方面引发了商业变革？请举例说明。

第十章
数智时代的商业伦理与社会责任

导言

数智时代的快速发展给社会生产和人们的生活带来了便利,并对企业管理工作产生了重大影响。但与此同时,也衍生了不可忽视的商业伦理和社会责任问题。企业为了自身的生存和发展,必然要着力解决面临的商业伦理和社会责任问题。

数智时代的商业伦理问题主要是数据伦理和人工智能伦理,如何让大数据、人工智能技术及相关产业在"以人为本,科技向善,安全可控"的伦理原则指引下健康发展,是摆在企业面前的紧迫问题。数据伦理和人工智能伦理原则的设定与相关的立法实践探索是数智时代商业变革的必经之路。

学习目标

理解:数智时代的商业伦理与社会责任困境。

掌握:数据伦理困境、人工智能产品的伦理问题、数智时代的企业社会责任缺失问题。

应用:在深刻理解数智时代的商业伦理与社会责任困境的基础上,引导企业更好地探索商业伦理与社会责任困境的解决之道。

第一节 数智时代的商业伦理与社会责任困境

数据伦理与人工智能伦理是数智时代商业伦理的两大核心主题。数智时代,数据、人工智能给人类生产、生活等各方面带来巨大便利的同时,也引发了很多新的商业伦理问题,出现了一些新的商业伦理困境。

一、数据伦理困境

在数智时代,数据伦理问题主要通过非法采集数据、数据滥用、数据安全、数据霸权、算法霸权和算法歧视等形式呈现出来,而其本质是对隐私权、数据权、人类自由和社会公平等的侵害(李伦,2019)。

(一) 非法采集数据与数据权、隐私权

从以人为本走向以数据为本、用数据主义取代人本主义是数智时代的核心主张之一。数据主义主张信奉电子算法，推崇黑箱算法；而人本主义重视人的自由，维护人的尊严。因此，数据主义正在挑战人本主义的观念，主张人的价值应当让位于数据的价值(张贵红，2019)。商业领域若遵循这一理念，必然对人的数据权利形成威胁。如前所述，当数据在价值链中处于核心地位时，出于经济利益的考虑，商家很可能会在没有征得用户、消费者或其他利益相关者同意的情况下非法采集其信息，诸多移动互联网应用通过隐私条款的默认勾选、霸王条款等获取用户信息，从而侵犯用户、消费者和社会公众等利益相关者的数据权利，妨碍人的隐私权和自由权利。一些不法分子利用信息系统漏洞和黑客技术盗取个人信息并加以出售，造成个人信息泄露严重，给个人或群体带来伤害。

(二) 数据滥用与自由权、隐私权

处于"孤岛"的数据价值相对较低，而通过数据连接、数据合并等大数据技术手段整理后的数据价值相对较高。因此，基于数据的企业往往将处于不同"孤岛"的数据连接起来，商家利用用户画像①技术深度挖掘个人信息，从而带来巨大的潜在利益。但这会导致用户隐私信息的泄露，产生数据滥用问题。

数据滥用层面，最典型的表现如智能化定向传播、价格操纵、数据开放与出售等。

1. 智能化定向传播：对自由权的破坏

很多人都有过被动接受某些平台强行推送的广告的经历，即便投诉或做出各种标注，但该类行为仍屡禁不止。之所以会出现上述问题，原因在于虽然根据数据分析结果有针对性地向潜在客户推送广告有利于这部分群体，但让潜在客户主动接收是相当困难的，于是企业便根据数据分析结果强行推送。这无疑会给潜在客户带来不必要的干扰，同时侵犯了潜在客户的个人隐私和商品选择自由。另外，目前算法有一个很明显的特点，也是一个局限性，就是只让人们看到认同的内容。以常用的个性化推荐算法为例，个性化推荐算法发挥作用需要两方面的基础：算法训练数据和算法模型设计。从算法训练数据来看，往往需要采集诸多用户的个人偏好数据，如对电影、手机、新闻的喜好等；从算法模型设计来看，该算法的原理在于根据用户的个人偏好数据寻找类似的信息，进而做出推荐。但是，如果这类个性化推荐持续开展，算法就可能陷入一个怪圈——只让你看到认同的内容。从这个意义上讲，尽管个性化推荐算法设计的本意在于帮助用户发掘信息，但也会导致信息茧房，限制用户的眼界和思维，使用户故步自封在自我认同的圈子里，进一步加剧人们认知的局限性。

---

① 用户画像(user profiling)是指通过收集、汇聚、分析个人信息，对某特定自然人的特征，如职业、经济、健康、教育、个人喜好、信用、行为等方面做出分析或预测，形成其个人特征的过程。引自GB/T 35273—2020《信息安全技术 个人信息安全规范》。

2. 价格操纵：数据成为背离公平原则的"帮凶"

一般而言，价格操纵的发生需要满足三个条件：一是掌握消费者的支付能力和意愿；二是产品或服务具有垄断市场的能力；三是产品或服务缺少可替代的选择。大数据时代，这三个条件发展得更加成熟。首先，得益于个人数据收集渠道的越发广泛和用户画像分析技术的不断发展，企业越来越容易判断用户的支付能力、意愿和喜好；其次，互联网行业的数据垄断和资本垄断等现象不断加重，使行业马太效应明显，出现了一系列超大型互联网公司或细分领域的行业寡头，逐渐形成垄断局面，具备了操纵价格的能力；最后，互联网行业注重用户黏性，借助对用户的锁定效应，减弱了用户更换消费平台的意愿，变相减少了产品或服务的可替代选择。另外，互联网行业产品或服务的价格具有不透明的特点。在线下商店，两位消费者同时到店购买产品或服务，如果商家有操纵价格的行为，两位消费者很容易相互知晓。但是在线上消费时，消费者背靠背地获取价格信息，即使平台针对同一产品给两方的定价不同，彼此也很难知道。

商家利用算法的不透明性及局限性进行价格操纵，如"千人千价"、非法"动态定价"、大数据"杀熟"等，都是想尽办法制造与消费者、竞争对手甚至合作方的信息非对称，借助掌握的大数据形成资源优势，操纵价格改变区域或个体供需关系，以不正当方式牟利，是对公平原则的严重背离。以大数据"杀熟"为例，生产者或经销商在向消费者提供同质量商品或服务时，针对不同消费者采取不同的销售价格或收费标准，其本质上属于基于消费者大量数据的动态价格歧视。而之所以出现大数据"杀熟"现象，原因在于老客户对平台与服务的依赖性强，难以改变消费习惯，而商家能够通过大数据轻松掌握用户的消费习惯和用户黏度，对老客户"杀熟"的成本低、收益高。大数据"杀熟"价格歧视的等级取决于企业利用大数据进行分析的能力，拥有大量用户数据的超级平台会尽可能采取一级价格歧视，实现最大利润。可见，一旦数据被"用歪了"，也就助长了价格操纵带来的非法牟利行为，数据就成了价格操纵的"帮凶"。

3. 数据开放与出售：侵犯隐私权

数智时代，数据安全对于维护个人或群体尊严至关重要。但一些不法分子或掌握了大量用户信息的公司非法出售采集到的个人信息，造成个人信息泄露严重。泄露数据流入黑市非法销售，导致"撞库"攻击频发，进一步加剧了个人信息泄露现象。数据泄露将侵犯个人或群体的隐私权，进而限制人的自由和影响社会公平。

(三) 数据霸权、数据垄断与社会公平

数据的大幅使用促进了企业创新，例如加强由数据驱动的企业研发，提升产品质量，帮助企业开发新产品等。然而，在特定的市场环境和企业条件下，企业拥有的大量数据资本可能反而成为创新的阻碍，如算法歧视及其引发的数据霸权，以及数据垄断对社会公平、权益分配等造成的严重威胁。

1. 算法歧视导致公平性缺失越发严重

数据挖掘算法的广泛应用导致了一个突出的道德伦理问题，即算法输出可能具有不

公正性,甚至歧视性。近几年,众多科技公司的算法都被检测出带有歧视性:在谷歌搜索中,男性会比女性有更多的机会看到高薪招聘消息;微软公司的人工智能聊天机器人Tay出乎意料地被"教"成了一个集性别歧视、种族歧视等于一身的"不良少女"……这些事件都曾引发人们的广泛关注。即使算法设计者的本意是希望为用户推荐有用信息、对图片进行机器识别、使聊天机器人能够源源不断地学习人类对话的方式,但在算法决策的"黑匣子"面前,人们无法了解算法的决策过程,只能了解最终结果,而一旦结果异乎寻常,人们便会质疑算法背后的公正性。

为什么大数据算法会出现歧视呢?计算机领域有一个缩写词语——GIGO(garbage in, garbage out),大意是"输入的如果是垃圾(数据),那么输出的也将是垃圾(数据)"。大数据领域也有类似的说法,《自然》杂志曾用BIBO(bias in, bias out,偏见进,偏见出)表示数据的质量与算法结果准确程度的强关联性。在选择使用什么数据时,人们往往容易存在歧视心态,这会直接影响输出的结果。另外,收集数据时就可能由于缺乏技术严密性和全面性而存在误报、漏报等现象,也会影响结果的精准性。因此,基于数据和算法推断出来的结果会使有些人获得意想不到的优势,而另一些人则处于不公平的劣势——这是一种人们难以接受的不公平。可以说,算法歧视导致公平性缺失越发严重。

2. 数据霸权破坏社会公平

数据霸权对社会公平的危害,一方面表现为少数企业凭借数据垄断优势,可以轻松地获取高额利润,如互联网公司不断通过并购实现数据"孤岛"的互联,从而成为"数据大亨",并通过垄断大量数据资源形成新垄断主义,遏制自由竞争市场的发展;另一方面表现为中小企业和普通创业人员因没有掌握数据资源而面临经营发展的困境。因此,数智时代的数据霸权可能会造成"强者愈强,弱者愈弱"的马太效应,从而危及整个社会利益分配的公平。

3. 数据垄断侵害消费者的合法权益

数据垄断是数字经济环境下一种新的垄断形式,而且极有可能形成寡头垄断。下面以超级平台为例进行说明。

随着数字经济的不断发展,网络平台已融入寻常百姓的生活,电商平台、社交媒体平台、搜索平台、内容平台(视频、音乐、直播、阅读等)、生活服务平台(打车、外卖、点评等)、移动支付平台、手机应用商城等,涵盖生活消费、社交、文娱等各个领域,可以说,人们从早上一睁开眼就要与各种平台打交道。但是,网络平台企业尤其是大型平台企业往往通过自身营造的网络生态系统,自定规则,运用垄断协议、拒绝交易、纵向约束等方式,如限制第三方链接、"二选一"等,策略性设置数据访问和数据共享壁垒,吸引绝对流量,汇聚海量信息,达到对数据资源的垄断性控制,增加用户转换成本,提高市场进入壁垒,从而形成网络平台的垄断主义。同时,在资本掮客的加持下,网络平台依托海量数据信息,凭借技术、数据、算法优势,不断"烧钱"跨界经营,通过低价倾销等不正当竞争手段垄断商户资源,控制市场供应,继而逐渐垄断、操控市场,形成"赢者通吃,一家独大"的局面,最终成为市场寡头,形成寡头垄断,侵害广大消费者的合法权益和社会福利,不利于中小企业及行业的良性发展,甚至威胁国计民生的安全与稳定。

案例10-1

美团被罚超34亿元

2021年4月,市场监管总局依据《中华人民共和国反垄断法》(以下简称《反垄断法》)对美团在中国境内网络餐饮外卖平台服务市场滥用市场支配地位行为立案调查。

2021年10月8日,市场监管总局依法对美团在中国境内网络餐饮外卖平台服务市场实施"二选一"垄断行为做出行政处罚。

经查,2018年以来,美团滥用在中国境内网络餐饮外卖平台服务市场的支配地位,以实施差别费率、拖延商家上线等方式,促使平台内商家与其签订独家合作协议,并通过收取独家合作保证金和数据、算法等技术手段,采取多种惩罚性措施,保障"二选一"行为实施,排除、限制了相关市场竞争,妨碍了市场资源要素自由流动,削弱了平台创新动力和发展活力,损害了平台内商家和消费者的合法权益,构成《反垄断法》第十七条第一款第(四)项禁止"没有正当理由,限定交易相对人只能与其进行交易"的滥用市场支配地位行为。

根据《反垄断法》第四十七条、第四十九条规定,综合考虑美团违法行为的性质、程度和持续时间等因素,2021年10月8日,市场监管总局依法做出行政处罚决定,责令美团停止违法行为,全额退还独家合作保证金12.89亿元,并处以其2020年中国境内销售额1 147.48亿元3%的罚款,计34.42亿元。同时,向美团发出《行政指导书》,要求其围绕完善平台佣金收费机制和算法规则、维护平台内中小餐饮商家合法利益、加强外卖骑手合法权益保护等进行全面整改,并连续三年向市场监管总局提交自查合规报告,确保整改到位,实现规范、创新、健康、持续发展。

资料来源:国家市场监督管理总局行政处罚决定书(国市监处罚〔2021〕74号)。

二、人工智能产品的伦理问题

伦理是处理人与人、人与社会之间关系的道理和秩序规范。人类历史上,重大的科技发展往往带来生产力、生产关系及上层建筑的显著变化,成为划分时代的一项重要标准,也促进人类对社会伦理的深刻反思。当前,在智慧商业的引领下,人工智能产品或设计广泛应用于工业、农业、金融、零售、电力、教育、医疗等行业。人工智能产品的商业化对社会和环境产生了一定的伦理影响,引发了人类社会对人工智能伦理哲学的思考。

博斯特罗姆和尤德科夫斯基(Bostrom,Yudkowsky,2014)认为,创造具备思维的机器可能会导致一系列伦理问题的产生,这些伦理问题既与确保上述机器不伤害人类及其他伦理上的利益相关者有关,也与机器自身的伦理地位有关。在机器不伤害人类的前提下,人工智能产品的伦理问题包括人工智能产品的主体地位、伦理责任和人机关系三个方面。

(一) 主体地位

在数智时代，人工智能企业本质上是通过算法建模与算法服务获取相应的利润，在这一过程中，基于算法开发的机器人便具有了"人"的决策能力。相应地，基于人工智能算法的智能机器人能够在机器学习与深度学习的过程中逐步地具备自我判断意识，成为具备类似人的道德主体认知与道德推理的行为实体。计算机伦理学创始人摩尔(Moore)将伦理智能体分为4类：①伦理影响智能体(对社会和环境产生伦理影响)；②隐式伦理智能体(通过特定软硬件内置安全等隐含的伦理设计)；③显示伦理智能体(能根据情势的变化及其对伦理规范的理解采取合理行动)；④完全伦理智能体(像人一样具有自由意志并能对各种情况做出伦理决策)。目前人工智能尚处于弱人工智能阶段，弱人工智能阶段的智能机器人的决策行为只是单一的复制与模仿，其自我推理能力与情感意识处于缺失状态，因此智能机器人作为具有企业理性决策主体意义上的道德组织与道德实体尚存在争议。

近年来，越来越多的人呼吁要赋予人工智能机器一定的道德主体地位，但机器能否成为完全伦理智能体存在巨大的争议。从经典社会规范理论来看，是否能够成为规范意义上的"主体"来承担责任，取决于是否具有"自由意志"，而非取决于其功能或行为。黑格尔的《法哲学原理》即以自由意志为起点展开。然而，尽管当前人工智能在一些场景下的功能或行为与人类接近，但实则并不具有"自由意志"。进一步地，如果人工智能具有伦理主体地位，是否应当将情感和自由意志赋予人工智能产品，这也是人工智能产品拥有道德的前提条件。人工智能产品被移植情感和自由意志后，能否应对不良情绪对企业经营管理及消费群体的伤害，这是人工智能产品成为伦理主体所面临的重要道德问题。如果人类没有准备好便将情感和自由意志赋予人工智能，有可能打开"潘多拉魔盒"，给人类带来灾难性的后果。因此，当前阶段对人工智能伦理问题的分析和解决路径构建主要围绕前三类伦理智能体开展，即将人工智能定性为工具而非主体。

(二) 伦理责任

在道德实体处于争议的状况下，一系列由人工智能产品、算法服务过程中产生的伦理责任问题也难以规避。比如由智能机器人主导的智慧交通中的无人驾驶汽车撞人了，事故责任到底应当由车主承担还是由提供算法的企业或设计者承担？通常来讲，绝大多数人不认可人工智能产品拥有和人类同样的权利，其商业化应用的主要目的是增进民生福祉。然而，人工智能产品的商业化应用必然带来相应的道德权利和责任分配问题。这些问题包括：人工智能产品服务于人类社会时，其权利与义务如何界定？其是否应当承担相应的责任与义务？当人工智能产品对消费者造成伤害时，其设计者是否应当承担连带责任？法律应当如何对人工智能产品和人工智能产品的设计者进行规制？滥用人工智能产品应当受到什么惩罚？人工智能产品是否会成为人类行为免责的替代品？等等。在上述问题尚未解决的情况下，必然导致企业伦理道德主体与责任承担的模糊性或缺失问题。

(三) 人机关系

人在使用物品时，物品就与人产生了一种相互的关系，这种相互的关系称为人机关系。这里的"机"不仅包括机器，也包括各种工具等。人们所设计的产品都是从人的需求出发，为人服务的，因此人机关系反映的是人与自然、人与人的关系，人机关系也就成为产品设计活动中必须考虑的核心问题之一。在人工智能时代，机器日益智能化、拟人化，智能机器人很可能拥有人类的体格特征和情感方式，人机关系也陷入了新的悖论和危机，甚至有人担心，智慧商业是否会取代人类。

当前，人类对道德行为的判断取决于事件所带来的后果。人类社会是由多元化价值体系构成的，这就决定了人类社会被无数伦理道德包围。智能机器人的本质是用人造手段制造的机器设备，具有"物"的基本属性，是为人类服务的，那么人工智能产品或人工智能技术也应当服从人类社会的道德规范。由于人类社会被无数伦理道德包围，有些甚至是自相矛盾的，这就难免导致必须在产品设计阶段做出取舍并输入智能机器人中，但如此一来，可能就会出现人工智能伦理悖论。以伦理学中著名的"电车难题"为例，5名无辜的人被绑在电车轨道上，一辆失控的电车朝他们驶来，片刻后就要碾压到他们。幸运的是，你可以拉动一个拉杆，让电车开到另一条轨道上，但是另一条轨道上也绑了一个人。因此，你有两个选择：不拉杆，5人死亡；拉杆，1人死亡。你会怎么做？这样的选择可以归结为利益的最大化或损失的最小化，即功利主义。按利益最大化和损失最小化原则，多数人都会选择拉杆，让1人死亡，救5人。但是，这也意味着，拉杆让1人死亡也是杀了人，也要对此负良心的责任。无论是1人死亡还是5人死亡，都躲不过良心的谴责。在人工智能时代，一旦自动驾驶汽车上路，必然面临这种伦理难题，也就是让汽车在事故之前选择是杀一人还是杀几人的问题，并且人工智能的设计可能会陷入无尽的矛盾中。例如，如果是以死人的多少来设计人工智能的操作程序，那么接下来是否还会根据年龄、性别、地位来选择如何操作？例如，面对一位孕妇和一位老人，汽车出事前该撞向谁？如果要解决上述问题，是否需要把人分为三六九等？显然，无论怎么做，都会违背生命面前人人平等的原则。上述自动驾驶汽车难题体现了人工智能在设计上选择两难的伦理悖论。

人工智能不仅存在技术层面的问题，因涉及模仿人类思维和能力，还存在其他伦理道德困境，甚至在一定程度上存在取代人类的威胁。譬如，若人工智能被赋予情感和自由意志，人工智能具备道德判断能力，那么人工智能产品或技术是否应当遵从人类道德规范甚至会起到反哺人类道德行为的作用？如果机器智能在功能上超越人类智能，甚至从其心智中涌现出意识和自我意识，人类是否会被机器消灭？如果机器智能在功能上超越人类，但不可能生成意识和自我意识，会不会出现人类因为对机器的依赖越来越强，而将越来越多和越来越复杂的任务交给机器处理，最终越来越无力掌控维持人类社会运转的复杂决策和行动，不得不逐渐将命运在事实上完全托付给机器？由于人工智能对社会进行全方位"赋能"，人类原先拥有的引以为傲的生产性知识、实践性知识和理论性知识逐渐被技术所剥夺，人类是不是会头脑内无智可用、生活中不动脑子，进而出现"人工愚蠢"？如果机器智能在功能上超越人类，人类会不会因对机器的高度依赖而无法通过关闭机器重获主导权？以上问题也构成了人工智能时代的伦理道德困境。

三、人工智能的伦理道德风险

当前阶段，人工智能既承继了之前信息技术的伦理问题，又因为深度学习等人工智能算法的不透明性、难解释性、自适应性、运用广泛等特征而具有新的特点，可能在基本人权、社会秩序、国家安全等诸多方面带来一系列伦理问题。人工智能在社会经济各领域的应用正在引发新的伦理道德风险。

(一) 人工智能的算法道德风险

数智时代可以说是算法决策的时代。人类要做的是正面利用人工智能，使算法服务于人类。然而，如前所述，算法歧视会引发新的不公平，侵害弱势群体的利益。在算法决策的"黑匣子"面前，人们无法了解算法的决策过程，只能了解最终结果。依靠机器计算的自动决策系统在对数据主体做出决策分析时，由于数据和算法本身不具有中立性或者隐含错误、被人为操控等原因，对数据主体进行差别对待，造成歧视性后果。尤其是随着算法在自动驾驶、犯罪风险评估、疾病预测等领域越来越广泛和深入的应用，算法歧视甚至会对个体生命构成潜在的威胁。早在2014年，美国白宫发布的大数据研究报告就提到算法歧视问题，认为算法歧视可能是无意的，也可能是对弱势群体的蓄意剥削。因此，必须将道德算法嵌入人工智能产品或技术之中。如此一来，如何通过道德算法将当前人类社会多元化的商业伦理体系嵌入人工智能产品中，是关系到商业伦理能否在数智时代得到有效实施的重大问题。

(二) 人工智能的设计伦理风险

大多数已有研究都将人工智能视为一种新型劳动力，与自然人相比，人工智能更加高效、更加准确，并且在多数情况下成本更低。基于上述假设，经济学家们大胆断言了人工智能系统的普适性，认为应该在尽可能多的领域使用人工智能系统，但这一乐观判断的背后是对"错误"的人工智能所引起的风险的忽视。譬如，人工智能产品或深度学习依赖的数据往往带有一定的偏见，或者人工智能深度学习依赖的训练集是有瑕疵的，而人工智能产品或技术并不能像人类一样自觉抑制偏见或歧视，也不能自动识别或剔除瑕疵。如此一来，就会导致隐性的、难以识别的歧视性决策，进而可能引发收入不公平甚至种族歧视、性别歧视等严重的社会问题，或者错误的预测可能带来无效的大规模投资甚至可能成为金融海啸的导火索。可见，如果不能在人工智能设计环节对这些潜在的风险进行有效的识别，对这些风险发生的可能性及后果进行审慎的预防性研究，一旦风险爆发，其后果将是灾难性的。因此，这就要求人工智能的设计人员必须设计出符合人类社会道德规范的产品。然而，人类的价值取向是多元化的，如何在设计人工智能时平衡不同道德、宗教、政治甚至民族风俗之间的矛盾？上述问题如果不能有效解决，人工智能产品或技术或许会成为商业伦理困境的加速器。

(三) 人工智能的社会伦理风险

人工智能不仅存在技术层面的问题，因涉及模仿人类的思维和能力，还在一定程度上存在取代或威胁人类的风险。

社会是由人构成的群体生活环境。人之所以为人，从社会层面作为"类"人，人与人的关系正是在人的意义和生活的意义中被定义与体现的。当人工智能越来越发达，可以为人类提供全方位的服务，人类的需求完全可以通过人工智能和相关技术得到满足时，人与人接触的机会越来越少，接触的频率会越来越低，甚至再也无须与他人打交道，导致人不再是人的生活意义的分享者，人对于人失去了意义，于是对他人也就失去了兴趣。而如果人对于人失去了意义，造成人与人的关系异化，则人就变成"单向度的人"，而不是作为社会存在的人。

情感是人类所独有的东西，也被称为人工智能取代人类的"最后一道屏障"。越来越多的科学研究表明，人工智能可以模仿人类的情感，在此基础上，可以实现拥有自我意识。而一旦人工智能机器拥有情感和自主意识，并进化为超级智能体，是否会像科幻电影中描述的一样反叛人类、奴役人类，甚至毁灭整个世界？换言之，当人工智能的情感化达到自觉意识的全能系统，具有自我意识和自由意志，具有把自身系统对象化的反思能力，以及修改自身程序的能力和独立发明新语言、新规则、新程序的创造力的程度时，著名物理学家霍金曾警告世人的灾难性后果——"完美人工智能的出现就预示着人类的终结"，是不是就不可避免了？即使人工智能的机器不能进化为超级智能体，若被道德缺失的人利用和控制，是否会对社会造成巨大危害？人工智能机器人能否阻止道德缺失的破坏行为？

人工智能职业化带来的人的异化和迷失同样令人担忧。人工智能的职业化是指越来越多的岗位可以用机器人代替人来完成，而且更专业、成本更低、效率更高、效果更好。人工智能职业化使越来越多的岗位逐渐被机器人代替，因此其最直接的后果就是会导致大量的人失业。但失业只是表面问题，其背后的深层次问题是失去劳动会使人失去价值，使生活失去意义，从而导致人的非人化。这恰恰说明了技术进步并不是人获得解放、回归自然的机会，结果反而可能是人的异化，实质是失去劳动机会或者人工劳动失去意义，会导致人的存在迷惑。

上述问题表明，在应用人工智能产品或技术的同时，应加强人工智能各方面的社会伦理研究。

四、数智时代的企业社会责任缺失问题

如前所述，人工智能伦理和道德风险主要通过人工智能的算法是否道德、设计是否符合社会规范，以及是否会危害人类社会等形式呈现出来，相应地，这些伦理道德风险引发了一系列新的社会责任问题。譬如，由智能机器人主导的智慧交通中的无人驾驶车祸应当由谁来承担责任？智能机器人对工人的伤害，以及操作失误带来的"杀人"事件应当由谁来承担责任？辅助企业经营管理决策失误带来的损失应当由谁来买单？等等。

人工智能本质上是通过算法建模与算法服务获取相应的利润，在这一过程中，基于算法开发的机器人便具有了"人"的决策能力。相应地，基于人工智能算法的智能机器人能够在机器学习与深度学习的过程中逐步地具备自我判断意识，能够进行具备类似人的道德主体认知与道德推理的行为实体。但是目前人工智能尚处于弱人工智能阶段，弱人工智能阶段的智能机器人的决策行为只是单一的复制与模仿，其自我推理能力与情感意识处于缺失状态，因此智能机器人是否属于具有企业理性决策主体意义上的道德组织与道德实体尚存在争议。在道德实体处于争议的状况下，一系列由人工智能企业算法服务过程中产生的企业社会责任主体缺失问题也就难以规避。

在数智时代智能算法技术带来的社会利益受损的情景中，应着重区分两类企业社会责任缺失行为：第一类是基于算法机器人在技术执行过程中本身的"算法黑箱"不确定性属性，最终带来对应用者的决策利益受损的"意外后果"。此类社会责任缺失行为是"算法"这一类"决策"主体引发的企业社会责任缺失，对于这类算法机器人引致的社会责任缺失行为的担责主体，很难追溯到算法开发企业。第二类是算法机器人开发企业(人工智能企业)在开发设计与建模过程中，算法开发者搜集数据、训练算法与优化评估算法的可能决策影响嵌入了企业自身市场逻辑主导的利益最大化行为，即算法机器人设计过程与最终产品形成过程中就存在技术恶性或者嵌入了企业不道德基因，传统的"技术中立"或者"技术向善"在市场逻辑主导下演变为算法技术恶德，内嵌了一系列算法歧视、算法偏见等隐患，最终使利益相关者利益受损。这类基于算法机器人带来的社会责任缺失行为属于算法开发企业的企业社会责任缺失行为，其担责主体必然需要追溯到算法机器人开发企业与内部开发团队本身。

第二节　数智时代的商业伦理原则与实践探索

人们常说"技术是一把双刃剑"，的确，技术体现的是工具理性，它旨在帮助人类找到实现任何给定目的的最优方案，但它本身并不能告诉我们什么目的是值得追求的。因此，需要给技术套上法律和伦理的缰绳，使之服务于帮助人类实现美善生活的目的。建立在大数据与人工智能等技术基础上的数智经济，已深入渗透国民经济的各领域与各层次。与传统的被动型技术相比，大数据、人工智能具有自我演化、快速迭代、难以预测的特点。如何让大数据、人工智能技术及相关产业在"以人为本，科技向善，安全可控"的伦理原则指引下健康发展，是摆在人们面前的紧迫问题。数据伦理和人工智能伦理原则的设定与相关的立法实践探索是数智时代商业变革的必经之路。

一、数据伦理的基本原则与实践探索

数据伦理是关于数据处理、使用和保护的道德哲学。在数据成为企业未来竞争力源泉

的数智时代,如何把握数据合理利用与用户隐私保护的边界,如何实现商业伦理与商业价值的有机统一,成为数据伦理及其相关立法实践的出发点。基于数据伦理所面临的主要道德困境,为遏制数据驱动公司对消费者和社会群体的危害,应从数据收集、存储、使用、加工、传输、提供、公开等全链条入手,构建数据伦理的基本原则。

(一) 数据主体权利原则

数据主体权利原则是指通过构建一套保护个人尊严的防御性权利体系,让隐私权、信息访问权、更正权、删除权、撤销权、注销权、申诉权回归数据体(GDPR,2018)。数据主体权利是人的基本权利在数据领域的具体化,贯穿数据从采集到存储、使用、传输的全过程,欧盟于2016年4月通过、2018年5月25日在欧盟成员国正式生效并实施的《通用数据保护条例》(General Data Protection Regulations,GDPR)规定,数据主体拥有知情权、访问权、可携带权、纠正权、删除权/被遗忘权、限制处理权、反对权和自动化个人决策相关权利等。

数据主体权利原则对解决非法数据采集、数据滥用等问题具有重要的指导意义。GDPR规定,任何机构不能无故收集个人数据,如果合法收集个人数据,则必须证明自己在尽全力保护所收集的数据。任何机构应尊重GDPR中规定的数据管理原则并协助数据主体实现其权利,同时应接受隐私设计、进行隐私影响评估、指定数据保护人员或代表,并遵守个人数据违规和通知责任,以减少隐私侵权风险。在数智时代,出于商业目的的数据采集和处理应遵循数据主体权利原则,应向个人信息主体明示其个人信息的处理目的、方式、范围、规则等,征求其授权同意,才能采集数据和用于商业目的的处理,从而构建人与数据的自由关系。

2021年6月10日,《中华人民共和国数据安全法》由中华人民共和国第十三届全国人民代表大会常务委员会第二十九次会议表决通过,自2021年9月1日起施行。这表明,数据作为一种新型的、独立的保护对象在中国已经获得立法上的认可。《中华人民共和国数据安全法》第三十二条规定,"任何组织、个人收集数据,应当采取合法、正当的方式,不得窃取或者以其他非法方式获取数据。法律、行政法规对收集、使用数据的目的、范围有规定的,应当在法律、行政法规规定的目的和范围内收集、使用数据。"

(二) 隐私保护原则

隐私保护原则是指掌握数据的企业应当最大限度地保护个体隐私,遵循人性自由和尊严(李伦、黄关,2019)。保护隐私是对人性自由和尊严的尊重,也是人类文明进步的一个重要标志。然而,在数智时代,超级平台公司和应用程序开发者利用各种"算法"挖掘生产者、消费者和社会公众的隐私,消费者性别、年龄、出行时间、出行地点、消费习惯、个人爱好、情感情况、受教育程度等一切有利于商业目的的个人隐私信息正在被广泛收集。因此,该项原则应在界定个人敏感信息的基础上实现隐私权保护与商业价值的统一。

我国国家标准GB/T 35273—2020《信息安全技术 个人信息安全规范》将个人敏感信息定义为"一旦泄露、非法提供或滥用可能危害人身和财产安全，极易导致个人名誉、身心健康受到损害或歧视性待遇等的个人信息"，具体包括身份证件号码、个人生物识别信息、银行账号、通信记录和内容、财产信息、征信信息、行踪轨迹、住宿信息、健康生理信息、交易信息、14岁以下(含)儿童的个人信息等。GDPR认为，个人敏感信息包括种族或民族，政治观点，宗教/哲学信仰，工会成员身份，涉及健康、性生活或性取向的数据，基因数据和经处理可识别特定个人的生物识别数据等。

在很长一段时间里，美国国会一直对数据隐私和数据安全领域分别立法。鉴于普通法和宪法对数据保护的局限性，美国国会颁布了一系列的数据保护联邦立法。随着数据共享利用与隐私权矛盾的日益突出，以及州层面立法进程的加快，美国国内对制定联邦统一立法的呼声日益强烈。2022年6月，美国众议院和参议院发布了《美国数据隐私和保护法案》讨论稿，这是首个获得两党两院支持的全面的联邦隐私立法草案，内容涉及国会近20年来隐私辩论的方方面面，反映数智时代美国数据隐私保护的价值理念。

(三) 数据最小化原则

数据最小化原则是指在收集和处理个人数据时，仅采集和处理实现产品或业务功能所必需的最少化的信息要素，不得超出合理必要范围收集和处理个人数据。

自从欧盟的GDPR正式实施起来，最小化原则被公认是个人信息采集和利用的底线。GDPR里有两处明确提及，将数据最小化原则定义为"充分、相关以及以该个人数据处理目的之必要为限度进行处理"。2022年6月美国众议院和参议院发布的《美国数据隐私和保护法案》讨论稿特别强调了数据最小化原则的重要性：形式上，将数据最小化原则置于文本中定义条款之外的第一项实体性规定中，作为一项基线义务贯穿全文；内容上，要求受管辖实体无论是否获得个人同意或是否满足透明度要求，都不得任意超出合理必要范围收集和处理个人数据，并要求联邦贸易委员会(FTC)出台有关合理、必要、适当、受限等概念的细致指南。我国国家标准GB/T 35273—2020《信息安全技术 个人信息安全规范》中也有类似的原则要求，"收集个人信息的最小必要"相关内容规定：①收集的个人信息的类型应与实现产品或服务的功能有直接关联，直接关联是指没有上述个人信息的参与，产品或服务的功能无法实现；②自动采集个人信息的频率应是实现产品或服务的功能所必需的最低频率；③间接获取个人信息的数量应是实现产品或服务的功能所必需的最少数量。

(四) 数据安全原则

数据安全原则是指掌握数据的企业应当具备与所面临的安全风险相匹配的安全能力，并采取足够的管理措施和技术手段，保护个人信息的保密性、完整性、可用性。

存储个人数据的公司应具备与所面临的安全风险相匹配的安全能力，并做好以下几方面的防护工作：①应制定公司个人数据安全的应急预案并及时更新应急预案，定期组织培训和进行演练，在实际发生数据安全事故时，按应急预案的要求进行处置；②数据安全事故发生后，应通过电子邮件、信函、电话等形式告知数据主体；③数据储存时间应做到最小化，一旦商业处理目的达成，应当删除数据；④个人数据的委托处理、共享、转让及公开披露应征求数据主体的同意 (陈汉文、韩洪灵，2020)。

关于个人信息商业化中的数据安全问题，我国国家标准GB/T 35273—2020《信息安全技术 个人信息安全规范》对企业提出如下建议：①建议企业在运营或对外业务合作中对用户画像的使用进行严格的核查和限制，如核查业务中是否存在使用大数据分析技术等对个人信息进行分析，以形成特征标签、用户画像的情形。使用用户画像时应消除明确身份指向性，避免用户被精确定位。②建议企业在用户提供个性化展示功能与内容时对相应功能和内容进行显著标识，同时保障用户退出或关闭个性化展示服务的权利，建立删除或匿名化定向推送活动中基于个人信息的选项。

随着信息技术和人类生产生活交汇融合，各类数据迅猛增长、海量聚集，对经济发展、社会治理、人民生活都产生了重大而深刻的影响。数据安全已成为事关国家安全与经济社会发展的重大问题。按照党中央部署和贯彻落实总体国家安全观的要求，制定一部数据安全领域的基础性法律十分必要，《中华人民共和国数据安全法》应运而生，该法于2021年6月10日正式通过，并于2021年9月1日起施行。《中华人民共和国数据安全法》的主要内容如表10-1所示。

表10-1　《中华人民共和国数据安全法》的主要内容

条目	主要内容
数据安全制度	一、建立数据分级分类管理制度，确定重要数据保护目录，对列入目录的数据进行重点保护。 二、建立集中统一、高效权威的数据安全风险评估、报告、信息共享、监测预警机制，加强数据安全风险信息的获取、分析、研判、预警工作。 三、建立数据安全应急处置机制，有效应对和处置数据安全事件。 四、与相关法律相衔接，确立数据安全审查制度和出口管制制度。 五、针对一些国家对我国的相关投资和贸易采取歧视性等不合理措施的做法，明确我国可以根据实际情况采取相应的措施
数据安全保护义务	一、开展数据活动必须遵守法律法规，尊重社会公德和伦理，有利于促进经济社会发展，增进人民福祉，不得违法收集、使用数据，不得危害国家安全、公共利益，不得损害公民、组织的合法权益。 二、开展数据活动应当按照规定建立健全全流程数据安全管理制度，组织开展数据安全教育培训，采取相应的技术措施和其他必要措施，保障数据安全。 三、开展数据活动应当加强数据安全风险监测、定期开展风险评估，及时处置数据安全事件，并履行相应的报告义务。 四、对数据交易中介服务和在线数据处理服务等做出规范。 五、对公安机关和国家安全机关因依法履行职责需要调取数据，以及境外执法机构调取境内数据时，有关组织和个人的相关义务做了规定

续表

条目	主要内容
政务数据安全与开放	一、对推进电子政务建设，提升运用数据服务经济社会发展的能力提出要求。 二、规定国家机关收集、使用数据应当在其履行法定职责的范围内依照法律、行政法规规定的条件和程序进行，并落实数据安全保护责任，保障政务数据安全。 三、对国家机关委托他人存储、加工或者向他人提供政务数据的审批要求和监督义务做出规定。 四、要求国家机关按照规定及时、准确公开政务数据，制定政务数据开放目录，构建政务数据开放平台，推动政务数据开放利用
数据安全工作职责	数据安全涉及各行业、各领域，涉及多个部门的职责，明确中央国家安全领导机构对数据安全工作的决策和统筹协调等职责，加强对数据安全工作的组织领导，同时对有关行业部门和有关主管部门的数据安全监管职责做了规定
法律责任	一、有关主管部门在履行数据安全监管职责中，发现数据处理活动存在较大安全风险的，可以按照规定的权限和程序对有关组织、个人进行约谈，并要求有关组织、个人采取措施进行整改，消除隐患。 二、开展数据处理活动的组织、个人不履行数据安全保护义务的，由有关部门责令改正，给予警告，视情节轻重罚款；违反国家核心数据管理制度，危害国家主权、安全和发展利益的，由有关主管部门处二百万元以上一千万元以下罚款，并根据情况责令暂停相关业务、停业整顿、吊销相关业务许可证或者吊销营业执照；构成犯罪的，依法追究刑事责任。 三、向境外提供重要数据的，由有关主管部门责令改正，给予警告，按照情节轻重给予不同程度的处罚
适用范围	在我国境内开展的数据活动适用本法，其中数据是任何以电子或者非电子形式对信息的记录，数据活动是指数据的收集、存储、加工、使用、提供、交易、公开等行为。同时，规定本法必要的域外适用效力：中华人民共和国境外的组织、个人开展数据活动，损害中华人民共和国国家安全、公共利益或者公民、组织合法权益的，依法追究法律责任

(五) 非歧视原则

非歧视原则是指应公平、公正、平等和一视同仁地对待商业领域的行为与产品(服务)，不应持有主观偏见。非歧视性是保证社会公平的重要手段之一，也是商业活动中的一项基本原则。在数智时代，非歧视原则要求数据控制主体处理数据时应当具有合法、正当、必要、明确的个人信息处理目的，不能具有价格歧视、性别歧视、种族歧视及特殊群体歧视等倾向。例如，不能根据消费者偏好、消费习惯和心理价位制定价格歧视政策；不能根据某些工作当前工作人员的性别比例对求职者的性别比例进行筛选、匹配，从而造成实质性的性别歧视；不能对某些种族进行限制或禁止，从而实施种族歧视等。

另外，数字产品的非歧视原则对企业也至关重要，尤其是在国际贸易中。《数字经济伙伴关系协定》(DEPA)确认企业将不会面临数字产品的歧视问题，并承诺保障数字产品的国民待遇和最惠国待遇，从而增加了确定性，降低了风险。2021年11月1日，中国正式申请加入DEPA，迈出了重要一步。

(六) 反垄断原则

反垄断原则是指大数据价值链上的公司不能凭借数据、分析技术及数据思维优势阻碍自由竞争行为。数智时代，垄断产生的根源在于对数据、分析技术和思维等资源的排他性占有，尤其是对数据本身的占有(陈汉文，韩洪灵，2020)。数据已成为数智时代最重要的生产性资源，然而，并非所有企业都能充分发挥数据生产要素的规模效应，尤其是在海量数据的搜集、存储、共享和使用上，不同企业之间的差距越发明显。掌控数据、技术和思维的公司在现代商业竞争中具有天然优势，必然会促使新型垄断形式——数据垄断的出现。

所谓数据垄断，一般指大型平台企业通过自身营造的网络生态系统，占据市场绝对地位、吸引绝对流量、汇聚海量信息，以达到对数据资源的垄断性控制。数据垄断提高了市场进入壁垒与转换成本，为数据垄断者带来了"赢者通吃"(winner-take-all)的局面(徐翔，2021)。

一般认为，数据垄断使超级平台成为市场寡头，不利于消费者和中小企业的利益，也不利于行业的良性发展。因此，政策制定部门应加强数智时代反垄断的立法和监管工作，防止数据垄断的产生。美国、日本、加拿大、澳大利亚、欧盟等国家和地区纷纷发布了反数据垄断的调查报告，并开始进行相应的立法尝试。2020年10月6日，美国众议院司法委员会公布了一份长达44页的调查报告，认定以谷歌、脸书、亚马逊、苹果四家企业为代表的美国互联网巨头已经在数字市场中拥有并滥用了其垄断力量，并建议美国国会对反垄断法进行全面改革，以适应互联网时代的变化。

然而，也有部分研究者认为，数智时代的反垄断必须正确处理垄断与创新的关系，对数据垄断实施动态的监管。按照熊彼特的创新理论，垄断和创新有天然的联系，没有垄断的超额收益，就不会有那么大的创新动力。科技公司创新失败的可能性很大，因此需要风险溢价的补偿来吸引创新。超额收益既来自垄断租金，也来自整体市场要求的风险补偿。巨型科技企业在发展初期，非竞争性的零边际成本带来其规模快速扩张，提升了社会的整体福利，这个阶段的垄断是好的垄断，是与创新紧密联系的。然而一旦形成先发优势，这些成功者往往会利用知识产权、先发优势和网络效应等构建自身的竞争壁垒，以寻求垄断租金。同时，判断数字经济是否出现"垄断"，还需要用动态的眼光看待。20世纪90年代，雅虎搜索引擎一家独大，几乎占领了所有的搜索市场，但在谷歌推出搜索引擎后，雅虎的搜索业务很快就被性能更优异的谷歌搜索所替代。如果监管层一开始就强力监管雅虎的搜索业务，限制其盈利，可能谷歌也没有动力推出更好的搜索引擎。类似的例子在中国也不鲜见，电商平台京东与阿里尽管构建了很高的行业壁垒，但无法阻止拼多多的快速崛起。因此，一方面要鼓励竞争，防止恶意的垄断；另一方面也要用动态的眼光看待数字创新中的回报收益的问题，不能为了反垄断而误伤创新。为此，在监管数据平台企业方面还有一种可能，就是从数字经济最重要的生产要素——数据出发，降低数据使用的排他性，也就是监管层可以对不同的科技公司基于自身收集的数据做出互操作性的要求。这一监管思路背后的逻辑是，如果数据的生产力具有规模效应，那么收集数据的过程就是在奖励先行者，但这其实损害了消费者的利益，因为消费者只能被迫选择最先收集数据的公司，而无法选择其他可能提供更好的服务的公司，一旦数据具有一定的互操作性，那么就能避免后来者的竞争劣势。当然，这种监管方式需要多方密切合作，既要防止对初始者的创新抑制，也要防止消费者隐私被滥用，因此这一监管活动本身可能也需要是动态的，在保护自由市场运作机制的同时，也要根据具体情况做出调整。

(七) 权责一致原则

权责一致原则是指大数据价值链上的公司应承担其个人信息处理活动对个人信息主体合法权益造成的损害责任。企业开展数据处理活动，应当遵守法律、法规，尊重社会公德和伦理，遵守商业道德和职业道德，诚实守信，履行数据安全保护义务，承担社会责任，不得危害国家安全、公共利益，不得损害个人、组织的合法权益。为落实权责一致原则，监管者应制定和完善与数智经济相适应的法律法规，及时调查各类违反数据责任的违法行为，并按规定实施处罚。

案例10-2

德国数据伦理委员会：数据伦理底线不容突破

2018年，德国成立了数据伦理委员会，负责为德国政府制定数字社会的道德标准和具体指引。2019年10月10日，委员会发布《针对数据和算法的建议》(以下简称《建议》)，旨在回答政府围绕数据和人工智能算法提出的系列问题并给出政策建议。《建议》围绕数据和算法系统展开，包括一般伦理与法律原则、数据、算法系统、欧洲路径四部分内容。德国数据伦理委员会认为，人格尊严、自我决策、隐私、安全、民主、正义、团结、可持续发展等应被视为德国不可或缺的数字社会行为准则，这一理念也应在数据和算法系统的监管中加以贯彻。

德国数据伦理委员会在论及欧洲未来的发展时提出，在未来的全球竞争中，面对技术和商业模式的快速更迭，捍卫数字主权(digital sovereignty)不仅是一种政治上的远见，而且是一种必要的道德责任外化(expression of ethical responsibility)。

资料来源：陈汉文，韩洪灵. 商业伦理与会计职业道德[M]. 北京：中国人民大学出版社，2020：92。

二、人工智能伦理的基本原则与实践探索

人工智能是数智时代最重要的技术之一，而且与传统的被动型技术相比，其具有自我演化、快速迭代、难以预测的特点。人工智能既承继了之前信息技术的伦理问题，又因为深度学习等一些人工智能算法的不透明性、难解释性、自适应性、运用广泛等特征而产生新的问题。用法治保障人工智能产业发展，用伦理确保人工智能向善，是摆在人类面前的紧迫问题。

为保护数智时代的数据权、隐私权、人类自由和社会公平等，欧盟、美国、中国等都开展了持续的包括立法在内的实践探索，众多国家、地区、国际和国内组织、企业纷纷发布了人工智能伦理准则或研究报告。2019年4月8日，欧盟发布了《可信赖AI的伦理道德准则》，包括可信赖AI的基本条件、基础及其实现。其中，可信赖AI的基础即四条伦理准则包括尊重人的自主性、预防伤害、公平性和可解释性。美国于2017年在加利福尼亚州举办的阿西洛马人工智能会议上提出了《阿西洛马人工智能23条原则》，其中涉及伦理价值的共13条，包括安全性、故障透明性、司法透明性、责任、价值归属、人类价值观、个人隐私、自由和隐私、分享利益、共同繁荣、人类控制、非颠覆、避免致命的人工智能军备竞赛等。

在我国，2017年，国务院印发的《新一代人工智能发展规划》明确提出要"加强人工智能相关法律、伦理和社会问题研究，建立保障人工智能健康发展的法律法规和伦理道德框架"。2018年1月，中国电子技术标准化研究院发布了《人工智能标准化白皮书(2018版)》，提出人类利益原则和责任原则作为人工智能伦理的两个基本原则。2019年5月，《人工智能北京共识》发布，针对人工智能的研发、使用、治理3个方面，提出了各个参与方应该遵循的有益于人类命运共同体构建和社会发展的15条原则。2019年6月，国家新一代人工智能治理专业委员会发布《新一代人工智能治理原则——发展负责任的人工智能》，提出了人工智能发展的8项原则(和谐友好、公平公正、包容共享、尊重隐私、安全可控、共担责任、开放协作、敏捷治理)，勾勒出了人工智能治理的框架和行动指南。2019年7月，上海市人工智能产业安全专家咨询委员会发布了《人工智能安全发展上海倡议》。2021年9月25日，国家新一代人工智能治理专业委员会发布《新一代人工智能伦理规范》。此外，我国学术界也积极开展人工智能伦理原则方面的研究，如北京大学国家机器人标准化总体组于2019年提出中国机器人伦理宗旨和中国机器人伦理标准化体系。该研究组织认为，中国机器人伦理目标包括人权、责任、透明度、防范滥用和共生繁荣五个方面。

从目前已发布的人工智能伦理准则内容看，除了文化、地区、领域等因素引起的差异，所有准则在以人为本、保障安全、保护隐私、明晰责任等价值观上取得了高度共识，但仍有待继续加深理论研究和论证，进一步建立共识。综合已有研究成果并结合本章第一节所述的人工智能所面临的商业伦理困境，在数智时代，人工智能技术或产品应当遵循的基本伦理原则至少应当包括以人为本、安全可控、保护隐私、权责一致、公平性、透明性等。

(一) 以人为本原则

以人为本原则是指人工智能应以增进社会福祉为目的，应遵循人类共同价值观，尊重人权和人类根本利益诉求，遵守国家或地区伦理道德，不侵犯人的尊严和人权，不胁迫、不欺骗、不操纵人类，不侵犯企业经营管理者的自主决策权。

重构人机关系是实现人机和谐、解决人工智能伦理问题的基础，以人为本、尊重人的尊严与人权，是人工智能伦理的首要原则。人类在设计和制定人工智能时，要坚持自己的价值判断，保持人与物的独立性，保持人对智能器物的支配性，要始终让智能机器带有"物"的基本属性，强化人在处理事物过程中的绝对控制权，让机器成为帮助人类的附属物。正如美国发明家雷·库兹韦尔(Ray Kurzweil)在《灵魂机器的时代：当计算机超过人类智能时》《奇点临近》等书中提到的，人工智能产品或技术在商业领域的应用应当更好地服务于人类，而不是让人类受制于人工智能产品与技术。

具体而言，人工智能坚持以人为本原则应遵循如下伦理规范：①设计公司应根据国际人权公约及国际专业文件等评估所设计的人工智能对人权的影响；②人工智能应遵循"以人类为中心"的设计原则，以增强、补充人类的认知、社会和文化技能为目的，不允许设计以杀害人类为目的或危及企业经营管理安全的人工智能产品；③不允许开发的人工智能具备危害社会伦理和商业伦理的功能；④人工智能产品或设计应当具备生产者、消费者和社会公众等利益相关者的隐私保护功能；⑤不允许赋予人工智能与人类或企业经营管理者相同的权利，不允许人工智能产品危及人类或企业经营管理者的自主权，即使将其设计为超级智能体；⑥人工智能设计和研发不仅要尊重各个文化价值的差异性，而且要尊重超出人类控制和利用的自然环境与自然物种的内在价值；⑦不允许其他可能危害人的尊严和人权的行为。

(二) 安全可控原则

安全可控原则是指人工智能应保障人类拥有充分自主决策权，有权选择是否接受人工智能提供的服务，有权随时退出与人工智能的交互，有权随时中止人工智能系统的运行，不应该引发、加重伤害，或对人类及企业经营管理产生不利影响，确保人工智能始终处于人类控制之下。

具体而言，人工智能在商业领域的安全应用应遵循如下伦理规范：①人工智能设计公司应预置伤害预防措施，确保人工智能产品或设计在技术上具有鲁棒性①和抗干扰性；②设计公司应当开发恶意使用预防功能，在人工智能产品或设计中输入"恶意使用技术可能对人类或企业经营管理造成不良影响"的情形；③不得向社会提供不合格的人工智能产品；④企业在经营管理决策中应合理运用人工智能产品或设计，防止形成对人工智能的过度依赖；⑤人工智能系统在整个运行过程中应该是安全和可靠的，而且其可应用性和可行性应当接受验证。

小贴士10-1

"机器人定律"的演进

1921年，捷克科幻作家卡尔·恰佩克在名为《罗素姆万能机器人》的戏剧作品中创造了"robot"(机器人)一词。它源于捷克语的robota(苦力)和波兰语的robotnik(工人)，用于描述由生物零部件组装而成的、为人类服务的生化仿真人。在该剧的结尾，机器人接管了地

---

① 鲁棒性是robust的音译，即强壮性。在科学中使用robust，指一个系统或组织有抵御或克服不利条件的能力。在计算机领域，技术鲁棒性要求算法足够安全、可靠和稳健，以处理AI系统所有生命周期阶段的错误或不一致。

球,并毁灭了它们的创造者。

而对机器人小说贡献最大的当属美国著名科普作家、科幻小说家艾萨克·阿西莫夫(Isaac Asimov)。他创造了"机器人三定律",给机器人设立了规则,有效地降低了机器人毁灭人类的可能。阿西莫夫在1950年出版的小说集《我,机器人》(*I, Robot*)中系统阐释了"机器人三定律":第一,不伤害定律,机器人不得伤害人类,也不得见人受到伤害而袖手旁观;第二,服从定律,机器人必须服从人的命令,但不得违反第一定律;第三,自保定律,机器人必须保护自己,但不得违反第一、二定律。这三条定律在制造机器人伊始便被嵌入其大脑,永远无法消除。三定律的背后,是阿西莫夫为了确保人类的统治地位,而设想了一种符合康德"绝对律令伦理学"的人工智能。

然而,三定律应用在复杂多变的现实社会常常会引发自相矛盾的窘况。阿西莫夫本人也意识到了这一点,因此对三定律的修改成为他后期作品的主线。在《可以避免的冲突》(*The Evitable Conflict*, 1950)中,机器人为了避免人类个体彼此伤害,便限制人类的行为,转由机器人掌控一切。这促使阿西莫夫补充了"第零定律":机器人不得伤害人类整体,或袖手旁观坐视人类整体受到伤害。原先的三定律都要服从第零定律。但是,这条定律的最大问题就是,机器人如何权衡自己当下的行为会不会伤害人类整体?后来,其他学者也提出了修正建议,最著名的当属保加利亚作家狄勒乌(Lyuben Dilov)在小说《伊卡洛斯之路》(1974)中提出的"第四定律":机器人在任何情况下都必须确认自己是机器人。

(三) 保护隐私原则

保护隐私原则是指在给予人工智能系统以分析和使用数据的能力时,人们应该有权去访问、管理和控制它们产生的数据。具体而言,应充分尊重个人信息知情、同意等权利,依照合法、正当、必要和诚信原则处理个人信息,保障个人隐私与数据安全,不得损害个人合法数据权益,不得以窃取、篡改、泄露等方式非法收集、利用个人信息,不得侵害个人隐私权。

(四) 权责一致原则

权责一致原则是指对于人工智能产品或服务的设计者和使用者,要明确相应的权责分配追究机制,避免相关人员借用技术推卸责任。具体而言,权责一致原则要求人工智能运用于商业领域应遵循如下规定:①坚持人类是最终责任主体,明确利益相关者的责任,全面增强责任意识,在人工智能全生命周期各环节自省自律;②人工智能研发者、使用者及其他相关者应具有高度的社会责任感和自律意识,严格遵守法律法规、伦理道德和标准规范;③建立人工智能问责机制,明确研发者、使用者和受用者等的责任,不回避责任审查,不逃避应负责任;④人工智能应用过程中应确保人类知情权,告知可能产生的风险和影响;⑤防范利用人工智能进行非法活动,尤其是危害人类社会传统伦理价值和商业伦理的非法活动。

(五) 公平性原则

公平性原则是指设计者设计人工智能产品时应嵌入社会伦理和商业伦理，坚持普惠性和包容性，切实保护各相关主体合法权益，在数据获取、算法设计、技术开发、产品研发和应用过程中消除偏见与歧视，促进社会公平正义和机会均等。

具体而言，为确保公平性原则的实现，人工智能在商业领域应遵循如下规则：①应用于商业领域的人工智能产品或设计应当输入当前人类社会的伦理规则，人工智能产品或技术在为消费者提供服务的过程中不应存在价值偏见；②对强人工智能产品或超级智能体自我学习产生的伦理规则是否危及社会公平进行评估，检验其是否与当前社会的伦理规则存在冲突；③由人工智能创造的经济繁荣和益处应该被全社会公平共享(陈汉文、韩洪灵，2020)；④在整个AI系统的生命周期中实现包容性和多样性，除了在整个流程中考虑所有受影响的利益相关者，还需要通过包容性设计和平等待遇确保平等访问；⑤充分尊重和帮助弱势群体、特殊群体，提升弱势群体适应性，并根据需要提供相应替代方案努力消除数字鸿沟；⑥促进共享发展，避免数据与平台垄断，鼓励开放有序竞争。

(六) 透明性原则

透明性原则也称可解释性原则，是指人工智能的整个决策过程、输入和输出的关系都应该是透明的(可解释的)。它包括两方面内容：①故障透明性，是指如果一个人工智能系统造成了损害，那么造成损害的原因应能确定；②司法可解释性，是指任何自动系统参与的司法判决都应提供令人满意的司法解释以被相关领域的专家接受。人工智能系统的运转尤其是算法部分，要以透明性和可解释性作为基本要求，如此才能树立社会公众对人工智能产品和设计的信心，促进人工智能的安全操作，进而得到社会的广泛认可。

第三节 数智时代企业的数字责任与规则

一、企业数字责任概述

(一) 企业数字责任的概念缘起

企业数字责任的概念源于数字责任和企业社会责任，由于数字技术和人工智能的渗透与赋能，一些学者认为企业社会责任的概念应该更新。目前关于企业数字责任的定义尚未统一，学者对企业数字责任的概念主要从企业责任、承诺与行为、价值观与准则规范等三个视角进行概述。赫登(Herden，2021)从企业责任的视角进行分析，认为企业数字责任是对企业责任的补充，它部分地对企业责任进行重新定义，即企业需要考虑数字产品和服务的社会影响，确保符合我们的价值标准。穆巴拉克(Mubarak，2020)从承诺与行为的视角分析，认为企业数字责任是一种自愿性承诺，它不仅要求组织在处理客户数据、机密、知识产权等方面遵守法律法规，也要求组织运营需要符合更宽泛的伦理规范和基本的价值观。马林斯等(Mullins et al.，2021)从价值观与准则规范的视角分析，认为企业数字责任是用来指导组织在数字技术、数据开发与运营方面如何做的一套共同价值观和准则。

(二) 企业数字责任的概念

综合已有研究成果，可将企业数字责任定义如下：企业数字责任是企业在数字技术和数据开发、应用、提供服务过程中需要考虑其对社会和环境的影响，以对社会、经济、环境、技术负责任的方式开展数字化相关活动。这一定义不仅整合了已有定义的三类观点，而且做出了新的延伸和拓展。全面理解数字责任的概念，需要把握以下几个方面。

(1) 企业数字责任内嵌和相伴于企业的数字行为。

(2) 企业数字责任源于和产生于数智时代企业与社会的新型关系 (除了传统的"企业—社会"的直接关系，更重要的是"数字技术—社会"和"企业—数字技术—社会"的多重复杂关系。

(3) 企业数字责任的核心是有效管理企业数字行为对社会、利益相关者、自然环境产生的消极影响和积极影响。

(4) 企业数字责任的基本要求是企业数字行为的透明和合乎道德。

(5) 企业数字责任的实践机制是构建企业数字行为对社会负责任的意愿、行为和绩效的综合体。

(三) 企业数字责任与企业社会责任的关系

科学认识企业数字责任与企业社会责任的关系，需要超越企业社会责任内容的显性化认知视角，将企业社会责任看作一种思维理念和行为方式，以此为基础重新界定两者更深层次的关系。

企业数字责任既包括企业在数字化相关活动中需要承担的社会、经济和环境三项责任，也涵盖数字技术本身合乎伦理性与稳健性要求，被认为是企业增进数字化积极作用的战略与执行工具；企业数字责任涉及多样化社会议题，包括负责任的数据与算法处理、数字可及性与包容性、尊重平等、确保自主性和身份认同、隐私和网络安全、信息和透明度、数字产品安全和责任、考虑环境影响等方面的内容。因此，在数字社会，企业数字责任不是由传统意义上的企业社会责任拓展而来，而是在新的社会形态下产生的新型企业社会责任，日益成为企业社会责任的普遍形态，即企业数字责任在更高层次上可以重新定义为数字社会的企业社会责任新形态。

二、企业数字责任的治理

(一) 企业数字责任治理的主体

1. 国家层面——企业数字责任治理进入常态化监管阶段

我国对企业数字责任的治理经历了近几年的强监管和集中专项整改,已取得阶段性成效,针对企业数字责任的监管政策逐渐由原来的试点向全面立法铺开,对企业数字责任方向的引导也逐渐向具体细节的监管展开。近年来,国家层面对企业的数字责任规制主要从反垄断、反不正当竞争、个人信息保护、数据安全、算法安全、知识产权保护等六大方面展开(见表10-2),为企业积极发挥数字责任提供了有力支撑。

表10-2　2021—2024年,我国对企业数字责任治理的政策法规

六大方面	政策法规	内容	发布时间	发布机构
反垄断	《关于平台经济领域的反垄断指南》	从垄断协议、滥用市场支配地位、经营者集中、滥用行政权力排除、限制竞争等方面做出细化规定	2021年2月	国务院反垄断委员会
	《中华人民共和国反垄断法(2022年修正)》	明确了反垄断相关制度在平台经济领域的具体适用规则,数据和算法、平台规则等的运用被严格规制	2022年8月	十三届全国人民代表大会常务委员会
	《国务院反垄断反不正当竞争委员会关于行业协会的反垄断指南》	充分发挥行业协会在促进行业规范健康有序发展、维护市场竞争秩序等方面的积极作用,提升反垄断合规管理水平	2024年1月	国务院反垄断反不正当竞争委员会
反不正当竞争	《禁止网络不正当竞争行为规定(征求意见稿)》	对网络虚假宣传、虚假交易、恶意不兼容、数据爬取、数据"杀熟"等行为,从反不正当竞争角度进行规制	2021年8月	国家市场监督管理总局
	《最高人民法院关于适用〈中华人民共和国反不正当竞争法〉若干问题的解释》	重点对仿冒混淆、虚假宣传、网络不正当竞争行为等问题做了细化规定	2022年3月	最高人民法院
	《制止滥用行政权力排除、限制竞争行为暂行规定》	加强和改进了制止滥用行政权力排除、限制竞争反垄断执法,保护市场公平竞争	2023年3月	国家市场监督管理总局
	《网络反不正当竞争暂行规定》	补充和完善了我国关于禁止网络不正当竞争行为的立法,维护网络领域的公平竞争秩序,促进数字经济的持续健康发展	2024年5月	国家市场监管总局
个人信息保护	《个人信息保护法》	首部针对个人信息保护的专门性立法	2021年11月	第十三届全国人民代表大会常务委员会
	《移动互联网应用程序信息服务管理规定》	要求应用程序提供者和应用程序分发平台履行信息内容管理主体责任,建立健全信息内容安全管理、信息内容生态治理、数据安全和个人信息保护、未成年人保护等管理制度	2022年6月	国家互联网信息办公室

续表

六大方面	政策法规	内容	发布时间	发布机构
个人信息保护	《互联网用户账号信息管理规定》	要求互联网信息服务提供者履行互联网用户账号信息管理主体责任，配备与服务规模相适应的专业人员和技术能力，建立健全并严格落实真实身份信息认证、账号信息核验、应急处置、个人信息保护等管理制度	2022年6月	国家互联网信息办公室
	《生成式人工智能服务管理办法》	要求提供者建立用户投诉接收处理机制，及时处置个人关于更正、删除、屏蔽其个人信息的请求	2023年4月	国家互联网信息办公室等7部门
	《生成式人工智能服务安全应急响应指南》	进一步完善生成式人工智能服务的安全应急响应机制，确保该技术在促进经济社会发展的同时，有效防范和应对潜在的个人信息安全风险	2024年12月	全国信息安全标准化技术委员会
数据安全	《中华人民共和国数据安全法》	将数据安全保护的政策要求，通过法律文本的形式进行了明确和强化	2021年9月	第十三届全国人民代表大会常务委员会
	《工业和信息化领域数据安全管理办法(试行)》(征求意见稿)	在数据定义、监管机构、重要数据和核心数据目录备案、主体责任、数据出境等方面进行了调整	2022年2月	工业和信息化部
	《网络安全审查办法》	将网络平台运营者开展数据处理活动影响或者可能影响国家安全等情形纳入网络安全审查范围	2022年2月	国家互联网信息办公室等13部门
	《关于促进数据安全产业发展的指导意见》	从提升产业创新能力、壮大数据安全服务、推进标准体系建设等7方面提出13项要求	2023年1月	工业和信息化部等16部门
	《"数据要素×"三年行动计划(2024—2026年)》	强调坚持需求牵引、注重实效，试点先行、重点突破，有效市场、有为政府，开放融合、安全有序等4方面基本原则	2024年1月	国家数据局
	《网络数据安全管理条例》	规范网络数据处理活动，保障网络数据安全，促进网络数据依法合理有效利用，保护个人、组织的合法权益，维护国家安全和公共利益	2024年8月	国务院
算法安全	《关于加强互联网信息服务算法综合治理的指导意见》	要求逐步建立算法安全综合治理格局	2021年9月	国家互联网信息办公室等9部门
	《互联网信息服务算法推荐管理规定》	规定了算法备案、算法监督检查、算法风险监测及算法安全等四项举措	2022年3月	国家互联网信息办公室等4部门
知识产权保护	《知识产权强国建设纲要(2021—2035年)》	提出了加快以大数据、人工智能和基因技术等为代表的新领域、新业态知识产权立法，对互联网领域知识产权保护制度继续探索并加以完善	2021年9月	国务院
	《"十四五"国家知识产权保护和运用规划》	明确提出了构建数据知识产权保护规则，探索开展数据知识产权保护有关方面的立法研究	2021年10月	国务院

续表

六大方面	政策法规	内容	发布时间	发布机构
知识产权保护	《2023年知识产权强国建设纲要和"十四五"规划实施推进计划》	深入实施知识产权强国战略,加快建设知识产权强国,明确2023年度重点任务和工作措施,制订计划	2023年7月	国务院
	《专利审查指南》	简化了专利申请手续,优化了审查流程,规定了初步审查、实质审查等内容	2024年1月	国家知识产权局
	《规范申请专利行为的规定》	细化了非正常申请专利行为,明确了行政处罚措施	2024年1月	国家知识产权局

资料来源:作者整理。

2. 企业层面——企业自治与自律是企业数字责任治理的关键

平台企业的自治和自律是数字平台治理的关键。首先,平台企业出于满足监管要求和平台自身发展两方面的原因,有充分意愿实施自我治理,对经营行为加以自我规范和约束,并承担起协调和监管职能,通过制定经营规范和争议解决机制,平衡多方参与主体利益。其次,平台自治是对外部监管的有效补充,经济的复杂性使得仅靠外部监管难以做到标本兼治,并存在明显的滞后性。要破解这一难题,需要自治与政府监管相结合。数字平台企业应当积极发扬"科技向善"理念,坚持发展、创新与规范并重,在规范治理中实现健康发展。平台本身掌握了海量的数据资源,应积极探索数据权属规制,促进数字平台企业内部和外部的数字红利公平分配。

3. 个人层面——利益相关者干预与主体自律是个人数字责任治理的关键

个人数据责任持续改善,主要表现为利益相关者对个体数据安全等行为的逐步干预与各主体的自律。政府干预层面,对个人信息保护与数据安全等制度进一步补充并完善。政府出台《个人信息保护法》《网络数据安全管理条例》等系列规章制度,对个人信息保护做出了全面部署,明确个人数据安全、内容及知识产权等方面的合规要求,为保护个人信息与数据安全应用指明了方向。平台企业层面,平台企业数字责任意识不断提升,利用算法对平台内容进行监督、及时发现、下架敏感内容,降低传播风险;对用户行为进行风险提示,将用户损失尽可能降低。个人主体层面,随着政策的完善、平台企业的适度干预,个人数字责任意识的不断提升,网民侵权、谣言等违法和不良信息等行为逐步减少,个人投诉与举报渠道增加,推动个人数字责任意识优化升级。

小贴士10-2

欧盟通过《数据法案》和《人工智能法案》

欧盟《数据法案》(Data Act)于2024年1月11日生效,该法律旨在对智能设备的制造商和供应商以及智能设备生成的数据的处理者实施新的法规。《数据法案》弥补了《数据治理法案》的偏颇,在欧盟《通用数据保护条例》(简称"GDPR条例")的基础上,提供了适用于所有数据的更广泛的规则。

2024年3月13日，在法国斯特拉斯堡举行的欧洲议会全会上，欧盟《人工智能法案》正式通过。这部法案要求人工智能公司对"高风险"应用进行风险评估，同时要求人工智能模型开发者详细说明他们使用了哪些内容来训练自身研发的系统，并遵守欧盟版权法；法案还禁止某些威胁公民隐私权的人工智能应用，包括基于敏感特征的识别分类系统等。欧盟内部市场委员布雷东在社交媒体上发文说，对欧洲议会通过"世界上第一部针对可信人工智能的全面、具有约束力的法规"表示欢迎。走完所有审批程序后，法案将在欧盟公报上予以公布并于20天后生效。法案中的相关条款将分阶段实施，其中大部分规则要等到法案生效后两年才会适用。

资料来源：根据网络资料整理。

(二) 企业数字责任治理的特征

1. 企业数字责任治理关注焦点由"数据治理"转为"算法治理"

数据是数智时代的核心生产要素，数据与算法在经济、社会、生活各领域得到越来越多的应用，成为影响信息分发、服务提供、机会分配、资源配置的基础性机制和力量，日益成为数字社会发展的创新基础和核心动能。大规模的数据收集、分析和使用也成为企业未来发展重要的特征，对于企业而言，数据是企业的资源要素，而算法是企业的行为要素。如果说数据相当于石油，算法则是引擎，是发现数据之间相关性从而配置数据资源并实现数据价值的机制。但"自采数据+自治算法"双轮驱动的显著属性带来了算法滥用、野蛮生长、恶意竞争、行业垄断等安全问题，对国家、社会、企业和个人等造成不容忽视的安全威胁。为此，我国高度重视企业数字责任中的数据治理与算法治理。在数据治理领域，随着《数据安全法》和《个人信息保护法》的相继落地，加上此前已经生效的《网络安全法》，三部大法构建起了我国数据安全治理的"三根支柱"，之后的一系列有关算法治理的立法和监管行动，如《关于加强互联网信息服务算法综合治理的指导意见》《互联网信息服务算法推荐管理规定》等，标志着我国推进互联网信息服务算法综合治理工作进入法治化、常态化、长效化新阶段。《关于加强互联网信息服务算法综合治理的指导意见》提出，用三年左右时间，逐步建立治理机制健全、监管体系完善、算法生态规范的算法安全综合治理格局。

2. 数字责任治理模式呈现多主体协同与生态化治理特点

目前，企业数字责任的治理已基本形成政府主导、企业落实、公众监督的基本模式。中国始终强调政府在企业数字责任中的主导作用，政府是各项监管规则与制度的设计者和执行者，政策执行的优良效果构成了中国企业数字责任治理的独特优势。而在行政与立法手段之外，以公益诉求为代表的社会化力量也开始在数字责任治理领域发挥作用。

企业数字责任的生态化治理强调的是在一个生态系统中，各个参与者为了维持自身的利益和生态系统的可持续发展，共同参与到治理过程中，构建治理共同体，对内有效平衡和管理相互交织甚至相互冲突的利益相关者群体或议题，对外呈现为对社会负责任、健康共益的商业生态系统。

3. 治理理念彰显企业数字责任与高质量发展的新使命

数字技术的加速发展推动企业的数字化升级，企业社会责任的聚焦和实践形式也随之升级，拓展至企业数字责任的新领域。企业的基本运转围绕数据和算法展开，因此，通过对社会、经济、技术、环境负责任的方式使用数据和数字技术，构建负责任的企业算法与优化算法伦理成为企业强化数字责任的核心问题。从对社会负责的视角，呼吁企业加强对员工、客户及其他利益相关者的数据隐私保护，同时重视数字鸿沟弥合，提升数据的多元性和包容性；从对经济负责的视角，要求企业发挥"以数助实"的赋能作用，通过开放产品技术和数字生态来助力第三方服务市场的发展，共同探索高效率、集约化和低成本的数字化路径，进而帮助中小企业降本增效、实现数字化转型；从对技术负责的视角，企业的数字责任注重应用科技创新为社会创造价值；从对环境负责的视角，企业的数字责任关注科技发展与环境保护之间的平衡，通过技术的进步帮助企业降低生产能耗，减少资源消耗。

在以高质量发展和共同富裕为目标的新发展阶段，中国企业所追求的可持续发展和企业数字责任与共同富裕的目标相契合。头部企业在拉动就业、科技普惠、数字化公益、精准扶贫与乡村振兴等方面做出了诸多尝试和贡献，作用显著。企业也应回归开放、普惠、平等、创新的初心和理念，一方面通过高质量发展把"蛋糕"做大做好，另一方面兼顾效率与公平把"蛋糕"切好分好，进一步降低生产和交易成本，增加消费者的选择和福利，赋能实体经济转型，让更多产业、企业和消费者共享数字红利。

课程思政

习近平论规范数字经济发展和完善数字治理体系

规范数字经济发展。推动数字经济健康发展要坚持促进发展和监管规范两手抓、两手都要硬，在发展中规范、在规范中发展。要健全市场准入制度、公平竞争审查制度、公平竞争监管制度，建立全方位、多层次、立体化监管体系，实现事前事中事后全链条全领域监管，堵塞监管漏洞，提高监管效能。要纠正和规范发展过程中损害群众利益、妨碍公平竞争的行为和做法，防止平台垄断和资本无序扩张，依法查处垄断和不正当竞争行为。要保护平台从业人员和消费者合法权益。要加强税收监管和税务稽查。

完善数字经济治理体系。要健全法律法规和政策制度，完善体制机制，提高我国数字经济治理体系和治理能力现代化水平。要完善主管部门、监管机构职责，分工合作、相互配合。要改进提高监管技术和手段，把监管和治理贯穿创新、生产、经营、投资全过程。要明确平台企业主体责任和义务，建设行业自律机制。要开展社会监督、媒体监督、公众监督，形成监督合力。要完善国家安全制度体系，重点加强数字经济安全风险预警、防控机制和能力建设，实现核心技术、重要产业、关键设施、战略资源、重大科技、头部企业等安全可控。要加强数字经济发展的理论研究。

资料来源：习近平著作选读第二卷[M]. 北京：人民出版社，2023：538-539。

复习思考题

1. 数智时代面临的数据伦理困境主要有哪些?
2. 人工智能产品的伦理问题主要有哪些?
3. 人工智能的伦理道德风险主要有哪些?
4. 数智时代的社会责任缺失问题主要表现在哪些方面?
4. 数据伦理的基本原则包括哪几个方面?
5. 人工智能伦理的基本原则包括哪几个方面?
6. 你如何看待"机器人定律"?
7. 如何理解企业数字责任?
8. 为什么说企业自治与自律是企业数字责任治理的关键?

参考文献 REFERENCES

[1] 阿瑟·莱维特. 独立性是审计的灵魂[J]. 证券市场导报，2002(8)：72，74.

[2] 本报全媒体评论员. 以正向激励引导企业积极履行社会责任[N]. 江西日报，2023-12-05(002).

[3] [清]毕沅. 续资治通鉴[M]. 北京：中华书局，1957：1574.

[4] 陈宏辉，贾生华. 企业利益相关者三维分类的实证分析[J]. 经济研究，2004. 39(4)：80-90.

[5] 陈宏辉. 企业家的伟大实践：伦理价值与社会福祉的实现[J]. 清华管理评论，2022(09)：78-87.

[6] 陈宏辉. 企业利益相关者的利益要求：理论与实证研究[M]. 北京：经济管理出版社，2004.

[7] 埃斯蒂 C，温斯顿 A S. 从绿到金[M]. 张天鸽，梁雪梅，译. 北京：中信出版社，2009.

[8] 陈佳贵，黄速建. 企业经济学[M]. 北京：经济科学出版社，1998.

[9] 陈炳富，周祖城. 企业伦理学概论[M]. 天津：南开大学出版社，2008.

[10] 陈汉文，韩洪灵. 商业伦理与会计职业道德[M]. 北京：中国人民大学出版社，2020.

[11] 陈剑，黄朔，刘运辉. 从赋能到使能——数字化环境下的企业运营管理[J]. 管理世界，2020，36(02)：117-128+222.

[12] 常凯. 劳动法[M]. 北京：高等教育出版社，2011.

[13] 程恩富，王爱华. 数字平台经济垄断的基本特征、内在逻辑与规制思路[J]. 南通大学学报(社会科学版)，2022，38(05)：1-10.

[14] 葛江虬. 解释论视角下《电子商务法》定制搜索结果条款的规范目的及限制适用[J]. 法律科学(西北政法大学学报)，2021，39(03)：96-108.

[15] 黄海峰，陆华良. 商业伦理：全球视角[M]. 北京：北京大学出版社，2021.

[16] 姜晶花. 环境伦理背景下的企业绿色责任[J]. 学习与探索，2013(11)：91-95.

[17] 奥利弗·拉什，罗杰·康纳威 N. 责任管理原理：全球本土化过程中企业的可持续发展、责任和伦理[M]. 秦一琼，曹毅然，译. 北京：北京大学出版社，2017.

[18] 黎四奇. 金融机构高管薪酬治理：基于公平性正义的立场[J]. 法商研究，2021(1)：151-162.

[19] 曼纽尔·贝拉斯克斯. 商业伦理：概念与案例[M]. 8版. 刘刚，张泠然，程熙镕，译. 北京：中国人民大学出版社，2020.

[20] 郭国庆. 营销伦理[M]. 北京：中国人民大学出版社，2012.

[21] 黄少英，王璟珉，刘侠. 企业伦理与社会责任[M]. 大连：东北财经大学出版社，2019.

[22] 何丹. 赤道原则的演进、影响及中国因应[J]. 理论月刊，2020(03)：71-72.

[23] 何怀宏. 伦理学是什么[M]. 北京：北京大学出版社，2002：9.

[24] 何怀宏. 底线伦理的概念、含义与方法[J]. 道德与文明，2010，(1)：17-21.

[25] 李伦. 人工智能与大数据伦理[M]. 北京：科学出版社，2018.

[26] 李伦. 数据伦理与算法伦理[M]. 北京：科学出版社，2019.

[27] 李伦，黄关. 数据主义与人本主义数据伦理[J]. 伦理学研究，2019(2)：102-107.

[28] 李荣，王瑜，陆正飞. 互联网商业模式影响上市公司盈余质量吗——来自中国证券市场的经验证据[J]. 会计研究，2020，(10)：66-81.

[29] 李业. 企业生命周期的修正模型及思考[J]. 南方经济，2000(02)：47-50.

[30] 理查德·德·乔治 T. 企业伦理学[M]. 7版. 北京：机械工业出版社，2012.

[31] 梁军莉. 现代企业为什么需要底线伦理[J]. 人民论坛，2017(22)：86-87.

[32] 刘爱军，钟尉. 商业伦理学[M]. 北京：机械工业出版社，2016.

[33] 刘佳鑫. 基于儒家思想的企业社会责任探析[J]. 领导科学，2021(08)：58-59.

[34] 罗珉，李亮宇. 互联网时代的商业模式创新：价值创造视角[J]. 中国工业经济，2015(01)：95-107.

[35] 马士华，等. 供应链管理[M]. 北京：机械工业出版社，2000：41.

[36] 南方电网积极履行社会责任争创世界一流企业[J]. 中国经济周刊，2023(21)：103.

[37] [宋]欧阳修，宋祁，等. 新唐书[M]. 北京：中华书局，1975：3906.

[38] 彭文生. 数字经济发展的四个冷思考.

[39] 戚啸艳，杨兴月. 商业伦理与社会责任[M]. 南京：东南大学出版社，2021.

[40] 钦定四库全书. 国学大师网.

[41] [明]宋濂，等. 元史[M]. 中华书局，1973：493.

[42] 苏勇. 管理伦理学[M]. 北京：机械工业出版社，2021.

[43] 上海国家会计学院. 商业伦理与CFO职业[M]. 北京：经济科学出版社，2010.

[44] 汪怀君，汝绪华. 人工智能算法歧视及其治理[J]. 科学技术哲学研究，2020，37(2)：101-106.

[45] 汪怀君. 人工智能消费场景中的女性性别歧视[J]. 自然辩证法通讯，2020(5)：45-51.

[46] 王方华，周祖城. 营销伦理[M]. 上海：上海交通大学出版社，2005.

[47] 王恬，牟宗琮，张梦旭. 同心打造人类命运共同体[N]. 人民日报，2016-01-27(001).

[48] 维克托·迈尔-舍恩伯格，肯尼思·库克耶. 大数据时代：生活、工作与思维的大变革[M]. 盛杨燕，周涛，译. 杭州：浙江人民出版社，2013.

[49] 王延平. 基于晋商商业伦理的现代企业管理伦理体系构建[J]. 商业经济研究，2015(23)：84-86.

[50] 吴昊昊，张可欣. 长计还是短谋：战略选择、市场竞争与企业环境责任履行[J]. 现代财经(天津财经大学学报)，2021(7)：19-38.

[51] 肖红军. 算法责任：理论证成、全景画像与治理范式[J]. 管理世界，2022，38(04)：200-226.

[52] 肖红军，李平. 平台型企业社会责任的生态化治理[J]. 管理世界，2019(4)：120-144+196.

[53] 徐鸣. 商业广告伦理构建[M]. 北京：社会科学文献出版社，2018.
[54] 徐翔. 数字经济时代：大数据与人工智能驱动新经济发展[M]. 北京：人民出版社，2021.
[55] 肖海林. 企业生命周期论的硬伤[J]. 企业管理，2003(02)：34-36.
[56] 徐少锦. 中国古代优秀的商业伦理精神[J]. 审计与经济研究，1997(5)：37-40，42-43.
[57] 谢康，夏正豪，肖静华. 大数据成为现实生产要素的企业实现机制：产品创新视角[J]. 中国工业经济，2020(05)：42-60.
[58] 叶陈刚. 企业伦理与会计道德[M]. 大连：东北财经大学出版社，2011.
[59] 王颂吉，李怡璇，高伊凡. 数据要素的产权界定与收入分配机制[J]. 福建论坛(人文社会科学版)，2020(12)：138-145.
[60] 王谦，付晓东. 数据要素赋能经济增长机制探究[J]. 上海经济研究，2021(04)：55-66.
[61] 吴心钰，等. 数智时代的服务创新研究：述评与展望[J]. 研究与发展管理，2021，33(01)：53-64.
[62] 吴忠民. 关于程序公正的几个问题[J]. 中共中央党校学报，2002(04)：108-113.
[63] 殷格非，管竹笋，林波. 金蜜蜂中国企业社会责任报告研究[M]. 北京，社会科学文献出版社，2022.
[64] 尹珏林. 国际商业伦理实践教程[M]. 上海：上海外语教育出版社，2014.
[65] 杨艳，黄洁萍，等. 商业伦理与企业社会责任[M]. 北京：电子工业出版社，2023.
[66] 郁建兴，任杰. 共同富裕的理论内涵与政策议程[J]. 政治学研究，2021(3)：13-25，159-160.
[67] 余芸. 数智时代背景下中小企业财务管理转型研究[J]. 商场现代化，2022(22)：162-164.
[68] 周祖城. 企业伦理学[M]. 4版. 北京：清华大学出版社，2020.
[69] 周永. 转移价格在跨国公司中的作用及其限制——揭开跨国公司巧取豪夺的面纱[J]. 上海大学学报(社会科学版)，2002(1)：69-74.
[70] 詹洪波. 商业伦理的作用及其建设路径[J]. 人民论坛，2011(29)：248-249.
[71] 赵剑波，史丹，邓洲. 高质量发展的内涵研究[J]. 经济与管理研究，2019(11)：15-31.
[72] 张贵红. 价值敏感设计与大数据伦理[J]. 伦理学研究，2019.04(2)：114-119.
[73] 张红明，朱丽贤. 商业伦理中的中西方比较研究[J]. 经济经纬，2005(06)：143-146.
[74] 张坤. 企业社会责任实现机制研究[M]. 西安：西安交通大学出版社，2017.
[75] 张象枢. 基于环境社会系统分析的可持续发展论——环境社会系统发展学学习心得[J]. 当代生态农业，2012(Z2)：1-13.
[76] 张兆国，梁志钢，尹开国. 利益相关者视角下企业社会责任问题研究[J]. 中国软科学，2012(2)：139-146.
[77] 郑耀洲. 企业伦理[M]. 北京：清华大学出版社，2022.
[78] 钟开斌. 风险管理：从被动反应到主动保障[J]. 中国行政管理，2007(11)：99-103.
[79] 朱文忠，尚亚博. 我国平台企业社会责任及其治理研究基于文献分析视角[J]. 管理评论，2020，32(6)：175-183.

[80] 戚德志. 何以信誉楼[M]. 北京：机械工业出版社，2024.

[81] Herden J，Alliu E，Cakici A，et al. Corporatedigital responsibility：new corporate responsibilities in thedigital age [J]. Nachhaltigkeits management forum，2021(29)：13-29.

[82] Kytle，Beth，John Gerard Ruggie.Corporate Social Responsibility as Risk Management[M]. Boston：Harvard University，2005.

[83] Lovelock，Tsai J，Forecast T. The Business Value of Artificial Intelligencc，Worldwide，2017-2025，2018-03-12.

[84] Marks S，MacDermid S M. Multiple roles and the self：A theory of role balance[J]. Journal of Marriage and the Family，1996(58)，417-432.

[85] Mishra S，Suar D. Does corporate social responsibility influence firm performance of Indiancompanies？[J]. Journal of Business Ethnics，2010，95(4)：571-601.

[86] Morelli J，Perry C. A manager/researcher can learn about professional practices in their work place by using case research [J]. Journal of Workplace Learning，2017，29(1)：49-64.

[87] Mubarakm F，Petraite M. Industry4.0 technologies，digital trust and technological orientation：what matters in open innovation？[J]. Technological forecasting and social change，2020 (161)：120332.

[88] Mullins M，Holland C P，Cunneen M. Creatingethics guidelines for artificial intelligence and big data analy tics customers：the case of the consumer European insurancemarket [J]. Patterns，2021，2 (10)：100362.

[89] Porter M E，Kramer M R. Strategy and society：the link between competitive advantage and corporate social responsibility[J]. Harvard Business Review，2006，84(12)：78-92.

[90] Shin，Dong-Hee. Demystifying Big Data：Anatomy of Big Data Developmental Process[J]. Telecommunications Policy，2016，40(9)：837-854.

[91] Velasquez M G. Business Ethics：Concepts and Cases[M]. 4thed. Upper SaddleRiver，NJ：PrenticeHall，1998：118.

[92] Bostrom N，Yudkowsky E. The Ethics of Artificial Intelligence//Frankish，K. and Ramsey，W.M The Cambridge Handbook of Artificial Intelligence[M]. Cambridge：Cambridge niversity Press，2014：316-334.

[93] Blanchard，Kenneth. Peale .The Power of Ethical Management.Academy of management executive，1998(21)：81-82.